कालिदास

संस्कृत भाषा के सबसे महान कवि और नाटककार। उन्होंने भारत की पौराणिक कथाओं और दर्शन को आधार बनाकर रचनाएँ कीं। कालिदास अपनी अलंकारयुक्त सुन्दर, सरल और मधुर भाषा के लिए विशेष रूप से जाने जाते हैं। उनके ऋतु वर्णन अद्वितीय हैं और उनकी उपमाएँ बेमिसाल। संगीत उनके साहित्य का प्रमुख अंग है और रस का सृजन करने में उनकी कोई उपमा नहीं। उन्होंने अपने शृंगार रस प्रधान साहित्य में भी साहित्यिक सौन्दर्य के साथ-साथ आदर्शवादी परम्परा और नैतिक मूल्यों का समुचित ध्यान रखा है। उनका स्थान वाल्मीकि और व्यास की परम्परा में है।

रचनाएँ : अभिज्ञान शाकुंतल (सात अंकों का नाटक); विक्रमोर्वशीय (पाँच अंकों का नाटक); मालविकाग्निमित्र (पाँच अंकों का नाटक); रघुवंश (उन्नीस सर्गों का महाकाव्य); कुमारसम्भव (सत्रह सर्गों का महाकाव्य); मेघदूत (एक सौ ग्यारह छन्दों की कविता); ऋतुसंहार (ऋतुओं का वर्णन)।

वासुदेवशरण अग्रवाल

जन्म : 1904

शिक्षा : 1929 में लखनऊ विश्वविद्यालय से एम.ए., 1946 में पीएच.डी. तथा डी.लिट् की उपाधियाँ प्राप्त कीं।

प्रकाशित कृतियाँ : पृथ्वी-पुत्र (1949), उरु-ज्योति (1952), कला और संस्कृति (1952), कल्पवृक्ष (1953), माता-भूमि (1953), हर्षचरित : एक सांस्कृतिक अध्ययन (1953), भारत की मौलिक एकता (1954), मलिक मुहम्मद जायसी : पद्मावत (1955), पाणिनिकालीन भारतवर्ष (1955), भारत-सावित्री (1957), कादम्बरी : एक सांस्कृतिक अध्ययन (1958), इतिहास-दर्शन (1978) आदि।

राधाकुमुद मुखर्जी कृत *हिन्दू सभ्यता* का अनुवाद (1955)। शृंगारहाट का सम्पादन (डॉ. मोती चन्द के साथ)। कालिदास के *मेघदूत* एवं बाणभट्ट के *हर्षचरित* की नवीन पीठिका प्रस्तुत की। भारतीय साहित्य और संस्कृति के गम्भीर अध्येता के रूप में एक अविस्मरणीय नाम।

निधन : 1966

कालिदासकृत

मेघदूत

एक अध्ययन

वासुदेवशरण अग्रवाल

राजकमल पेपरबैक्स

पहला पुस्तकालय संस्करण
राजकमल प्रकाशन प्राइवेट लिमिटेड द्वारा
1971 में प्रकाशित

राजकमल पेपरबैक्स में
पहला संस्करण : 2020
तीसरा संस्करण : 2024

राजकमल पेपरबैक्स : उत्कृष्ट साहित्य के जनसुलभ संस्करण

राजकमल प्रकाशन प्रा.लि.
1-बी, नेताजी सुभाष मार्ग, दरियागंज
नई दिल्ली-110 002
द्वारा प्रकाशित

शाखाएँ : अशोक राजपथ, साइंस कॉलेज के सामने, पटना-800 006
पहली मंजिल, दरबारी बिल्डिंग, महात्मा गांधी मार्ग, प्रयागराज-211 001
1, अनमोल सोराबजी संतुक लेन, धोबी तलाव, मरीन लाइंस, मुम्बई-400 002
वेबसाइट : www.rajkamalprakashan.com
ई-मेल : info@rajkamalprakashan.com

बी.के. ऑफसेट
नवीन शाहदरा, दिल्ली-032
द्वारा मुद्रित

मूल्य : ₹299

MEGHDUT
by Kalidas
Translated by Vasudeo Sharan Agrawal

ISBN : 978-93-87462-29-8

भूमिका

मेघदूत का यह अध्ययन 'मेघदूत मीमांसा' नाम से सन् 1927 की शरद् ऋतु में लिखा गया था। उस समय मैं प्रथमयौवन के ललाम भाव से परिचित हुआ ही था और मेरा मन उसके अतिरेक सुखों की उस भावभूमि के लिए उन्मुक्त था, जो मेघदूत काव्य का सनातन धरातल है। न जाने किस पूर्व पुण्य से काशी विश्वविद्यालय में जब मैं बी.ए. की शिक्षा प्राप्त कर रहा था तब किसी एकान्त दिवस में स्वर्गीय ज्योति की कोई किरण मेरे मानस में वह अभिज्ञान ले आई जिसने मेरे लिए इस काव्य के अर्थ को ही बदल डाला और इसके स्थूल रूप को सूक्ष्म बाण से बेध दिया। उसने एक साथ ही अध्यात्म और शृंगार के नील-लोहित धनुष से मेघदूत के भावलोक को जीतकर मुझे भी उसका नागरिक बना लिया। यह अच्छा ही हुआ कि मन के उस तरंगित कल्प में ही मैंने इन विचारों को लिपिबद्ध कर लिया, क्योंकि आज मैं अपने में भावों की वह शक्ति नहीं देखता जिससे मेघदूत का सन्देश प्राणों के स्वर में सुनाई देता है। आज तो मानसी गंगा का वह तट जहाँ मेघदूत काव्य का जन्म होता है, मुझसे दूर हट गया है। स्वयं वे महाकवि भी यदि उस समय जब इन भावों के हंस उनके मानस-भवन में उतरे थे इस गेय संगीत को मन्दाक्रान्ता के पदों में न बाँध लेते, तो फिर न जाने कहाँ वे होते और कहाँ ये भाव?

मेघदूत काव्य क्या है? भारत की देवमातृक भूमि पर शृंगार और आत्मा के चैतन्य की परिपूर्ण भाषा है। इसमें तो मानो प्रकृति ने स्वयं अपनी पूरी कथा भर दी है। स्वयं कालिदास ने प्रकृति की इस वाणी को जिस रूप में समझा था, उनकी वह पंक्ति–

जानामि त्वां प्रकृति पुरुषं कामरूपं मघोनः

ही उस दिन प्रथम बार उस रस-बिन्दु के रूप में मेरे मानस में आई थी जिसने मेरे लिए मेघदूत के मुँदे हुए कपाट खोल दिए थे और मुझे भी

उस क्षीर-समुद्र के अमित रस से तृप्त हो जाने का आवाहन दिया था। यह मेघदूत कैसा काव्य है, इसे किस प्रकार से कहा जाए? भावों का आवेश लेकर वाणी उठती है और रस अतिरेक से तूष्णीम् हो रहती है। वैदिक कल्पना के अनुसार द्युलोक की पुत्रियाँ अनग्ना और अवसना हैं, न वे एकान्त प्रकट हैं, न एकान्त ढकी हुई।

मेघदूत के स्थूल शब्दों के अर्थ भी कुछ उसी प्रकार प्रकट हैं, पर उसके भीतरी अर्थों का कोई ओर-छोर नहीं दिखाई देता। जब तक मानव उद्दाम यौवन से धनी है, जब तक विधाता ने उसके प्राणों के संगीत को स्त्री नामक सृष्टि की रहस्यमयी शक्ति के साथ संयुक्त कर रखा है जिसके कारण वह अकेला चक्रवाकी से विरहित चक्रवाक के समान केवल अपने में नहीं रमता, तब तक मेघदूत के इस संगीत का माधुर्य अक्षुण्ण है और उसकी व्याकुलता मानव हृदय को निजी टीस के रूप में प्रिय लगती रहेगी। जब हम मेघदूत का अर्थ समझने बैठते हैं तो हमारे प्राणों का ओजायमान प्रवाह शत-शत कल्पनाओं से उसका भाष्य करने लगता है और मेघ की आकृति, वर्ण, ध्वनि, गति और वृष्टि के स्थूल भावों के साथ मिला हुआ जो उसका विद्युत् वनिता के साथ अनन्त विलास है, वह हमें कुशल से नहीं बैठने देता।

मेघदूत काव्य, आदि से अन्त तक, यौवन के विलासों की कल्पना से सिंचित है। 'निर्वेक्ष्यावः परिणतशरच्चन्द्रिकासु क्षपासु' की मिलन-रात्रि में जब प्रतीक्षा के पर्यवसान में हमें वह सब प्राप्त हो जाएगा जिसकी हमने स्नेह के नाम से अभिलाषा की है, तो भोगों के विशाल राज्य में प्रवेश करने के जो समस्त उपकरण होंगे, उनकी समृद्धि से महाकवि ने मेघदूत के स्वरूप का निर्माण किया है। शृंगार के लोक में मेघदूत का यह रूप-सम्पादन मानवी मन को पूरी तरह रस-तृप्त कर देता है। साधारणतः हमें और चाहिए भी क्या? किन्तु कालिदास भारतीय कवि थे। उनके मानस-क्षेत्र में भारतीय अध्यात्म का अमृत-निर्झर भी स्थूल भोगों के साथ कहीं सुरक्षित था। उनके हाथों में मेघदूत जहाँ एक ओर शृंगार और यौवन का परिपूर्ण काव्य है वहीं वह शिवात्मक चैतन्य की प्राप्ति का भी संकेत देता है। किन्तु यह संकेत गूढ़ है। उससे मेघदूत के छलकते हुए काव्य-गुण की हानि नहीं होती। मेघ को कवि ने प्रकृति का काम-रूप पुरुष कहा है। विश्व में जितनी काम-अभिलाषाएँ हैं, सबका सम्भार लेकर मेघ अहर्निश यात्रा कर रहा है। यह दूत उत्तर की दिशा में कहाँ किस लक्ष्य की ओर गतिमान हुआ है? उसकी यात्रा का

अन्त वहाँ है जहाँ एक ओर तो यक्ष की अभिलाषाओं का केन्द्र सौन्दर्य की परम निधि उसकी वह प्रियतमा है, जो सब युवतियों में विधाता की प्रथम सृष्टि है तथा दूसरी ओर जहाँ उसी सिद्धि के लोक में उन देवाधिदेव शिव का साक्षात् निवास है जिनके मस्तक की चाँदनी भोगपुरी अलका के भवनों को धवलित और भासमान करती है। अलका के उस लोक में काम की बाह्य शक्ति शिव के लिए समर्पित हो जाती है। प्रकृति का कामरूप पुरुष भक्ति-नम्र होकर शिव के चरण-न्यास की परिक्रमा करता है जिससे सिद्धों की भाँति उसे भी स्थिर पद प्राप्त हो सके। हर-गौरी के सम्मुख वह अपने शरीर को सोपान भंगिमा के रूप में रखता है जिससे वे इस कामात्मा पुरुष पर पैर रखकर मणिपद्म या मणितट पर आरोहण कर सकें। यह मणितट या मणिपद्म योग-विद्या का प्राचीन संकेत था जहाँ अमृत का अधिष्ठान माना गया था। शिव की इस पूजा में आत्मसमर्पण करने के लिए कामरूप पुरुष की पूर्ण विभूति चाहिए। उसे कवि ने 'स्तम्भितान्तर्जलौघ' कहा है। इसका संकेतात्मक अभिप्राय जल या रेत-तत्त्व को अपने ही भीतर स्तम्भित रखने का है।

मेघदूत काव्य में कवि ने स्थूल भोगप्रधान जीवन और सूक्ष्म अध्यात्म साधन इन दोनों अभिप्रायों का साथ-साथ उल्लेख किया है। विरहिणी नदियों के क्षीण प्रवाह, या जलौघरूपी आवर्तनाभि का प्रदर्शन करते हुए गति, या उलटकर उछलती हुई चंचल शफरियों के रूप में कटाक्षपात, इन शृंगार चेष्टाओं द्वारा नदियों के रूप में कवि ने नायिकाओं का ही चित्र खींचा है और मेघरूपी नायक के साथ संगम और रसाभ्यन्तर होने के उभरे हुए चित्र लिखे हैं। जिन नदियों के रोधस् नितम्बों से जलरूपी वस्त्र शस्त्र हो गया है उनकी मादकता का भी क्या कोई अन्त है? इस प्रकार के अनेक अभिप्रायों के अतिरिक्त कवि ने अध्यात्म के शान्ति-जल से प्रोक्षित अनेक क्षेमयुक्त अभिप्रायों का भी उल्लेख किया है। अग्नि नामक सुषुम्णा के मुख में सम्भृत शिव का मूर्त्यन्तर तेज या स्कन्द अध्यात्म का उत्कृष्ट अभिप्राय है जिनके अर्थ की व्याख्या के लिए ही मानो प्रस्तुत अध्ययन प्रवृत्त हुआ था। महाकाल के मन्दिर में सान्ध्य-पूजा के समय शिव के ताण्डव नृत्य की सामग्री पूरी करने के लिए मेघ का अपने शरीर को अर्पित करना और अपनी गर्जित ध्वनि से पूजा में ठनकते हुए मृदंग का ठाट प्रस्तुत करके भवानी की भक्ति प्राप्त करना, अथवा शिव के पदन्यास को

प्रणाम करना, ये सब अध्यात्म की जानी-पहचानी भाषा के अक्षर हैं। भारतीय गृहस्थ-जीवन के मान्य पद्धति के अनुसार न तो अतिशय भोग-प्रधान जीवन ही मनुष्य का लक्ष्य है और न जीवन का निराकरण करके शम-दम से जूझते रहना ही यहाँ का जीवन-दर्शन था। जीवन का सत्य दोनों के समन्वय में है और यही इस देश की प्राचीन गृहस्थोपनिषद् थी जिसके कारण गृहस्थ जीवन को मानवीय जीवन का सच्चा पर्याय माना गया और उसे सब आश्रमों में प्रदीप्त संकल्पवाला कहा गया।

पुस्तक के साथ मूल श्लोकों का गद्यानुवाद सन् 1950 में विशेष रूप से किया गया था।

—वासुदेवशरण अग्रवाल

अनुक्रम

मेघदूत : एक दृष्टि

इस संसार में मेघ को कौन नहीं जानता? निर्जन अरण्य के एकान्त नीड़ में बैठे हुए पक्षी-शावक से लेकर राज-राज कुबेर के अनुचर यक्षों तथा सिद्धों तक में मेघ के लिए स्वागत और सम्मान है। स्थूल और सूक्ष्म, दृश्य और अदृश्य, निरिन्द्रिय और सन्द्रिय–सभी पदार्थ मेघ के आगम से प्रभावित होते हैं। कवि ने उसे **साधु**[1], **सौम्य**[2], **सुभग**[3] और **आयुष्मान्**[4] कहा है। मेघ का आशीर्वाद सबके लिए एक-सा है। उसके प्रसाद में सब भाग पाते हैं। उसका संचय त्याग के लिए होता है। प्रजाओं का पालन करने से मेघ **प्रजापति** है। उसका यज्ञ-द्वार सबके लिए खुला है, उसके सर्व स्वदक्षिण वितरण से सब लोग पुष्ट होते हैं। नीलाभिराम विष्णुरूप मेघ वर्षाऋतु में जितना अधिक सौभाग्य धारण करता है, लोकों की लक्ष्मी उतनी ही अधिक सम्पन्न होती है। मेघ की आयु सृष्टिकल्प के समान सनातन है। प्रजाओं के उद्‌भव, स्थिति, संहार–तीनों में उसका भाग है। मेघ अमर ब्रह्मचारी[5] है, इसलिए पुरातन होते हुए भी वह नित्य युवा है। प्रति संवत्सर में वह अपना कायाकल्प कर लेता है। इस प्रकार सौम्य-सुभग-साधु-आयुष्मान् मेघ को यक्ष से प्रीतिप्रमुख वचनो[6] से जो बड़ाई दी है, वह सर्वथा उसके योग्य है। मेघ जीवन-जल को अपने अन्दर बद्ध रखता है, इसलिए वह **जीमूत** है। मेघ-जल से ही वनस्पति-जगत् पुष्ट होकर प्राण या विश्वव्यापी जीवनशक्ति को अपने भीतर संचित करता है। जल ही सब औषधियों का सारभूत रस है।[7] कृष्टपच्य और अकृष्टपच्य औषधियाँ ही पशुओं का संवर्धन करती हैं। विराट्

---

1. एभिः साधो हृदयनिहितैर्लक्षणैर्लक्षयेथाः। मेघदूत 2। 17
   अर्थात् हे साधु मेघ, हृदय में रखे हुए इन लक्षणों से उसे जान लेना।
2. श्रोष्यत्भस्मात्परमवहितात्सौम्य सीमन्तिनीनां। मेघ. 2।37
3. सौभाग्यं ते सुभग विरहावस्थया व्यञ्जयन्ती। मेघ. 1।39
4. तामायुष्मन् मम च वचनादात्मनश्चोपकर्तुम्। मेघ. 2।38
5. ब्रह्म नाम उदक का है (निघंटु 1। 12)। उसके साथ विचरण करनेवाला मेघ ब्रह्मचारी है। ऋग्वेद में उषा को भी 'अमर्त्या पुराणी युवती' कहा है। ऋक् 3। 61। 1
6. प्रीतः प्रीतिप्रमुखवचनैः स्वागतं व्याजहार। मेघ. 1।4
7. एष ह वै सर्दासामोषधीनां रसो यत्पयः। कौषीतकी ब्रा. 2।1

प्रकृति में मनुष्य भी एक अन्नाद पशु है। इसलिए जीमूत मेघ सब प्रजाओं का स्वामी है। वह जल का सर्वत्र वहन करता है इस कारण **अम्बुवाह** या **वारिवाह** नामवाला है। जल का मेहन करने के कारण उसे मेघ कहते है।[1] सौदामिनी **तड़ित्** उसकी कलत्र है, इससे वह **तड़ित्वान** है। अर्धनारीश्वर शिव के समान अपनी विद्युत् प्रिया को अंक में लिये हुए वह उस व्योमविहारिणी के साथ स्फुरण करता देश-देश में घूमता है। वृष्टि का कारण मेघ नहीं, विद्युत् है। वृष्टियज्ञ में विद्युत् का ही यजन किया जाता है, क्योंकि वही जल और अन्नादि देने की सामर्थ्य रखती है–

वृष्टिवै याज्या विद्युदेव, विद्युद्धीदं वृष्टिमन्नाद्यं संप्रयच्छति।

(ऐ. ब्रा. 2। 41)

बिना लक्ष्मी के विष्णु और बिना पार्वती के शिव के किस कल्याण की आशा हो सकती है? मेघ की संज्ञा धूमयोनि भी है क्योंकि वह नित्य **धूम** से उपचित वपु[2] होता है। लिखा है–

अग्नेर्वै धूमो जायते धूमादभ्रमभ्राद्वृष्टिः। (शतपथ. 5। 3। 5। 17)

वायु के प्रहार को जो धैर्य से सहता है, वही धन है। उसके अन्दर जलराशि भरी हुई है, इसलिए कवि ने उसे **स्तम्भितान्तर्जलौघ**[3] कहा है। सृष्टि का उपकार करनेवाले मेघ वे ही हैं जिनकी कुक्षि में अथाह जल के अर्णव भरे हैं। जल की एक संज्ञा वृष है। जिन मेघों में वृष नहीं उनका जन्म निष्फल है। पुरुष शरीर में जल का रूप वीर्य है।[4] जिनके पास पुष्कल वृष का संचय है उन्हीं में गौरव है। आगे चलकर कवि को धन के गौरव से एक पुण्य-साधन कराना है। प्रभूत जलराशि वाले अनन्त वृष-शक्तिमय मेघ के ही सोपान पर पैर रखकर शिव मणितट[5] पर आरोहण करते हैं, निचुड़े हुए मेघों का वहाँ कुछ प्रयोजन नहीं। इन्द्र-शक्ति से शून्य इन्द्रियोंवाले पुरुषों में संयम और तप भी कृतकार्य नहीं होते। बलाका-मिथुन[6] गर्भाधान का उत्सव मनाने के लिए मेघोपस्थान अर्थात् मेघ की सेवा करते हैं, इसलिए इन्द्र के प्रधान पुरुष की एक संज्ञा **बलाहक** भी है। इस प्रकार **जललवमुच् पयोद** का नामकरण उत्सव कोषकारों ने मनाया है।

---

1. मेघः कस्मात् मेहतीति। निरुक्त।
2. धूम ज्योतिः सलिलमरुतां सन्निपातः। मेघ. 1। 5
   और भी
   जालोद्गीर्णैरुपचितवपुः केशसंस्कारधूपैः। मेघ. 1। 32
3. भंगीभक्त्या विरचितवपुः स्तम्भितान्तर्जलौघः। मेघ. 1। 60
4. आपः रेतो भूत्वा शिश्नं प्राविशन्। ऐतरेय उपनिषद्।
5. कालिदास का मणितट ही योग का मणिपद्म, मणिकर्णिका अथवा ऊर्ध्व मस्तिष्क है।
6. गर्भाधानक्षणपरिचयान्नूनमाबद्धमालाः।
   सेविष्यन्ते नयनसुभगं खे भवन्तं बलाकाः। मेघ. 1। 9

निरुक्तकार यास्क भी इस संस्कार के एक ऋत्विज हैं (निघंटु, अध्याय 1, खंड 10)। उनके अनुसार मेघ की एक संज्ञा **वृषंधि है।** कालिदास ने इन्द्र को वृषा[1] कहा है और मेघ मघवान् इन्द्र का प्रतीक पुरुष[2] है, इसलिए उसे वृषंधि होना ही चाहिए।

उक्त आचार्य ने मेघ को **वराह** भी कहा है–

अद्रि...पर्वतः गिरि...वराह...इति मेघनामानि।

(निघंटु, 1। 10)

पौराणिक कहते हैं कि वराह भगवान् ने हिरण्याक्ष दैत्य का संहार करके सलिलार्णव से पृथिवी का उद्धार किया था। देखना चाहिए कि सृष्टि की खोज करनेवाले पंडितों ने मेघ के वराह रूप को कैसे समझा था। वराह शब्द की व्युत्पत्ति इस प्रकार है–

वरम् आहन्ति इति वराहः

अर्थात् जो वर का आहनन करे वह वराह है। वर नाम सूर्य का है। उसके तेज का जो प्रतिबन्धक हो वही वराह नाम से पुकारा गया। सृष्टि के आदि में तपते हुए सूर्य की संज्ञा हैमांड, हिरण्यगर्भ या हिरण्याक्ष थी। सूर्य जब तक अप्रतिहत तेज से चमकता रहा तब तक लोक-लोकान्तरों की कल्पना असम्भव थी। अलंकार रूप से मानो उसने पृथिवी आदि लोकों का अपनी कुक्षि में संहार कर लिया था। उसके तैजस वपु से सृष्टि-प्रक्रिया आगे चलाने के लिए वराह की आवश्यकता हुई। उस सूर्यमंडल को चारों ओर से तैजस वाष्पीय मेघों ने परिवृत कर लिया। कालान्तर में जब ऊष्मा का ह्रास तथा सूक्ष्म तैजस वाष्प स्थूल जल आदि के रूप में परिणत हुई, तब क्रमशः गुरु तत्त्वों के संयोग से पृथिवी का जन्म हुआ। वैज्ञानिकों के मतानुसार यूरेनियम आदि विद्युत्स्फुलिंगी[3] तत्त्वों को जो सूर्य में पाए जाते हैं, क्रमशः अपना रूप परिवर्तन करके स्थूल धातुमयी आकृति ग्रहण करने में हजारों-लाखों वर्षों का समय लगा होगा। यही हमारी सृष्टि का वाराह कल्प था। भारतीय दर्शन में पिंडगत चेतना की तुरीय, सुषुप्ति, स्वप्न और जाग्रत् ये चार अवस्थाएँ मानी जाती हैं। इन्हीं से मिलती हुई ब्रह्मांडव्यापी चेतना की चार अवस्थाएँ हैं–ब्रह्म, ईश, हिरण्यगर्भ और विराट्। हिरण्यगर्भ दशा से विराट् दशा में आने के लिए ही वराह की आवश्यकता हुई। हिरण्यगर्भ दशा में प्रकृति-तत्त्व संचित था। विराट् होने के लिए, अर्थात् देश में व्यापक होने के लिए

---

1. तपः कृशामभ्युपपत्स्यते सखीं वृषेव सीतां तदवग्रहक्षतां।
   कुमार सं. 5। 61। वृषा वा इन्द्रः। कौषीतकी ब्राह्मण 20। 3
2. प्रकृतिपुरुषं मघोनः। मेघः 1। 6
3. विद्युत्स्फुलिंगीः रेडियो एक्टिव।

उसका उपबृंहण स्वयंभू ब्रह्मा ने किया।[1] उस विद्युत् के महार्णव में अपने-आपको विस्तारित करने की शक्ति अपने भीतर से ही उद्भूत होती है। उसके कारण परमाणु बहिर्मुख होकर विकीर्ण होने लगते हैं और उनसे क्रमशः लोक-लोकान्तरों की सृष्टि होती है।

इस जगत् में सामान्य मनुष्य से लेकर बड़े-से-बड़े ऐतिहासिक, वैज्ञानिक और कवि तक, सभी मेघ का ज्ञान प्राप्त करते हैं। किसी वैज्ञानिक से पास जाकर पूछो, "मेघ क्या है?" उसका यही उत्तर होगा–

धूमज्योतिःसलिलमरुतां सन्निपात

अर्थात् मेघ केवल धुएँ, आग, पानी और हवा का जमघट है। अपने हिसाब से उसे बड़ा सन्तोष है कि प्रकृति के गूढ़ नियमों के पांडित्य द्वारा केवल वही सत्य को खोज पाया है। वायु में धुएँ के रूप में सूक्ष्मातिसूक्ष्म रजःकण छाए रहते हैं। मरुत् के संघर्ष से ये कण विद्युत् से परिगृहीत हो जाते हैं। तब वाष्प-रूप से अन्तरिक्ष में व्याप्त जल को वे अपने ऊपर आकृष्ट कर लेते हैं। इस प्रकार मेघ बनकर जल वृष्टि के योग्य हो जाता है। कल्पना अक्षरशः सत्य होते हुए भी कितनी नीरस है। वैज्ञानिक प्रकृति को ऐसी ही अवस्था में देखता है। प्रकृति के विभूतिमय गुणों पर मुग्ध होकर मनुष्य में आश्चर्य करने की जो स्वाभाविक प्रवृत्ति है, वैज्ञानिक अपने रहस्य-विवरण द्वारा उसका मानमर्दन करना चाहता है। उसके लिए मनोभावों का अस्तित्व जैसे है ही नहीं, मानो भरद्वाज पक्षी के विज्ञानात्मक वर्णन में निरत विद्याव्यसनी उन अनन्त लोकों को भूल जाता है जिनके नित्य-नित्य पर्यटन में ही पखेरू का जीवन है। केवल मात्र सत्य की खोज में भावना से हाथ धो बैठना ही वैज्ञानिक के भाग्य में आया है। यदि सच पूछा जाए तो आज तक निरपेक्ष सत्य की उपलब्धि किसे हुई है? इसीलिए कवि लोग सम्भावित सत्य को मनोभाव और कल्पना के वर्णव्यंजक छन्द-पात्रों में भरकर मानवी हृदय को आनन्द प्रदान किया करते हैं। रससिद्ध कवि को भी यदि विज्ञानानुगत विमर्श से ही शान्ति मिल सकती होती तो मेघदूत जैसे काव्य का जन्म ही न होता।

---

1. तदण्डमभवद्धैमं सहस्रांशुसमप्रभम्।
तस्मिन् जज्ञे स्वयं ब्रह्मा सर्वलोकपितामहः।। मनु.
इसी में नारी और पुरुष दो भेद हुए, अर्थात् इलेक्ट्रोन और प्रोटोन कहलानेवाली दो प्रकार की शक्ति हुई, जो मूल में एक ही है। सारा जगत् इन्हीं दो में बँटा है–प्राण, अपान; स्त्री, पुरुष; रयि, प्राण; दो अश्विनी; मित्रावरुण; अग्नीषोम आदि। धन और ऋण विद्युत् का भेद कार्यकाल समुत्पन्न है, वस्तुतः विद्युत् एक ही है। शिव और शक्ति मूल में एक हैं; वे द्विधा भिन्न प्रतीयमान होकर कार्य करते हैं, जैसे चुम्बक के दो ध्रुव होते हैं।

धूमज्योतिःसलिलमरुतां सन्निपातः

की समालोचना जब कवि ने की, तो यह वर्णन उसे अत्यंत फीका मालूम हुआ। उसने उसके आगे अपनी सन्मति के दो पद रख दिए—क्व मेघः?

धूमज्योतिःसलिलमरुतां सन्निपातः क्व मेघः?

अर्थात् हे वैज्ञानिक, तुम्हारा मेघ—धुएँ, आग, पानी का विच्छिन्न टुकड़ा—कितना हेय और निकृष्ट है! 'क्व' पद की व्यंजना अत्यन्त तीव्र है। कविता और विज्ञान के सन्दर्भ में अथवा सत्य और कल्पना के द्वन्द्व में कवियों ने सब देशों और सब कालों में अपने विपक्षियों के प्रति जो तिरस्कार का भाव प्रकट किया है, वह कालिदास के 'क्व मेघः' इन दो शब्दों में सरलता और तेजस्विता से व्यक्त हुआ है। अचेतन प्रकृति को भी मनोभावों के सम्पर्क से चेतन बना देने में ही कवि का महान् कौशल है, इसीलिए घाम, धूम, नीर और समीरों के सन्निपात में अनन्त विश्व की कल्पना कालिदास कर सके।

और ऐतिहासिक? ऐतिहासिकों के लिए मेघ क्या हो सकता है?

जातं वंशे भुवनविदिते पुष्करावर्तकानाम् (1 । 6)

अर्थात् पुष्कर और आवर्तक मेघों के विश्वविश्रुत वंश में तुम उत्पन्न हुए हो। वंशावली निर्माण करके उसे भुवनविदित सिद्ध करने के लिए गुण-गाथाओं का गान करते-करते ही इतिहास के पंडितों की आयु निःशेष हो जाती है। अपने पूर्व गौरव का परिचय पाकर जो प्रसन्नता होती है वही इतिहास का आनन्द है। परन्तु इतिहास की जड़ीभूत घटनावली और काव्य की अमर कल्पना में क्या सम्बन्ध? नवनवोन्मेषवती कवि प्रज्ञा इतिहास के जड़ अभ्यास से अपने आपको कुंठित क्यों करने लगी? कवि कल्पना का अवतार तो किसी अन्यतम आनन्द की अभिव्यक्ति के लिए होता है।

हमारा यक्ष याचक[1] की हैसियत से मेघ के सामने आता है। मेघ का मागध बनकर वह अपने दाता को प्रसन्न कर लेना चाहता है। उसने अपने मनोनीत दूत को कुलीनता का प्रमाणपत्र दिया है। कुल के साथ शील है और शील[2] का एक लक्षण शरणागतरक्षा या शरण्यता है।[3] यक्ष पुष्करावर्तक वंश की बड़ाई जानता था—

आवर्तके महावर्तः संवर्तो बहुतोयदः।
पुष्करे चित्रिता वृष्टिर्द्रोणोऽपि बहुवारिदः ॥[4]

---

1. तेनार्थित्वं त्वयि विधिवशाद्दूरबन्धुर्गतोऽहं। 1। 6
2. संतप्तानां त्वमसि शरण। 1। 7
3. हारीत के अनुसार शील के तरह गुण हैं—
   ब्रह्मण्यता, देवपितृभक्तता, सौम्यता, अपरोपतापिता, अनसूयता, मृदुता, अपारुष्य, मैत्रता, प्रियवादित्व, कृतज्ञता, शरण्यता, कारुण्य, प्रशान्ति।
4. बृहज्ज्योतिःसार।

अर्थात् **आवर्तक** मेघों में बड़े-बड़े भँवर पड़ते हैं, **संवर्त** में जल-संचय होता है, **पुष्कर** में चित्र-विचित्र वृष्टि होती है तथा **द्रोण** संज्ञक मेघ अपरिमेय जलराशि के स्वामी होते हैं।[1]

और भी

यज्ञजास्तु घना घोराः पुष्करावर्तकादयः[2]

अर्थात् पुष्करावर्तक मेघों की महिमा उनके यज्ञ समुद्भूत होने के कारण है। वैज्ञानिक को मेघ का निर्माण करने के लिए केवल धुआँ चाहिए, परन्तु सहृदयजन उसे यज्ञ-धूम कहते हैं। सम्भव है, प्राचीन लोगों ने वायु के सूक्ष्म धूलिकणों को हव्य वनस्पतियों के सूक्ष्म विकिरण द्वारा विद्युत्परिगृहीत करके वृष्टिलाभ करने में सफलता प्राप्त की हो। पर कम-से-कम इतना तो स्पष्ट है कि यज्ञ में अनेक सदाशाओं और दाक्षिण्ययुक्त भावनाओं का सन्निवेश होता है। उन पुण्य अभिलाषाओं को लेकर यज्ञ-धूम ऊपर उठता है और धूमयोनि मेघ में मिल जाता है। प्रकृतिरूपी वेदी में नव मास तक सूर्य की रश्मियाँ जिस यज्ञ का विधान करती हैं उसी के दाक्षिण्य फल से युक्त पुष्करावर्तक मेघ सर्वस्वदक्षिण यज्ञ का व्रत लेकर विश्व-भर को जीवन-जल प्रदान करते फिरते हैं।

वैज्ञानिक और ऐतिहासिक के अतिरिक्त किसी गाँव में जहाँ कृषि ही जीवन का आधार हो, जाकर मेघ का रहस्य पूछो तो कुछ ऐसा उत्तर मिलेगा–

त्वय्यायत्तं कृषिफलमिति भ्रू विलासानभिज्ञैः।
प्रीतिस्निग्धैर्जनपदवधूलोचनैः पीयमानः॥ (1 । 16)

हे ग्रामवासी जीवो, तुम्हारा मेघ के साथ कौन सा प्रेम है? वे कहते हैं–हमारी वधुओं के लोचन मेघ के अभिराम रूप का इसलिए पान करते हैं कि मेघ ही कृषि का प्रवर्तक है। मेघ के आने में कदाचित् एक मास की भी देरी हो जाए तो सारी वन-प्रकृति आँखें फाड़कर आकाश की ओर निहारने लगती है। मेघ का सुधावर्षण उसके नेत्रों के लिए अमृत-द्रव है। अतः मेघ को गाँवों में जो स्वागत मिलता है वह

---

1. विज्ञान के अनुसार मेघों के चार भेद हैं। उनके अंग्रेज़ी नाम इस प्रकार हैं–
'सिरस', 'क्यूमुलस', 'स्ट्रेटस', 'निम्बस'। इन्हीं के परस्पर सम्मिलन से और अवान्तरभेद हो जाते हैं। सिरस मेघ पाँच से दस मील की ऊँचाई पर सबसे ऊपर रहते हैं। इनमें छोटे हिमकणों के समुदाय की परतें फैली रहती हैं। क्यूमुलस मेघ त्रिकोण रूपवाले होते हैं। इनकी ऊँचाई भूमि से एक मील ऊपर होती है। इनमें हवा की भाप ठंडी होकर फिर जलीय रूप ग्रहण करने लगती है। स्ट्रेटस मेघ बहुत नीचे और फैले हुए होते हैं। ये नीहारात्मक होते हैं और इनके उदय से दिशाएँ प्रसन्न और ऋतु सौम्य समझी जाती है। निम्बस मेघ घने, काले, जलराशि से भरे होते हैं। इन्हीं से वृष्टि मूसलाधार होती है।
2. शब्दार्णव

कहीं अधिक स्वाभाविक, सरल और प्रीति-स्निग्ध होता है। पौरांगनाएँ तो कटाक्षों से मेघ के साथ विलास करती हैं। उज्जयिनी की उन्मादिनियों के पास मेघ को इसके सिवा और क्या मिलेगा–

विद्युद्दामस्फुरितचकितैस्तत्र पौराङ्गनानां।
लोलापाङ्गैर्यदि न रमसे लोचनैर्वञ्चितोऽसि॥ (1 । 27)

उद्दाम नागर रमणियों और पुरुषों के लिए मेघ वासना को बढ़ानेवाली सामग्री है। मेघ के रस-निषिंचन के साथ उनका भी परिमलोद्गिरण होने लगता है।[1] पर गाँववाली वधुएँ भ्रूविलासों की वक्र गति से नितान्त अनभिज्ञ होती हैं। वे पूज्य और परोपकारी अभ्यागत के योग्य प्रेम से सने भावों से मेघ का स्वागत करती हैं। वे उसके दर्शनों से पुलकित होकर उसे सौ-सौ बार असीसती हैं–'हे बरस-बरस दिन आनेवाले यात्री, तुम्हारी बड़ी आयु हो, तुम सदा इसी भाँति हमारे घरों में आते रहो।' यदि यह पूछा जाए कि वृष्टि किनकी शुभकामनाओं का अनुकूल फल है, तो हमारी उँगली इन्हीं भोली-भाली ग्राम-वधूटियों की ओर उठेगी। भ्रूविक्षेपकुशल पौरांगनाओं के उच्छृंखल उद्दीपन की अस्थिर कामना पर मेघमालाओं का आकाश में एकत्र होना निर्भर नहीं है। जिन जनपदों का जीवन संयम-सूत्र में दृढ़ता के साथ बँधा हुआ है, उन्हीं के धनगात्र निवासियों पर राष्ट्र की सम्पत्ति की अभिवृद्धि निर्भर है। वहीं के स्त्री-पुरुषों को मेघागम के रहस्य का गहरा अनुभव प्राप्त होता है। वनस्पति-जगत् और पशु-जगत् में मेघ के कारण जो परिवर्तन होते हैं, उनके साक्षी कृषक ही हैं। कृषि को ब्राह्मण-ग्रन्थों में सर्वदेवतामयी[2] कहा गया है। सूर्य, मरुत्, मेघ या इन्द्र, पशु, पक्षी, राजा, प्रजा–ये सभी जब वीणा के तारों के समान एक स्वर में अनुस्यूत हो जाते हैं तभी कृषि या राष्ट्र-भृत् अन्न की सम्प्राप्ति होती है।

उपर्युक्त विशेषज्ञों के अतिरिक्त सामान्य पुरुष जब ऊपर आँख उठाकर देखते हैं, तब उन्हें सरसरी तौर पर मेघ के केवल वर्ण और परिमाण ही दिखाई देते हैं। उनके लिए कवि ने कहा है–

आषाढ़स्य प्रथमदिवसे मेघमाश्लिष्टसानु।
वप्रकीड़ा परिणतगज प्रेक्षणीयं ददर्श॥ (1 । 2)

अर्थात् मेघ क्या है, केवल एक काले भीमकाय हाथी के समान ढूसा मारने और धुन्ध मचानेवाला जीव है। मेघ और हाथी का सम्बन्ध बहुत पुराना है। प्रकृति में वृष्टि करनेवाले नियमों का ही समुदित नाम इन्द्र है। इस इन्द्र का वाहन ऐरावत

---

1. यः पण्यस्त्रीरतिपरिमलोद्गारिभिर्नागराणा–
   मुद्दामानि प्रथयति शिलावेश्मभिर्यौवनानि। मेघ. 1 । 25
2. सर्व देवत्या वै कृषिः। शतपथ. 7 । 2 । 2 । 12

हाथी है। हमारा गजाकृति मेघ भी इन्द्र का प्रधान पुरुष कहा गया है (मेघ. 1।6)। संस्कृत में 'इरा' जल को कहते हैं। इरा का जो अक्षय भंडार है; उस जलधि की ही संज्ञा इरावान् है। उस इरावान् में जो जन्म ले, वही ऐरावत है–

इरा आपः, इरावान् समुद्रः, तत्र भवः ऐरावतः अभ्रमातङ्गः।[1]

यह ऐरावत हाथी हमारा अभ्रमातंग मेघ है, क्योंकि दूर से इसका आकार मातंग के सदृश लगता है। पुराणों के अनुसार भी इन्द्र का हाथी ऐरावत मेघों के साथ विचरता है। मेघ को अभ्र इसलिए कहते हैं कि इसमें जल का भस्म वाष्परूप में जमा होता है। यथा–

अभ्रं वा अपां भस्म। (शत. 7।5।2।48)

धूमो भूत्वा अभ्रं भवति, अभ्रं भूत्वा मेघो भवति, मेघो भूत्वा प्रवर्षति।

(छान्दोग्य उपनिषद् 5।10)

अर्थात् सूर्य-ताप के संयोग से जल भस्म होता है। उसकी पहली आकृति वाष्पधूम की होती है जिसे अभ्र कहते हैं, क्योंकि वह जल को अपने अन्दर धारण करता है। यही अभ्र जब अन्तरिक्षगामी होता है, तब सांघातिक रूप में **मेघ** की उपाधि ग्रहण करता है। मेघ होने से इसे मेहन या सिंचन की योग्यता प्राप्त होती है। इरावान् समुद्र में जन्म लेने के कारण **ऐरावत** और जलों को अपने अन्दर धारण करने से **अभ्र**– एक ही अर्थ दो रूपों में सुन्दरता के साथ व्यक्त हुआ है। वर्ण, परिमाण और क्रिया में सादृश्य के कारण[2] मेघ का सबसे अच्छा उपमान हाथी ही है। इसी अभ्रमातंग ऐरावत का जन्म अन्यत्र पुराणों में समुद्र-मन्थन के समय उदधि से बताया गया है। अपने अभ्र-वाहन का आश्रय लेकर इन्द्र समुद्र से उठकर आकाश में आते हैं। वहाँ जब पुष्करावर्तादि मेघ खड़े होकर मठारते और गरजते हैं, तब सामान्य जन प्रायः कहा करते हैं कि आज इन्द्र अपने वाहन पर चढ़कर आए हैं, इससे वृष्टि होगी। इस देश के इन्द्र का वाहन ऐरावत पूर्वी दिशा का अधिपति दिग्गज है। पूर्वी दिशा का नाम ही ऐन्द्री दिशा है, क्योंकि भारतमाता का श्यामल अंचल प्राची के अनिलों से ही विकम्पित होता है। यहाँ की वृष्टि का अधिकांश भाग पूर्व के महोदधि से उठनेवाली हवाएँ ही लाती हैं। हमारा आधिदैविक इन्द्र और उसका वाहन ऐरावत दोनों ही अन्ततः मेघ के नाम हैं।

कोष में ऐरावत की पत्नी का नाम अभ्रमु है। अभ्रमु की व्याख्या कई प्रकार से की जाती है। अभ्र की जो सौन्दर्य-श्री उसके प्रकृति-सुभग शरीर में व्यापक है, जो

---

1. मल्लिनाथ, रघुवंश की संजीवनी टीका, 1।36
   और भी, अमरकोष–'ऐरावतोऽभ्रमातंगः'।
2. गजैश्च घनसन्निभैः–रघुवंश, 4।29
   इस पर 'संजीवनी'–वर्णतः क्रियातः परिमाणतश्च।

उसकी सत्यनिष्ठ छवि है, किंवा जो जल-निर्भर मेघ की मन्थरता है, वही अभ्रमु है।[1] अन्यत्र, ऐरावत की पत्नी अभ्रमु विद्युत् का ही एक नाम है। इस प्रकार विद्युत्कलत्र[2] या विद्युत्वन्त[3] मेघ और ऐरावती प्रिय ऐरावत एक ही पदार्थ हैं। ऊपर कहा जा चुका है कि जिन मेघों में विद्युत् नहीं है, वे पानी नहीं बरसा सकते। विद्युत् रूप शक्ति से ही मेघों में विद्योतन और गम्भीर गर्जन की सामर्थ्य उत्पन्न होती है–

विद्युद्वा अपां ज्योतिः। (शत. ब्रा.)

वियोगी यक्ष ने चलते-चलते मेघ को यही आशीर्वाद दिया है कि क्षण भर के लिए भी तुम्हारा अपनी सहचरी विद्युत् से वियोग न हो।

मा भूदेवं क्षणमपि च ते विद्युता विप्रयोगः। (मेघ. 2 । 52)

अर्थात् हे मेघ, जिसे तुम अंक में धारण किए रहते हो उस विद्युत् से कभी विलग मत होना। उससे विप्रयुक्त होकर तुम्हारी श्री, तुम्हारा 'मघ' सब शून्य में विलीन हो जाएगा। मेरे समान कान्ता-विश्लेषित तुम जिस देश में जाओगे, वहाँ ही दुःख ही दुःख पाओगे। सुसमय और सम्पत्ति की जगह दुष्काल देखोगे। वहाँ तुम्हारा अपना सौन्दर्य भी तिरोहित हो रहेगा। फिर प्रीति-स्निग्ध नयनों से तुम्हारा स्वागत कौन करेगा? तुम्हें देख-देख प्रमुदित होने के स्थान में लोग रोएँगे और तुम्हारी उस प्रिया सौदामिनी को याद करेंगे।

यह सुदामा पर्वत की पुत्री कभी वलयाकार में चमक पड़ती है,[4] तो कभी नेत्रों को चकाचौंध करनेवाला क्षणप्रभा का चंचल तेज चमकता है, और कभी वही खद्योतों की पंक्ति के समान अल्पाल्पभास से विलसित होती है–

अर्हस्यन्तर्भवनपतितां कर्तु मल्पाल्पभासं
खद्योतालीविलसितनिभां विद्यु दुन्मेषदृष्टिम्। (2 । 18)

वर्ण सौन्दर्य में वर्षा-काल के मेघों की उपमा कज्जल के पहाड़ों से दी जाती है। हमारा मेघ भी चिकने घुटे अंजन की आभावाला है। (स्निग्ध भिन्नाञ्जनाभे, 1 । 59)। वह अत्यन्त सुन्दर है।[5] वर्षा ऋतु में तो उसकी शोभा और भी द्विगुणित हो जाती है।[6] मेघ ही क्या, पुरुष, स्त्री, वृषभ, अश्व सभी जब वृष-शक्ति से भर जाते हैं तो उनका वर्ण स्निग्ध श्याम और परम अभिराम हो जाता है। मेघ की शोभा को पूर्णतया कह सकना असम्भव है, अतः कवि ने उसकी उपमा शिव के कंठ की छवि से दी है–

भर्तुः कण्ठच्छविरिति गणैः सादरं वीक्ष्यमाणः। (1 । 33)

---

1. अभ्रे खे माति, न भ्राम्यति वा मन्थरगामिनीत्वात् इति अभ्रमुः। अमरकोष रामाश्रमी टीका।
2. विद्युत्कलत्र। मेघ. 1 । 38
3. विद्युत्वनतम् मेघ 2 । 1
4. विद्युद्दाम स्फुरित चकितैः। मेघ 1 । 27
5. प्रकृति सुभगः आत्मा। मेघ. 1 । 40
6. प्रावृषा संभृतश्रीः। मेघ. 2 । 52

अपने स्वामी की शोभा के दर्शनाभिलाषी शिव-गण प्रकृति में जिस पदार्थ को उस श्री से श्रीमान् देखते हैं उसी के रूप का जी भरकर पान करते हैं। जिनके नेत्रों में शिव के कंठ की वर्ण-विभूति समाई है वे जहाँ उसका आभास भी पाते हैं, उस पर निछावर रहते हैं। आदित्य, चन्द्रमा और विद्युत् की प्रभा जहाँ भासमान नहीं होती, उन शिव की बहुल ज्योति की एक रश्मि के दर्शन भी यदि मेघ में भक्तों को प्राप्त हों तो मेघ के सौभाग्य और तेज का क्या कहना? मेघ है ही क्या, केवल एक नामरूपात्मक विकार है। वह यदि परमशिव तत्त्व की झलक का दर्शन करा देने में प्रतीक मात्र बन सके, तो भी उसका जन्म सफल हो गया, मानो उसने समस्त लोकों के कल्याण का उपार्जन कर लिया।

कालिदास की कला में इष्ट वस्तु के सौन्दर्य की पराकाष्ठा दिखाने की एक अद्भुत युक्ति है। रघुवंश के तेरहवें सर्ग में कवि गंगा और यमुना के मिले हुए प्रवाह-संगम की छटा का वर्णन करने लगा। जब एक, दो, तीन, चार आदि उपमाओं का अन्त ही होता न दिखाई पड़ा, तब कवि ने उस शोभा की उपमा शिव के शरीर से दे डाली, मानो सौन्दर्य को सान्त की सीमा से निकालकर अनन्त के हाथों में सौंप दिया—

क्वचिच्च कृष्णोरगभूषणेव भस्मांगरागा तनुरीश्वरस्य।
पश्यानवद्यांगि विभाति गंगा भिन्नप्रवाहा यमुनातरंगैः॥ (रघु. 13 । 57)

'कृष्ण सर्पों से विभूषित और भस्मांगराग से विलेपित[1] जो ईश्वर का शरीर है, उसके समान सुन्दर गंगा और यमुना के संगम को, हे अवदात सीते, तुम देखो।' उस शरीर से भी प्रशस्यतर किसी उपमान की कल्पना का विचार यदि भारतीय कवि अपने मन में लाए, तो मानो वह इस देश की कला के सनातन आदर्शों का तिरस्कार करता है। मदन का जो निग्रह कर चुके हैं, ऐसे अरूपहार्य शिव की शोभा निःसीम है। उससे परे शोभा कहाँ? अनन्त से परे अनन्तता कैसे सम्भव है? सौन्दर्य का तो शिव के साथ तादात्म्य ही है। त्रिभुवनगुरु चंडीश्वर की कंठच्छवि का प्रतीक मात्र दिया जा सकता है, समग्रतया उसका वर्णन कौन करेगा? बस, मेघ की शोभा भी ऐसी ही उपमा पाकर अनन्त हो गई है। उस सौन्दर्य का प्रयोजन भोग नहीं, ईश्वर-समर्पण है। इसी स्थिति में पहुँचकर हम कहते हैं—'स्त्री, तेरा नाम ही पवित्रता और सौन्दर्य है'। कवि चाहता है कि मेघ अपने सायाह्न तेज को शिव की नृत्यसामग्री में चढ़ा दे, अपनी इस क्षणभंगुर छवि को वह नटराज के अविनाशी नृत्य की शोभा बढ़ाने में अर्पित कर दे।[2] मेघदूत में आदि से अन्त तक यह स्मरण रखना होगा कि मेघ को

---

1. शिव, काम, कुमार, वृष, मयूर, भस्म, विष, सर्प आदि की व्याख्या 'शिव का स्वरूप' नामक अध्याय में की जाएगी।
2. पश्चादुच्चैर्भुजतरुवनं मण्डलेनाभिलीनः।
सान्ध्यं तेजः प्रतिनवजपापुष्परक्तं दधानः॥
नृत्यारम्भे हर पशुपतेरार्द्रं नागाजिनेच्छां।
शान्तोद्वेगस्तिमितनयनं दृष्टभक्तिर्भवान्या। मेघ. 1 । 36

अलका के उस लोक में जाना है जहाँ धनपति के सखा शिवजी साक्षात् निवास करते हैं, जिन्होंने काम को भस्मावशेष कर दिया था। इसलिए काम उस लोक में अपना चाप चढ़ाने से डरता है।

मेघ के साथ इन्द्रधनुष का साहचर्य है। सातप मेघ के अग्रभाग में रंग-बिरंगा धनुष चमकता है। वैज्ञानिक कहते हैं कि जब आकाश की वाष्प जल-बिन्दु का रूप ग्रहण कर लेती है और ऐसा मेघ सूर्य की किरणों के रास्ते में पड़ जाता है तब प्रकाश की रश्मियों को विभिन्न घनत्व की सतहों में से निकलना पड़ता है, जिसके कारण किरणें बिखर जाती हैं और सूर्य के सातों रंग अलग-अलग दिखाई पड़ने लगते हैं। कवि को इस प्रकार सप्त पाताल से सत्य की कौड़ी निकालने की आकांक्षा नहीं। उसके लिए इन्द्रधनुष में अद्‌भुत जादू है। विद्यमान पदार्थों में जब उसे शोभा की उपमा न मिली तब उसने 'रत्नच्छाया व्यतिकर' की कल्पना की। परन्तु इस नई सूझ से भी उसे सन्तोष नहीं हुआ तब द्वापर युग के एक गोप के शृंगार का ध्यान आया और 'भर्तुः कंठच्छविरिति' के समान अनन्त सौन्दर्य की व्यंजना के लिए उसने लिखा–

येन श्यामं वपुरतितरां कान्तिमापत्स्यते ते
बर्हेणेव स्फुरितरुचिना गोपवेशस्य विष्णोः।

जिस समय विष्णु क्षीरसागर में शेष-शय्या पर योगमाया के समाश्रय से चातुर्मास्य मनाते हैं, उसी समय मानो मेघ बाहरी संसार को उनके अभिराम रूप का पान कराते हैं।

मेघ को कालिदास ने इच्छानुसार रूप रखनेवाला (कामरूपं) कहा है। वैज्ञानिक भी उसकी सर्वत्रविहारक्षमता को स्वीकार करता है। आकाश में कभी यह तिरछा शोभित होता है, कभी लम्बा पड़ जाता है, और कभी पिछले भाग से लटकता हुआ जल पीने के लिए झुके हुए हाथी के समान जान पड़ता है। इस तिरश्चीन और दीर्घप्रसारित रूप में उसे पृथिवी की ओर उतरने में आसानी होती है। कभी तोयोत्सर्ग के कारण वह हलका होकर द्रुतगति से आकाश में रपटता चलता है।[1] कभी अन्तर्घनत्व के कारण मन्थर गति से मन्द-मन्द विचरता है। मेघदूत के मन्दक्रान्ता छन्द और मेघ मन्द गति में प्राकृत सम्बन्ध है। यक्ष हृदय से चाहता है कि देश और काल दोनों का अत्यन्त अभाव हो जाए, अर्थात् उसका दूत क्षणमात्र में ही अलकापुरी में पहुँच जाए। किन्तु देशकाल से परिच्छिन्न मर्त्यों को इन दोनों की नियति का अनुशासन मानना ही पड़ता है। मेघ को आकाशमार्ग से जाते हुए न जाने कितने पर्वतों का व्यवधान पड़ेगा–

उत्पश्यामि द्रुतमपि सखे मत्प्रियार्थं यियासोः।
कालक्षेपं ककुभसुरभौ पर्वते पर्वते ते॥ (मेघ. 1।22)

1. तोयोत्सर्गद्रु ततरगतिस्तत्परं वर्त्म तीर्णः। मेघ. 1।19

अर्थात् कितने भी शीघ्र चलनेवाले तुम हो, मार्ग में जितने पर्वत तुम्हारा मार्ग रोकने को खड़े हैं उनके पास बिना समय बिताए आगे बढ़ना सम्भव न होगा। किन्तु एक उपदेश हृदय में रख लेना–

मन्दायन्ते न खलु सुहृदामभ्युपेतार्थ कृत्याः। (1।38)

भौतिक व्यवधान चाहे जो हों, अपने मन में तुम मन्दोत्साह कभी मत होना।

यह देखी हुई बात है कि हलके मेघों को हवा उड़ाकर तितर-बितर कर देती है। जिन मेघों में गम्भीर जलराशि भरी होती है, वे ही हवा के सामने डटकर बरसते हैं। थोथे और हलके आदमी को गौरव नहीं मिलता। जिस सन्देश की व्यंजना यक्ष चाहता है वह घने बरसनेवाले मेघों से ही सम्भव है।

अन्तःसारं घन तुलयितुं नानिलः शक्ष्यति त्वां।
रिक्तः सर्वो भवति हि लघुः पूर्णता गौरवाय॥ (1।20)

अर्थात् हे घन, तुम जल से भरे होगे तो आँधी तुम्हारा क्या बिगाड़ सकेगी? बलवान् का लोहा सब मानते हैं। हलकों के लिए तो काल के अप्रतिवार्य वेग से बहनेवाले प्रवाह में बह जाने के सिवा और गति नहीं है। 'अन्तःसारं' की व्यंग्य-ध्वनि बड़ी सुन्दर है। मेघ की संज्ञा वृष कही जा चुकी है। वृष नाम रेत[1] या वीर्य का है। जो ब्रह्मचारी है, अर्थात् वृषसम्पन्न होने से अन्तःसारवान् है, वही प्राणायामरूप अनिल के धक्के को सह सकता है। वृष से रिक्त जनों को विषय-वात सदा घुमाया करता है; उनमें कुम्भक कृतकार्य नहीं होता। एक बात और भी जानने योग्य है। इन्द्र की संज्ञा ओकःसारी है[2] अर्थात् वह जिसके ओक अर्थात् घर में सार भरा है।[3] अलका का नाम वस्वोकसारा[4] पुरी है, अर्थात् वह जिसके भवनों में वसुरूप सार है। मेघ इन्द्र का प्रधान पुरुष है, उसे अन्तःसारी होकर ही अलका में पदार्पण करना चाहिए। इन्द्र का ही नाम वसु है।[5] इन्द्र शक्ति का जहाँ निवास है वहीं वस्वोकसारा पुरी है। मेघ विराट् प्रकृति के लिए वृषशक्ति का कोष है, अतः उसके लिए अन्तःसार विशेषण साभिप्राय ही है।

वृष्टि की आवश्यक परिस्थितियों के लिए अनुकूल पवन भी आवश्यक है।[6] प्रतिकूल वायु जल भरकर चले हुए मेघों की धज्जियाँ उड़ा देती है। मेघ कैसे भी

---

1. रेतो वै वृष्ण्यम् (शतपथ 7।3।1।46)। आपो मे रेतसि श्रिताः (तैत्तिरीय ब्राह्मण 3।10।8।6), अर्थात् शरीर में जल की स्थिति रेत रूप से है।
2. ओकःसारी वा इन्द्रः। ऐतरेय ब्राह्मण 6।7।37
3. गृहा वा ओकः (ऐ. ब्रा. 8।26)।
4. रघुवंश 16।10; वसतिं वसुसम्पदां। कुमारसम्भव 6।37; वसु ओकःसारी। मेघदूत में कहा है कि यक्षों के भवनों में अक्षय्य निधियाँ हैं (अक्षय्यान्तर्भवननिधयः)।
5. स इन्द्रो वै देवानां वसुर्वीरो ह्येषाम्। (शतपथ 1।6।4।2)। अर्थात् इन्द्र देवों के वसु हैं।
6. वृष्टि अनुकूल वायु के अधीन है–यां दिशं वायुरेति तां दिशं वृष्टिरन्वेति–(श. 8।2।3।5)

अभ्रत्वविशिष्ट हों, किन्तु बिना अनुकूल पवन की प्रेरणा के वे वृष्टि नहीं कर सकते। अतएव यक्ष के मेघ को मन्द-मन्द पवन प्रेरित कर रहा है–

मन्दं मन्दं नुदति पवनश्चानुकूलो यथा त्वां। (1 । 9)

वृष्टि के लिए दूसरी आवश्यकता हरियाली है। वनों और जंगलों में वाष्प फिर जल्दी ही जल रूप में आ जाती है। कवि ने इस ओर भी संकेत किया है–

स्थित्वा तस्मिन्वन चरवधूभुक्तकुञ्जे मुहूर्तं,
तोयोत्सर्गद्रुततरगतिस्तत्परं वर्त्म तीर्णः।

अर्थात् आम्र-काननों के सघन कुंज में जब तुम ठहरोगे तब वाष्परूप में संचित तुम्हारा जल वहाँ बरस जाएगा। इससे तुम हलके और द्रुतगामी हो जाओगे। रेवा के जम्बु कुंजों में भी तुम वांतवृष्टि हो जाओगे।

वृष्टि का तीसरा रहस्य यह है कि जब मेघ को ऊँचाई पर चढ़ना पड़ता है तब उसका तापमान घट जाता है, फलतः जल बरसता है। माल-क्षेत्र के वर्णन में ध्वनि द्वारा इसी तत्त्व की ओर संकेत है–

सद्यः सीरोत्कषणसुरभि क्षेत्रमारुह्य मालं
किंचित्पश्चाद् व्रज लघुगतिर्भूय एवोत्तरेण। (1 । 16)

यहाँ आरोहण के अनन्तर वृष्टि, और फिर फलस्वरूप लघुगति की ओर ध्यान दिलाकर प्रच्छन्न रीति से उपर्युक्त प्रकार के अभिवर्षण[1] का ही वर्णन किया गया है।

वृष्टि के बाद भूमि से सोंधी सुगन्ध निकलने लगती है–

दग्धारण्येष्वधिकसुरभिं गन्धमाघ्राय चोर्व्याः। (1 । 21)

दावानल से जले हुए वनों में जब मेघ अपने जल से पृथिवी की तपन बुझाता है तब भूमि में से सुरभि गन्ध का प्रादुर्भाव होता है। दावाग्नि से न जाने कितने सुगन्धित काष्ठ और हविष्य वनस्पतियाँ भस्म होकर पृथिवी में मिल जाती हैं। ऐसे स्थान पर वृष्टि करके मेघ भी उच्छ्वसित गन्ध से तृप्ति का अनुभव करेगा। दावानल को शान्त करने का पुरुषार्थ अकेले मेघ में ही है–

त्वामासारप्रशमितवनोपप्लवं साधु मूर्ध्ना,
वक्ष्यत्यध्वश्रमपरिगतं सानुमानाम्रकूटः।

वास्तव में मेघ समस्त सन्तप्त सृष्टि को शान्ति देनेवाला है। (संतप्तानां त्वमसि शरणं, 1 । 7)

कालिदास मेघ की यात्रा में सर्वत्र पानी के ही बरसने का वर्णन करते गए हैं, पर पहाड़ में पहुँचकर अवस्था दूसरी हो जाती है। जहाँ थोड़ी वर्षा हुई, सर्दी बढ़ी और आकाशस्थ जल हिम के आकार में बदल जाता है। इस कारण कर-कर ओले पड़ने

---

1. सद्यस्तत्कालमेव सीरैः हलैः कषणेन कर्षणेन सुरभि घ्राणतर्पणं यथा तथा आरुह्य। तत्र अभिवृष्य इत्यर्थः। (मल्लिनाथ)

लगते हैं। इसलिए कनखल के बाद ज्यों ही फिर वृष्टि का अवसर आया, जल ओलों के रूप में बदल गया–

ये संरम्भोत्पतनरभसाः स्वाङ्गभंगाय तस्मिन्
मुक्ताध्वानः सपदि शरभा लंघयेयुर्भवन्तम्।
तान्कुर्वीथास्तुमुलकरकावृष्टिपातावकीर्णान्
के वा न स्युः परिभवपदं निष्फलारम्भयत्नाः॥ (1।54)

अर्थात् यदि शरभ मृग ऊपर कूदकर तुम्हें लाँघने का प्रयत्न करें तो उन्हें ओलों की मार से दल देना। इस श्लोक का आध्यात्मिक अर्थ बड़ा मनोहर है। **मेघदूत** में जिस वृषशक्ति की मीमांसा है उसकी दुर्धर्षता का इसमें प्रतिपादन है। काम को योग-संयम द्वारा वश में करके साधना में अग्रसर होने का जो मार्ग है उसका निरादर करके, काम को बिना जीते, जो लोग दूसरे मार्गों का अवलम्बन करते हैं और सपाटे के साथ सिद्धि पर पहुँच जाना चाहते हैं, वे अन्त में वृषशक्ति के अधोमुख पतन द्वारा अवकीर्णी अर्थात् खंडित ब्रह्मचर्यवाले हो जाते हैं। उनके सारे प्रयत्न निष्फल हैं। श्लोक का 'अवकीर्ण' पद दीपक की तरह सारे अर्थ का प्रकाश करता है। जो ब्रह्मचारी अपने व्रत से पतित हो जाते हैं, वे अवकीर्णी कहलाते हैं। किसी भी प्रकार जो सप्तम धातु ओज का स्कन्दन करे वह अवकीर्णी है।[1] मनुष्य को वाजसम्पन्न (वाजी) बनने के लिए अर्थात् अपनी वाज (वृष) शक्ति को भीतर ही भर लेने के लिए एकरेत अर्थात् केवल ऊर्ध्वरेत ही होना चाहिए। यदि वह अपने समस्त पांसुओं[2] या रेणु को स्वात्मा में ही नहीं पचा लेता, तो वह पांसुल या द्विरेता हो जाता है (शतपथ ब्राह्मण 4।5।1।19)।

मेघ के आगम से जिस प्रकार वनस्पति और औषधियाँ ऊर्ज के साथ बढ़ती और वीर्यवती होती हैं, वैसे ही पशु भी आनन्दोद्रिक को प्राप्त होते हैं। चेतना की दृष्टि से वनस्पति, पशु, मनुष्य सब एक ही विश्वव्यापी महाप्राण के पर-अवर भेद हैं। विराट् मेघ का प्रभाव सर्वत्र पड़ता है। चर-अचर जैसी काल्पनिक सीमाओं को पार करके एक ही चैतन्य के दर्शन कर लेने पर मेघ का सन्देश सबके लिए चरितार्थ हो जाता है।

---

1. अवकीर्णी भवेद्गत्वा ब्रह्मचारी तु योषितम् (याज्ञवल्क्य)। (ब्रह्मचारी योषाभिगमन करने से अवकीर्णी हो जाता है।)
   ब्रह्मचारी उपकुर्वाणको नैष्ठिकश्चेति योषितं गत्वा अवकीर्ण तत्तु यस्यास्ति सोऽवकीर्णी। (विज्ञानेश्वर)
   स्त्री सम्पर्काद्विप्लुतब्रह्मचर्यः अवकीर्णी। (मनु, कुल्लूक)
2. पांसु=रेत=रेणु=वीर्य=वाज=वृष।

विराट् जगत्

हमारी दृष्टि प्रायः स्थूल जगत् के कार्यों तक ही परिमित रहती है। हमारे अनुभवों का लीला-क्षेत्र भी वही जगत् है। स्थूल वस्तु तो प्रकृति की सबसे अन्तिम और जड़ रचना है। उससे ऊपर सूक्ष्म कार्य-कलापों की अनन्त कोटियाँ हैं। प्रकृति का रहस्यमय जीवन सूक्ष्म संसार में ही घटित होता है। उसका अनुभव करने के लिए अन्तर्मुखी होना आवश्यक है। हमारे ज्ञान की साधना पाँच इन्द्रियाँ हैं। उनकी प्रवृत्ति बहिर्मुख रहती है। उन इन्द्रियों से स्थूल संसार का बहुत ही परिमित ज्ञान मिल सकता है। विशेष के लिए केवल विज्ञानात्मक अनुभव अथवा ज्ञान-दर्शन ही काम दे सकता है। उदाहरण के लिए हमारी वीक्षण शक्ति से रूप का परिज्ञान होता है। इस ज्ञान के लिए सूर्य की प्रकाश-रश्मियाँ चक्षुरिन्द्रिय से संयुक्त होती हैं। विज्ञान के अनुसार इन रश्मियों का परिमाण बहुत ही सूक्ष्म[1] है। एक इंच में ये डेढ़ करोड़ से तीन करोड़ तक आ सकती हैं। वस्तुतः सूर्य से जितनी तरह की किरणें आती हैं वे बहुत अधिक है; उनका ग्रहण हमारी चक्षु इन्द्रिय से हो ही नहीं सकता। उनके ज्ञान के लिए हमें विज्ञान के अन्य उपायों से काम लेना पड़ता है। दूसरा उदाहरण सूक्ष्म जगत् की अनन्तता और एकता का यह है कि जो शब्द मन्द अथवा उच्च हम करते हैं, उससे वायुमंडल या आकाश में लहरियाँ उत्पन्न होती हैं, समीपस्थ वायु में संक्षोभ उत्पन्न होता है और यह बढ़ता हुआ समस्त ब्रह्मांड में व्याप्त हो जाता है। इसी सिद्धान्त की सत्यता का प्रमाण हमारा बेतार का तार है। इस यन्त्र द्वारा जिन विद्युत् लहरों को उत्पन्न किया जाता है वे एक सेकंड में हमारी पृथिवी के सात चक्कर कर जाती हैं; अर्थात् पृथिवी के किसी कोने में शब्द हो, हम एक क्षण के भी सातवें हिस्से में उसे सुन सकते हैं। यद्यपि ये विज्ञानानुमोदित सत्य हैं, परन्तु इनका परिज्ञान हमारी चक्षु या श्रोत्र इन्द्रियों को बिना सूक्ष्म यन्त्रों की सहायता के नहीं हो सकता।

---

1. All the waves giving visible light are included between 16 and 30 millionths of an inch.

योग का सिद्धान्त यह है कि संसार में जितने भी सूक्ष्मतम यन्त्र बन चुके हैं अथवा आगे कभी बनेंगे, उन सबसे सूक्ष्म और सचेतन मानुषी शरीर है। वस्तुतः मनुष्य का मस्तिष्क और उससे सम्बद्ध केन्द्रीय नाड़ी जाल (Central nervous system) के सूक्ष्म संस्थान, उनकी सक्रिय चेतनता और उत्तेजित्व का हमें आज तक बहुत ही कम ज्ञान है। इस दिव्य यन्त्र से विराट् ब्रह्मांड के स्थूल-सूक्ष्म सब ही कार्यों का ज्ञान प्राप्त हो सकता है। आवश्यकता केवल उसे साधना द्वारा परिमार्जित और उद्ग्राही बनाने की है। फिर प्रकृति के निगूढ़तम रहस्य भी विज्ञान-सूर्य की भाँति इस शरीर द्वारा प्रकाशित हो जाते हैं। बाह्य यन्त्रों के आविष्कार से देश और काल पर विजय पाने के हमने जो साधन प्राप्त कर लिये हैं, वे सब इसी प्रकृति-समर्पित शरीर की साधना से भी प्राप्त किए जा सकते हैं। अतीन्द्रिय दर्शन और अतीन्द्रिय श्रवण तो बहुत ही सामान्य बातें हैं। विराट् ब्रह्मांड और शरीर का सम्बन्ध कल्पना की बात नहीं है, यह एक ध्रुव सत्य है जिसका अनुभव भारतवर्ष में ऋषियों ने बहुत पहले ही प्राप्त कर लिया था। उसी की विधि योग-विद्या है। योग द्वारा ही हमारा ज्ञान विज्ञान-सम्मत हो सकता है। सबसे प्रशंस्य ज्ञान का स्वरूप वही है जो सविज्ञान हो। 'गीता' में बड़े स्पष्ट शब्दों में इस सनातन तत्त्व का उपदेश किया गया है। 'योग को करके ही तुम मुझे अर्थात् ब्रह्म और ब्रह्मांड को समग्र जान सकते हो (गी. 7।1)'। यह समग्र या कृत्स्न ज्ञान क्या है, इसका उत्तर भी दूसरे ही श्लोक में है–ज्ञानं तेऽहं सविज्ञानमिदं वक्ष्याम्यशेषतः। अर्थात् समग्र का अनुभव जो योग और भक्ति द्वारा प्राप्त होगा उसमें ज्ञान और विज्ञान दोनों ही मिल जाएँगे और फिर कुछ जानना शेष नहीं रह जाता (यज्ज्ञात्वा नेह भूयोऽन्यज्ज्ञातव्यमवशिष्येत–7।2)। इस प्रकार उच्च भूमिका में विज्ञान और दर्शन (Intuition and Science) दोनों का समन्वय है। प्रकृति का ज्ञान प्राप्त करके ही परम तत्त्व का अनुभव करना सर्वोच्च और अमृत ज्ञान है। शक्ति से घटित और विघटित होनेवाले परमाणुमय परिणामों और परिवर्तनशील विकारों के रूप में जितना यह जगत् है उसके मूल में निहित एकता को जान लेना संसार का सबसे महान् साध्य है। यह एकता सबसे सरल और सीधा ज्ञान है। जब तक हमारी उपपत्ति में कुछ वक्रगति या पेच हो तब तक वह अन्तिम कोटि की नहीं कही जा सकती। एक वैज्ञानिक का वचन है..."The more general a natural law is, the simpler is its form (though it cannot always be said with certainty and finality which is the simpler form)...' मैक्सप्लैंक।[1]

विज्ञान इस विश्वव्यापी एकत्व का अनुसन्धान बड़े वेग से कर रहा है, और यह देखकर चकित हो जाना पड़ता है कि विश्वसृष्टि और विश्व के आधार के विषय में

1. A Survey of Physics by Max Planck, p. 164.

दर्शन और विज्ञान का सान्निध्य कितनी तीव्रगति से दिन-दिन बढ़ रहा है। स्थूल प्रकृति मूल में परमाणुमय है। परमाणु की रचना सौरमंडल से मिलती है,[1] अर्थात् एक केन्द्र के चारों ओर ऋण विद्युत्कण बड़ी दुर्धर्ष गति[2] से घूमते हैं। बीच के केन्द्र में धनविद्यत् रहती है और उसी के बल पर ऋणविद्युत्कण[3] परमाणु के भीतर समत्व में युक्त या निरुद्ध रहते हैं। परमाणु के अन्दर के ऋण और धनविद्युत् (इलेक्ट्रोन-प्रोटोन) वस्तुतः एक ही विश्वव्यापी शक्ति के दो रूप हैं। सृष्टि-प्रजनन के लिए आरम्भ में ही प्रजापति ने आत्मदेह को द्विधा करके दो भागों में उत्क्रान्त किया। विज्ञान ने इसे ऋण और धनविद्युत् कहा है। धर्म-ग्रन्थ इसे शिव-शक्ति, पुरुष-स्त्री, चन्द्र-सूर्य, प्राण-अपान आदि अनेक नामों और भावों से व्यक्त करते हैं। जो तत्त्व एक परमाणु को नियन्त्रित करता है वही विराट् ब्रह्मांड का भी नियन्त्रण करनेवाला है। इसलिए विराट् जगत् में भी जितने प्रजनन अथवा उत्पादनशील कार्य हैं उनका फल तब तक हो ही नहीं सकता जब तक पुरुष-योषित् अथवा ऋण-धन जैसे दो ध्रुव परस्पर मिथुनवान् न हों–मिथुनमुत्पादयते जगत्–इस कारण जिसे हम सामान्यतया जड़ जगत् समझते हैं, जैसे वनस्पति, औषधि आदि, उसमें भी पुरुष और स्त्री का भाव काम कर रहा है। मेघ यदि पिता है तो पृथिवी गर्भ धारण करनेवाली उसकी योषित् है। जब तक दोनों का सम्मिलन न होगा, उनसे सम्भाव्य उद्भिज आदि की उत्पत्ति नहीं होगी। मेघ आकाश में स्थित होकर भी पृथिवी को प्रभावित करता है; सूर्य करोड़ों मील दूर होकर भी इस लोक में स्थित प्रकृति पर अपना प्रभाव डालता है। तात्पर्य यह कि हमें अपने स्थूल ज्ञान से कोई चीज़ जड़ अथवा विच्छिन्न भले ही मालूम हो,

---

1. "The electrons circulate round this nucleus as planets circulate round a sun; and the spaces between nucleus and electrons are, comparatively, as vast as those between our planets."

   —Marvels of Physics by Joseph Mocabe, p. 45.

   परमाणु के केन्द्र और इलेक्ट्रोनों के बीच में सौरमंडल के समान ही अपेक्षाकृत बृहत् अन्तरिक्ष या आकाश है। इसी अन्तरिक्ष (interelectronic space) के कारण हिरण्यगर्भ दशा से प्रकृति विराट् दशा में आती है। आध इंच गोल सोने के टुकड़े में यदि सब प्रोटोन ही हों और इलेक्ट्रोन एक भी न हो, तो उस आध इंच हिरण्य का वचन 30 लाख टन होगा। यह हिरण्यगर्भ दशा प्रकृति की है। यह सूक्ष्म या तैजस अवस्था है। विराट् प्रकृति में अन्तरिक्ष या आकाश प्रकृति को स्थूल रूप देता है। उस दशा में उसकी संज्ञा वैश्वानर भी है। स्थूल बहिःप्रज्ञ (extrovert) और सूक्ष्म या तैजस प्रकृति अन्तःप्रज्ञ (introvert) होती है। इन दोनों से ऊपर प्रज्ञानघन (pure consciousness) अवस्था है, जहाँ समस्त प्रकृति चैतन्य रूप रहती है।
2. प्रो. बोहर का मत है कि हाइड्रोजन परमाणु का एक इलेक्ट्रोन अपने केन्द्र के चारों ओर एक सेकण्ड में 6000 खरब चक्कर काटता है। प्रकृति की कुक्षि में कितनी शक्ति और चेतना है।
3. Electron ऋणविद्युत्कण, Atom परमाणु।

वस्तुतः प्रकृति के मूल में आश्चर्यजनक एकता है और जड़-से-जड़ वस्तु भी शक्ति उपरोक्त द्विविध द्वन्द्व से परिस्पन्दित होती है। इसलिए ही कवि निर्विन्ध्या और गम्भीरा आदि नदियों को मेघ की नायिका के रूप में देखता है। दोनों में पुं–स्त्री–अथवा धन और ऋण विद्युत् का सम्बन्ध है। परन्तु वह विराट् जगत् की एकता को समझ लेने से ही स्पष्ट हो सकता है।

चेतना

हम बहुधा प्रकृति को निष्क्रिय और अचेतन मान लेते हैं, वस्तुतः प्रकृति का एक-एक परमाणु बहुत ही उत्तेजनार्ह और चेतना-सम्पन्न है। इसी आश्चर्यकारी चेतना से स्तब्ध कुछ एक वैज्ञानिक परमाणु (atom) को सजीव (organic) मानने लगते हैं। वर्गसन के शिष्य व्हाइटहेड की यही सम्मति है।[1]

सजीव और चेतन न कहते हुए भी हम इतना तो कह ही सकते हैं कि प्रकृति मूल में बहुत सक्रिय है और विद्युत् रूप में उसका विज्ञानसम्मत प्रत्यक्ष प्रमाण हमें प्राप्त होता है। यह विश्वव्यापी चेतना ही प्राण रूप से संस्कृत-साहित्य में वर्णित हुई है। प्राण प्रजाओं को धारण करता है। तीन लोक में जो कुछ है सब प्राण के वश में है–

प्राणस्येदं वशे सर्वं त्रिदिवे यत्प्रतिष्ठितम्

प्र. उ. 2।13

प्राण जल रूप से मेघों में है, सूर्य की रश्मियों में अग्नि रूप से है। सोमात्मक चन्द्रमा में, इन्द्रियों में, पशुओं में, मनुष्यों में, और अन्न तथा अन्न से समुद्भूत वीर्य में सर्वत्र प्राण है। इसी आधार के द्वारा प्रकृति अपने नियमों को पूर्ण करके सृष्टि-कार्य चला रही है। वर्षा ऋतु प्राणों की एक बहिया है। इसी के संक्षोभ का वर्णन **मेघदूत** में हुआ है। व्यक्तिगत प्राण और विराट् प्राण दोनों एक ही हैं। इसीलिए **मेघदूत** के यक्ष को अचेतन में भी चेतन के दर्शन होते हैं, वह चेतन-अचेतन के कल्पना-निर्मित भेदों को बिलकुल भूल गया है। (प्रकृतिकृपणः चेतना-चेतनेषु)।

प्राण सृष्टि के सब कार्यों का अधिष्ठाता है। इस प्राण की शक्ति का स्रोत शब्द ब्रह्म का सामगान है। आर्य-शास्त्र का यह बहुत गूढ़ सिद्धान्त है कि सृष्टि के सब रूप शब्द के स्पन्दन से उत्पन्न होते हैं। पर ब्रह्म की शक्ति शब्द के बल से अपने आपको सृष्ट करती है। जगत् के सब पदार्थों के अणु स्पन्दनशील (Vibrating) हैं। प्रत्येक स्थूल आकृति या रूप के पीछे उसका संगीत भी निहित है। इस संगीत के स्वरों को

1. Future of Physics, p. 45.
"Some writers have begun to treat the atom as though it were an organism, alive when the atom is excited, and dead when in a state of minimum energy. Thus whitehead proposes that we should call the atom an organism, though this of course may only muddle us."

पहचानकर यदि हम नाद या ध्वनि उत्पन्न करें तो उस ध्वनि के द्वारा पदार्थ-विशेष के अणु संचालित हो जाएँगे और फिर नाद के ही विष-परिणाम से हम उन अणुओं का संस्थान[1] भी बदल सकते हैं। योगी या ऋषि प्रकृति के संगीत को प्रत्यक्ष देखते हैं। मन्त्रों के देवता या वर्ण्यवस्तुओं के लिए छन्दोभेद करना अर्थात् विशेष-विशेष छन्दों का चुनना भी अणु-स्पन्दन के नानात्व पर ही निर्भर है। ध्वनि या संगीत वर्णात्मक शब्दों से स्वतन्त्र है। उसका सारा रहस्य छन्द में है। इसलिए कहा जाता है कि अमुक छन्द से अमुक कार्य हो सकता है, जैसे कहा है कि वसु गायत्री छन्द से तुम्हें पवित्र करें (तांड्य ब्रा. 1।2।7)। इस वाक्य का अर्थ तब तक हम सफल नहीं कर सकते जब तक गायत्री छन्द के संगीतात्मक स्वरों का हमें परिज्ञान न हो। वस्तुतः वेद सम्बन्धी ज्ञान या स्वाध्याय के सब विषयों में छन्द शास्त्र का ज्ञान सबसे अधिक गूढ़ और कठिन है। ब्राह्मण और उपनिषदादि ग्रन्थों में तथा स्वयं वेदों में भी छन्दों की महिमा और कार्य के जो वर्णन हैं, उन्हें हम अपनी अज्ञ अवस्था में बालिश बुद्धि का उद्धार मात्र समझकर सन्तोष कर लेते है। ऋग्वेद में कहा है कि वाचक शक्ति के चार पाद या चार अवस्थाएँ हैं; मनीषी ब्राह्मणों को उनका ज्ञान या अनुभव रहता है। तीन पाद पिंड या ब्रह्मांड की गुहा में निहित रहते हैं अर्थात् सूक्ष्म होने से प्रत्यक्ष के विषय नहीं, केवल चतुर्थ पाद में वाक् मनुष्य की वागिन्द्रिय से व्यक्त होती है।[2] मात्र मांडूक्य उपनिषद् के अनुसार आत्मा चतुष्पात् है। उन चार अवस्थाओं के नाम ये हैं–तुरीय-सुषुप्ति-स्वप्न जाग्रत् या आत्मा-प्राज्ञघन-तैजस-वैश्वानर। वाणी के चार पाद भी इन्हीं से सम्बद्ध हैं।[3] उनके नाम हैं–परा-पश्यन्ती-मध्यमा-वैखरी। परा वाक् अभिन्न (undifferentiated) अवस्था है अर्थात् वहाँ वाणी के स्वरात्मक प्रपंच का उपशम रहता है। उसके अनन्तर पश्यन्ती के क्षेत्र में विराट् और पिंडस्थ[4] सामगान प्रत्यक्ष हो जाता है। इसी साधना को प्राप्त योगी के विषय में कहा जाता है कि वह छन्द के दर्शन करता है। मध्यमा अवस्था या

1. संस्थान–Structure या arrangement.
2. चत्वारि वाक् परिमिता पदानि तानि विदुर्ब्राह्मण ये मनीषिणाः।
गुहा त्रीणि नेङ्गयन्ति तुरीयवाचो मनुष्या वदन्ति।।

–ऋ. 1।164

3. निम्नलिखित कोष्ठ से यह सम्बन्ध अधिक स्पष्ट प्रतीत होगा–

परा	तुरीय	आत्मा	ब्रह्म
पश्यन्ती	सुषुप्ति	प्राज्ञ	ईश
मध्यमा	स्वप्न	तैजस	हिरण्यगर्भ
वैखरी	जाग्रत्	वैश्वानर	विराट्

4. विराट्–Macrocosm ब्रह्मांड
वामन–Macrocosm पिंड
विराट् वामन से परिमित है; जो वामन है वही विराट् है–यथा पिण्डे तथा ब्रह्माण्डे। विराट् सहस्रपाद् और वामन दशांगुल है।

अनाहत चक्र (dorsal region) में वाणी की सूक्ष्म ध्वनि सुन पड़ती है, यही अनाहत-नाद-श्रवण है। श्रवण दर्शन से स्थूल है। चौथी दशा वैखरी या जाग्रत् है जब आत्मा की तरह शब्द भी बहिःप्रज्ञ हो जाता है। ये शब्द जब कंठ और मुख के द्वारा स्वर और व्यंजन रूपों में उच्चरित होते हैं, तब वे शरीर के अन्तःस्थ समस्त नाड़ी-जाल को निनादित और अनुध्वनित करते हैं। प्रत्येक अक्षर का सम्बन्ध पृथक्-पृथक् नाड़ी-गुच्छों या चक्रों से है। जब उस वर्ण का उच्चारण होता है तब उस चक्र की समस्त नाड़ियाँ, जो उस चक्र से बाहर की ओर फैलती हैं (efferent nerves) तथा जो शरीर से उस चक्र में केन्द्रित होती हैं (afferent nerves), अनुप्राणित होकर स्पन्दन करती हैं। इसके अतिरिक्त चक्रों को परस्पर मिलानेवाली नाड़ियाँ (intracentral nerves) भी अनुध्वनि (Sympathetic vibration) से युक्त होकर स्पन्दित होती हैं। इस प्रकार मनुष्य देह और बाह्य जगत् का घनिष्ठ सम्बन्ध है। एक अक्षर शरीरस्थ समस्त नाड़ी-जाल पर प्रभाव डालता है, तथा बाह्य जगत् में उसी की लहरें ब्रह्मांड के ओर-छोर तक पहुँचती हैं।

इतना सूक्ष्म सम्बन्ध इस संसार के रोम-रोम में परस्पर है। इस रोचक विषय की व्याख्या द्वारा हम यह दिखाना चाहते हैं कि मेघ का आगम भी एक साम-संगीत है। मेघ के मरुत्सलिल-ज्योतिःसम्पन्न मूर्त आकार के आकाश में आने से पहले पूरे वर्ष-भर तक प्रकृति अपना स्पन्दात्मक संकेत जारी रखती है। सूर्य, चन्द्र, इन्द्र, वायु, वरुण, पृथिवी, द्यौः, अन्तरिक्ष सब ही एकमना होकर मेघ को सम्भृत करने में प्रयत्नशील रहते हैं। अन्त में सबके सम्मिलित उद्योग से मेघ आकर वृष्टि करते हैं। यज्ञ द्वारा मनुष्य भी उस विराट् मेघ-साम में भाग ले सकते हैं। यदि उपरि-निर्दिष्ट शक्तियों में से कोई भी अपना काम व्यवस्था के अनुसार पूर्ण न करे तो मेघ के समुदय में विघ्न पड़ेगा और फिर प्रजाएँ प्रजनित न हो सकेंगी। इस तरह प्रत्येक शक्ति किसी-न-किसी रूप में प्रजाओं का पालन करने में भाग लेती है। वही उसका प्रजापति रूप है। ब्राह्मण-ग्रन्थों के समस्त प्रमाणों को यहाँ उपन्यस्त करना सम्भव और आवश्यक भी नहीं है, केवल इतना जान लेना चाहिए कि विराट् दृष्टि वाले ऋषियों ने सृष्टि के इस प्राजापत्य तत्त्व पर अति सूक्ष्म विचार किया था और तदनुसार ही उन्होंने संवत्सर-प्राण-सोम-चन्द्र-सूर्य-अग्नि-वायु-रुद्र-मित्र-अन्न-हिरण्यगर्भ-ब्रह्मा-स्वर-साम-यज्ञ आदि प्रकृति के पदार्थों को प्रजापति नाम से पुकारा है।[1] आधुनिक समय

---

1. स्त्री-पुरुष के विवाह के अवसर पर गृह्य-सूत्र और स्मृतियों ने प्राजापत्य यज्ञ करने की आज्ञा दी है। यह यज्ञ प्रजा-तन्तु-संवर्धनानुकूल-व्यापार-सिध्यर्थ-प्रयत्न-विशेष ही है। पुरुष भी प्रजापति है (श. 6 । 2 । 1 । 23)। पुरुष प्रजापति कर्म के करनेवाली शृंखला में सबसे सन्निहित या निकट की कड़ी है। (पृरुषो वै प्रजापतेर्नेदिष्ठम्-श. 4 । 3 । 4 । 3)। उसके अनन्तर गर्भाधान अर्थात् प्रजनन-रूप प्रजापति (प्रजनन प्रजापतिः-श. 5 । 1 । 3 । 10) और फिर योषा में प्रजोत्पत्ति–यही क्रम है। मनुष्य शरीर की जमदग्नि (जमत् + अग्नि = metabolic force) या तनूनपात् (जिसके कारण शरीर का पात नहीं होता) अग्नि का नाम भी प्रजापति है। →

में इन नामों से विवाद करने की आवश्यकता नहीं है। प्रत्येक सभ्यता अपने विचारों को प्रकट करने के लिए अपना कोष और अपनी भाषा बनाती है, जो उसके अनुयायियों को अपने संस्कारों के कारण अत्यन्त सुबोध और अर्थगर्भित प्रतीत होते हैं। सभ्यता को अमर बनाए रखने में जीते-जागते निरुक्त-शास्त्र का सबसे प्रमुख भाग है। यदि निरुक्त जड़ अथवा मूक-बधिर हो गया, तो फिर प्राचीन संस्कृति के गहन तत्त्वों को उसके उत्तराधिकारी ही नहीं समझते; औरों की तो कथा ही क्या है? इस सभ्यता ने भी अपने ज्ञान की अभिव्यक्ति के लिए अपनी विशेष परिभाषा रच ली है और उसके मनीषीजनों के विमर्श उन्हीं पारिभाषिक वंसनों से सज्जित होकर हमारे सामने आते हैं। हमें उचित है कि भारतवर्ष के प्राचीन विचारों को उसी के निरुक्त-शास्त्र द्वारा उदारता, सहृदयता और धैर्य से समझने की कोशिश करें। तब हमें यह विदित होगा कि जीवन-मृत्यु, यौवन-जरा, सृष्टि-विसृष्टि, प्रकृति-पुरुष, सत्-असत्, सुख-दुःख, प्रवृत्ति-निवृत्ति, चित्-अचित् आदि पराविद्या के उत्कृष्टतम विषयों पर भारतवर्ष ने जो प्रकाश डाला था, वह आधुनिक मनीषी विप्रों की उलझनों को भी बहुत अंश में आलोकित करने में समर्थ है। भारतीय संस्कृति के विचारों का बाह्य परिधान मात्र जीर्ण-सा हो गया है। उस देह में रहनेवाली आत्मा शाश्वत और सनातन है, क्योंकि वह सत्यात्मक होने से कालातीत है।

यह जगती पृथिवी, अन्तरिक्ष और द्युलोक-रूप तीन भागों में कल्पित है। स्थूल पृथिवी, जल और अग्नि का कार्य पृथिवी-भाग पर होता है। वायु और आकाश के कार्य अन्तरिक्ष लोक में घटित होते हैं। इन दोनों लोकों अथवा पाँचों तत्त्वों के कार्य-क्षेत्र से ऊर्ध्व कोटि की सूक्ष्मता-सम्पन्न द्युलोक है। प्रत्येक ग्रह और उपग्रह के लिए यही तीन विभाग हैं। पंच तत्त्वों के कार्य, जो सब ग्रहों में देखने में आते हैं, वे तत्रस्थ पृथिवी और अन्तरिक्ष में ही होते हैं, परन्तु उन सबका विराट् मन (cosmicsensorium)

तनूनपात् अग्नि की स्थिति के अवधि-काल तक ही प्रजा-संवर्द्धन सम्भव है। शरीर में च्यवन-प्रक्रिया (senility या anabolic process) आरम्भ हो जाने पर घटक कोष आत्मसंरक्षण ही कठिनता से कर पाते हैं। ह्सित शक्ति के कारण प्रजासंवर्द्धन (generation या external reproduction) च्यवनशील कोषों के लिए असम्भव ही है। हाँ, प्राणायाम और आयुर्वेद के शास्त्रविहित उपचारों से च्यवन को पुनः अनुप्राणित करके यौवन प्राप्त कराया जा सकता है। च्यवन ऋषि और अश्विनीकुमारों की सुन्दर कथा में इसी यौवन-प्राप्ति के तत्त्व का उपदेश है। प्राण-अपान का नाम अश्विनी है। अश्विनीकुमार देवों के वैद्य हैं, अर्थात् प्राणायाम द्वारा पुनर्यौवन-सम्प्राप्ति दिव्य चिकित्सा है। आयुर्वेद के उपचारों से रोगनिवारण मानुषी है। और शल्यक्रिया छेदन-भेदन आदि आसुरी कोटि है। शारीरिक कोषों (cells) की च्यवन-प्रवृत्ति को रोकने के लिए प्राणायाम या अश्विनी-चिकित्सा सर्वश्रेष्ठ प्रतिकार है। योग-लब्ध आरोग्य का प्रथम रूप यह है—न तस्य रोगो न जरा न मृत्युः प्राप्तस्य योगाग्निभयं शरीरम्। शरीरमारोग्यमलोलुपत्वं वर्णप्रसादात्स्वरसौष्ठवं च। गंधः शुभो मूत्रपुरीषमल्पं योगप्रवृत्तिं प्रथमां वदंति॥ —श्वे. उ. 2।13

द्युलोक में रहता है। मनुष्य देह के उदाहरण से यह बात अधिक स्पष्टता से समझ में आ सकेगी। इस देह में छः चक्र हैं; उनके नाम ये हैं–मूलाधार, स्वाधिष्ठान, माणिपूर, अनाहत, विशुद्धि, आज्ञा और उससे सम्बद्ध सहस्रार। इनमें से प्रथम पाँच का अधिष्ठान मेरुदंड (Vertebral column) में है और प्रत्येक में क्रमशः एक-एक महाभूत और उसकी तन्मात्रा का केन्द्र है। छठे और सातवें चक्र में मन और बुद्धि का अधिष्ठान है। वह शरीर-भर के समस्त नाड़ी-जाल का संज्ञान-केन्द्र (sensorium) है। शरीर के किसी अंग में घटना होने से उसकी सूचना पहले केन्द्राभिमुखी नाड़ियों (afferent या centripetal nerves) के द्वारा उस अंग से सम्बन्ध रखनेवाले केन्द्र (power-centre या plexus) में पहुँचती है। वहाँ से वह सूचना विराट् संज्ञा-केन्द्र अर्थात् मस्तिष्क में पहुँच जाती है। मस्तिष्क से जब कोई आज्ञा प्राप्त होती है तब पहले वह मेरुस्थ केन्द्र में आती है और वहाँ से केन्द्र बहिर्गत नाड़ियों (efferent या centrifugal nerves) के द्वारा शरीर के अंगों में पहुँचकर तत्रस्थ मांसपेशियों को उत्तेजित कर देती है। इस नर देह में तीन प्रकार की नाड़ियाँ हैं, जिनका वर्णन ऊपर हो चुका है, अर्थात् efferent, afferent और intracentral इन्हीं के द्वारा हमारे सब काम होते हैं। इनका सम्बन्ध मस्तिष्क से है। इसका निष्कर्ष यह है कि जब तक मस्तिष्क और केन्द्र तथा विविध अंगों का परस्पर सहयोग न होगा, कोई कार्य पूर्ण नहीं हो सकता। इन्हीं के विकार के कारण नाना प्रकार के रोग प्रादुर्भूत होते हैं।

जो तत्त्व या नियम मनुष्य-शरीर में काम करते हैं वे ही विराट् जगत् में भी देखे जाते हैं। आधुनिक जगत् के अत्यन्त प्रसिद्ध वैज्ञानिक और रायल-सोसाइटी के मन्त्री श्रीयुत जीन्स ने इसी बात को स्पष्टतया स्वीकार किया :

"Thus the distinguishing characteristic of the laws which govern the most minute processes in nature is transmitted directly into the large scale phenomena of astronomy and governs the distribution of the huge masses of the stars."[1]

अर्थात्, जो नियम प्रकृति के सूक्ष्म-से-सूक्ष्म अणु-परमाणु और विद्युत्कणों में काम करते हैं, वे ही अपनी विशिष्टताओं सहित महान्-से-महान् नक्षत्रों तथा आकाश-मंडल के विराट् जगत् में भी काम करते हैं। जीन्स महोदय ने यह सम्मति क्वेण्टम डायनैमिक्स के प्रसंग में दी है, परन्तु इसका निष्कर्ष भारतीय शब्दों में यही है–यथा पिण्डे तथा ब्रह्माण्डे।

इस प्रकार यह बात निश्चित जाननी चाहिए कि इस महान् जगत् के जो तीन भाग ऋषियों ने किए हैं अर्थात् पृथिवी, अन्तरिक्ष और द्यौः, या भूलोक, भुवर्लोक, स्वर्लोक, उन तीनों के परस्पर समन्वयपूर्वक कार्य करने से ही हमारी पृथिवी के सब काम पूर्ण होते हैं। मनुष्य-देह में मस्तिष्क सबसे सूक्ष्म और सचेतन है, समस्त स्थूल

---

1. Eos or the Wider Aspects of Cosmogony–Today and Tomorrow Series.

कार्यों का सूत्रपात प्रथम वहीं होता है; इसी प्रकार संसार में द्युलोक अत्यन्त सूक्ष्म और सचेतन है। पृथिवीस्थ समस्त अनुभवों और कार्यों का आरम्भ द्युलोक से ही होता है।

ब्राह्मण ग्रन्थों में इन तत्त्वों का विशद विवेचन है। मेघ की उत्पत्ति द्यावा-पृथिवी दोनों के सहयोग से होती है–

यदा वै द्यावापृथिवी संजानातेऽथ वर्षति–शतपथ 1।8।3।12

अर्थात्, जब द्युलोक और पृथिवी दोनों समनस होते हैं तभी वृष्टि होती है। उस वृष्टि से अन्न उत्पन्न होता है। उस सस्य की सम्पत्ति के लिए कौन उत्तरदायी है? प्रत्यक्ष रूप में इसका श्रेय पृथिवी को है, परन्तु यथार्थ में द्यावा-पृथिवी दोनों ही अन्न उत्पन्न करते हैं–

द्यावा पृथ्वी वै सस्य-साधयित्र्यौ–कौषीतकी ब्रा. 4।14

सूक्ष्म जल पहले द्युलोक में सम्भृत होता है, तब पृथिवी की आकांक्षा से अन्तरिक्ष में उसका विस्तार होता है। उपनिषदों में स्पष्ट कह दिया है कि वृष्टि एक प्रकार का साम-संगीत है। कालिदास ने मेघ को साधु पदवी दी है। छान्दोग्य के अनुसार जो वस्तु साधु है वही साम है, अर्थात् ब्रह्मांड के प्रत्येक रोम से निकलनेवाले संगीत या प्राण-स्पन्दन के अनुकूल है। जो असाधु है उसमें उस विराट् साम के साथ स्वारस्य नहीं है।[1] मेघ का तत्त्व भी शक्ति का एक प्रकाश है। चराचर व्याप्त शक्ति की अनुकूल प्रेरणा से ही सब कार्य सिद्ध होते हैं। प्राण का ही स्थूल रूप अन्न है अथवा अन्न का ही सूक्ष्म अंश प्राण है। अन्नमय कोष की पवित्रता से ही प्राणमय देह पुष्ट होती है और इन्द्रियों के तेज का संवर्द्धन होता है। दोनों ही विद्युत् शक्ति के दो भेदों के समान हैं। अन्न की पुष्टि के लिए मेघ आवश्यक है। ऋषि देखता है कि मेघ की समस्त गतिविधि सृष्टि के कितनी अधिक अनुकूल है, इसीलिए प्रसन्न होकर वह आदेश देता है कि सौम्य भाव से मेघ या वृष की उपासना करो–वृष्टौ पंचविधं साम उपासीत। पुरो वातो हिंकारः, मेघो जायते स प्रस्तावः, वर्षति स उद्‌गीथः, विद्योतते स्तनयति स प्रतिहारः। 1। उद्‌गृह्णाति तन्निधनं वर्षति हास्मै वर्षयति ह य एतदेवं विद्वान् वृष्टौ पंचविधं साम उपास्ते–छा. उ. 2।3।[2]

अर्थात्, यह जो गगन में मेघमालाओं का सम्प्लवन और उनसे जल का प्रस्रवण है, यह कैसा अद्‌भुत कर्म है। अवश्य किसी अनुकूल प्रेरण से ही यह मेघ-संगीत प्रवृत्त होकर सबको आनन्द देता है। वृष्टि से जो वायु चलती है, बड़े तूफान आते हैं, वह मानो हिंकार है।[3] मेघों का एकत्र होना वृष्टि का प्रस्ताव है। बरसना उद्‌गीथ है;

---

1. ओ३म् समस्तस्य खलु साम्नः उपासन साधु, यत्खलु साधु तत्सामेत्याचक्षते, यदसाधु तदसामेति– छा. उ. 2।1।1
2. और भी देखो–छा. उ. 2।15।
3. हिंकार इत्यादि सामवेद के गाने के पाँच भाग हैं। इनका विशेष विवरण छन्दोग श्रोत्रिय और वैदिक-संगीत के विशेषज्ञों का विषय है। गाने के शुरू में हावु हावु करना हिंकार है। प्रारम्भिक शब्दों का उच्चारण प्रस्ताव है, मध्य का भाग उद्‌गीथ हैं, दन्त्याक्षरों के उच्चारण में जिह्वा का दन्ताग्र से कर्कश स्पर्श प्रतिहार है तथा साम का अन्त निधन कहा जाता है।

बरसते हुए विद्युत् का चमकना और गरजना प्रतिहार है; तथा वर्षा की समाप्ति निधन है। इस प्रकार जो वृष्टि के संगीत को जानता है, ये मेघ उसी के लिए बरसते हैं और वही इनको बरसाता है। जिस कवि ने मेघ के विराट् स्वरूप को भली प्रकार समझ लिया था उसी के निकट मेघ के मौन में भी सन्देश-कथन की सामर्थ्य है। उसके लिए मेघ एक देशीय और विविक्त कार्य नहीं, वह घाम-धूम-नीरों का विच्छिन्न टुकड़ा नहीं जो बरसकर चला जाए, बल्कि सारी प्रकृति का काम-रूप पुरुष है। इस स्वरूप का विशेष विवरण आगे के अध्याय में किया जाएगा।

ऊपर कहा गया है कि संवत्सर एक प्रजापति है। हमारी पृथिवी पर काल संवत्सरों से सम्मित होता है। एक संवत्सर काल के परिवर्तनों का पूर्ण प्रतिनिधि है। प्रकृति को पृथिवी पर जितना कार्य-सम्पादन करना होता है उस सबका चक्र एक वर्ष में समाप्त हो जाता है। मानवी आयु शैशव से जरा तक विस्तीर्ण एक महापन्थ है जिसकी यात्रा संवत्सर-रूप पदों के द्वारा पूर्ण की जाती है। इस प्रजापति के तीन मुख्य भाग है–वसन्त, ग्रीष्म और शरद्। इन तीनों ऋतुओं के समाहार से प्रकृति प्रतिवर्ष अपने बाल, यौवन और जरामर्य चक्र में घूम जाती है। वसन्त ऋतु में प्रकृति से ऊर्ज[1] की धारा निकलकर वनस्पति जगत् को पुष्ट करने लगती है। मनुष्यायु का वसन्त भाग ब्रह्मचर्य आश्रम है जब शरीर के रोम-रोम से रेतरूप घृत[2] की धार निकलने लगती है। यह परमावश्यक है कि ग्रीष्म में तप सकने के लिए हम वसन्त के घृत को संचित कर रक्खें। यौवन या ग्रीष्म-काल तेज की अभिव्यक्ति का समय है। यह कहा गया है कि तपता हुआ सूर्य और कुछ नहीं है, वह केवल स्नातक का मुख है, जो ब्रह्मचर्यकाल में ढका हुआ तेज संचय कर रहा था और अब आयु के मध्य भाग में अपने वर्चस् और भर्ग के साथ प्रकाशित हो गया है। जिसने इन दो अवस्थाओं को अथवा मनुष्यायु रूप शतसांवत्सरिक यज्ञ के दो सवनों को सफलतापूर्वक पार कर लिया है, वही आयु के सायंसवन या शरद् ऋतु में प्रवेश करता है, जब उसकी सुगन्धि दिशा-विदिशाओं में फैल जाती है।[3] गृह्यसूत्रों में एक सुन्दर प्रार्थना दी है जिसमें कहा गया है कि संवत्सर-प्रजापति के ऋतु-रूप-स्तनों से

---

1. ऊर्ज के अर्थ रस और अन्न भी हैं। ऊर्ज=पोषक रस (ऊर्ग्वै रसः शतपथ 5 । 1 । 28)। यह ऊर्ज वस्तुतः वृष्टि से ही प्राप्त होता है (ऊर्जेत्वेति यो वृष्टादूर्ग्रसो जायते तस्मै तदाह–श. 1 । 2 । 2 । 6) जल का ही पुष्ट और सारवान् रूप ऊर्ज है (आपो वा ऊर्जोऽद्भयो हि ऊर्ग् जायते–शतपथ 9 । 4 । 1 । 10)। वनस्पति जगत् में ऊर्ज संचय ही उनकी वृद्धि का कारण है।
2. रेत-घृत-आज्य ये समानार्थक हैं। रेतो वै घृतं–श. 9 । 2 । 3 । 44 रेत आज्यम्–श.1 । 3 । 1 । 18
3. वसन्तोऽस्यासीदाज्यं ग्रीष्म ईध्म शरद्धविः–ऋग्वेद पुरुषसूक्त। छान्दोग्य उपनिषद् में पुरुष को यज्ञ कहकर इस भाव की बड़ी मनोहर और विशद विवेचना है कि किस प्रकार महिदास ऐतरेय के अनुसार आयु के तीनों भागों या सवनों को पार कर हम 116 वर्ष की आयु प्राप्त कर सकते हैं।

जो धायस् या पुष्टिकर आर्तव या दूध निकलता है, उसे हम आयु और तेज की वृद्धि के लिए अपने शरीर में ही रख छोड़ें।[1]

संवत्सर के इस धायस् का अधिकांश भाग पृथ्वी को वर्षाऋतु में ही प्राप्त होता है। यह धायस् जल का ही प्रकृष्ट रूप है। जल से ही औषधियाँ और अन्न पुष्ट होते हैं–

ओषधयः उ ह अपां रसः–श. 3।6।1।7। अन्न से ही रेत या आज्य की उत्पत्ति होती है। (रेतो वा अन्नम्[2])–वनस्पतियाँ भी अन्न ही हैं, ये ओषधियाँ वर्षा ऋतु में ही वीर्यवती होती हैं। शरद् में उनका परिपाक होता है। रेत-आज्य-घृत-आप् से ही मिलता हुआ वाज शब्द है। वाज के अर्थ भी अन्न-वीर्य-आप् आदि के हैं।[3] वाज को शरीर में ही पचा लेने या आत्म-वीर्य को शरीर-कोषों में ही सम्भृत कर लेने का नाम वाजपेय है।[4] सब प्राणियों के लिए वाज एक पेय है जिसका समय पर पान करने से अमरपन[5] प्राप्त होता है। जिसने इस वाज को विज्ञानपूर्वक अपने आपमें भर लिया है वही भरद्वाज (भरद्+वाज) बन जाता है। ब्रह्मचर्य आश्रमवाज की उपासना या वाजसनि के लिए (सनि=उपासना) सर्वोत्तम समय है, उसमें उत्तीर्ण हुआ मनुष्य ही वाजसनेयी होता है। प्रकृति के अन्दर ऋतुएँ सब वाजवती है[6]; औषधियाँ भी अपने वाज को पीती हैं[7]; अग्नि-वायु-सूर्य सभी पूर्ण वाजपेयी हैं।[8] उषःदेवी वाज के महान् भंडार के कारण वाजिनी है[9], वह रात्रि-समय में वाज या प्राण से रिक्त हुए अन्तरिक्ष के उदर को प्रातःकाल होने पर पुनः वाजपूर्ण कर देती है।

---

1. ऋतुभिः त्वा आर्तवैः आयुषे वर्चसे।
   संवत्सरस्य धायसा तेन सन्ननुगृह्णासि–हिरण्यकेशिगृह्यसूत्र
   धायस्=वनस्पति का सार पोषणात्मक रस।
2. गोपथ पूर्वभाग 3।23।
3. वीर्य से वग्जाः–श. 3।3।4।7।
   अन्नं वै वाजाः–श. 3।3।4।7।
   अन्नं वै वाजपेयः–तै. 1।3।2।4
4. ब्राह्मणों को वृहस्पति-सव अर्थात् ज्ञान-यज्ञ से पूर्व वाजपेय करने की आज्ञा है। क्षत्रियों को राजसूय अर्थात् राष्ट्र-संरक्षण से पूर्व वाजपेय यज्ञ करने की आज्ञा है।
5. सोम नाम आध्यात्मिक अमृत का है। वाजपेय करने से शरीर के प्रत्येक कोष को सोम-अमृत की प्राप्ति प्रत्यक्ष है। सोमो वै वाजपेय–तै. 1।3।2।4
6. ऋतवो वै वाजिनः–कौषीतकी ब्रा. 5।2
7. ओषधयः खलु वै वाजाः–तैत्तिरीय ब्राह्मण–1।3।7।1
8. अग्निर्वायुः सूर्यः। ते वैवाजिनः। ये ही तीनों पृथिवी-अन्तरिक्ष-द्युलोक के अधिपति हैं। भूर्भुवः स्वर्लोकों से भी इनका सम्बन्ध है। बिना तीनों के सहयोग के ये अपना वाज नहीं पी सकते। मनुष्य को भी वाजपेयी होने के लिए पाँचों कोष (विशेषतः अन्नमय, प्राणमय और मनोमय) तथा छहों चक्रों को संमनस करना चाहिए।
9. उषो वाजेनवाजिनी–ऋ. 3।61।1

इस वाज, घृत, धायस् या प्राण का अधिकांश भाग वर्षा ऋतु में प्राप्त होता है। वर्षा-काल जलाप्लावन का समय है। यह ऋतु प्रकृति के प्रवाह के लिए अत्यन्त महत्त्व की है। वस्तुतः प्रजाओं की अभिवृद्धि वर्षाकाल पर ही निर्भर है। जिस प्रकार विराट् प्रकृति में वर्षा ऋतु में वाज या प्राण या जल एक केन्द्र के अन्यत्र स्थानान्तरित होते हैं, उसी प्रकार मनुष्य शरीर में भी वर्षा ऋतु आती है, जब प्रकृति चाहती है कि उसकी शक्ति बहकर प्रजापति के क्रम को चलाने में सहायक हो। यक्ष इसी आध्यात्मिक वृष्टि से युक्त हमारे सम्मुख एक विप्रयोगी के रूप में आता है। जिस कान्ता-रूप द्वन्द्व की उसे आवश्यकता है उसी से वह विश्लेषित है। उन दोनों में सन्देश-रूप तार का मिलानेवाला मेघ है।

प्रकृति के समष्टि रूप में नाना यज्ञ-कार्य सन्तत होते रहते हैं। वृष्टि अर्थात् मेघ का कार्य उन अनेक यज्ञों या अग्निहोत्रों में से केवल एक है। उससे पूर्व की कोटि के तथा अवर कोटि के यज्ञों से उसका सम्बन्ध अत्यन्त घनिष्ठ है। जिस प्रकार किसी बड़े उद्योग-गृह में एक द्रव्य अनेक स्थानों के यन्त्रों और शिल्पियों के हाथों से निकलता हुआ अन्त में यथेष्ट रूप ग्रहण करता है, अर्थात् जैसे ओटना-पींजना-कातना-बुनना-रँगना आदि कार्य अलग-अलग सम्पन्न होकर अन्त में तैयार वस्त्र प्राप्त होता है, इसी प्रकार प्रकृति की विराट् शिल्पशाला में कारण शरीर से लेकर स्थूल शरीर की प्राप्ति तक जीवों के कितने ही संस्कार होते हैं। सृष्टि का स्वरूप सन्तत प्रवाह है। एक ओर प्रजाएँ मृत्युमुख में जा रही हैं, एवं दूसरी ओर आदित्य, पर्जन्य, पृथिवी, पुरुष और स्त्री यन्त्रगृहों द्वारा उनकी सृष्टि का निरन्तर सामान हो रहा है।

छान्दोग्य उपनिषद् में स्वेतकेतु से प्रश्न किया गया--वेत्थ यथा पंचम्याम् आहुतौ आपः पुरुषवचसो भवन्तीति। 5।3।3। अर्थात् सृष्टि में वह कौन-सा क्रम है जिसके अनुसार पाँच आहुति में पड़ते हुए जल अन्त में पुरुषसंज्ञक हो जाते हैं? प्रवाहण जैवलि ने अत्यन्त विस्तार से इस पंचाग्नि-विद्या का विवेचन किया है। इसके देखने से मेघ की महिमा और फिर मेघागम के बाद स्त्री-पुरुष के सम्मिलन की नितान्त आवश्यकता का अनुभव होता है। स्त्री-पुरुष का गर्भ-धारण प्रजोत्पत्ति की अन्तिम स्थूल सीढ़ी है, परन्तु इस गर्भधारण का आरम्भ द्युलोक से होता है। ऊपर कह चुके हैं कि द्यौः हमारी पृथिवी के लिए मन और बुद्धि का विराट् केन्द्र (Cosmic sensorium) है। सब कामों का सूत्रपात वहीं होता है। द्युलोक और पृथिवी के संमनस होने से पुंस्त्व-लक्षण प्राण की वृद्धि होती है। यह प्राण ही अहः है। इसके फलस्वरूप सूर्य के ताप से द्युलोक और पृथिवी की गर्भ-धारण-क्षमता (Etherial fecundity) वृद्धि को प्राप्त होती है। इसी गर्भाहतता का नाम सोमराजा है। द्यावापृथिव्योर्वा एष गर्भो यत्सोमो राजा (ऐतरेय ब्राह्मण 1।26), अर्थात् द्यावापृथिवी

के गर्भ को सोमराजा कहते हैं। स्त्रियों को भी गर्भयोग्य शौच की प्राप्ति सोम से ही प्राप्त होती है। (सोमः शौचं ददावासां-याज्ञवल्क्य स्मृति)[1], द्यावापृथिवी को यह सोम श्रद्धा की आहुति से प्राप्त होता है। श्रद्धा नाम निष्कपट सूक्ष्म और सुमनस्यमान भावना का है। जलों की भी संज्ञा श्रद्धा है।

इस प्रकार सूक्ष्म अव्यक्त गर्भपोषण की सामर्थ्य सम्पन्न हो जाने पर पर्जन्य मेघ कार्य करता है। अन्तरिक्ष में मेघ और विद्युत् के प्रचंड होने से वृष्टि पृथिवी पर आती है। दृष्टि की धारा के लिए मेघ वे स्तन हैं जिनसे जल-रूप दूध निकलता है। विद्युत् भीतर-ही-भीतर जल को मातृ भावना से संचित और स्रवित करनेवाली सर्वलोक की धाय है। वह मेघ के अंक में पत्नी रूप से विराजती है और इस तरह वृष्टि-कार्य के लिए आवश्यक पुं-स्त्री रूप मिथुन की पूर्णता होती है।

वृष्टि-जल के पृथिवी पर आने के बाद संवत्सर रूप प्रजापति के और अधिक कार्य द्वारा उससे अन्न की उत्पत्ति होती है। प्राण का ही मूर्तरूप अन्न है। अन्न में सब तत्त्वों का अधिष्ठान है। यह अन्न (भोग-सामग्री) पुरुष में जाकर रेतरूप में परिणमित होती है और अन्ततोगत्वा योषित् अर्थात् रयि-शक्ति-प्रधान व्यष्टि में उस रेत के निषिंचन से गर्भ की सम्भूति होती है। इस प्रकार जल पाँचवीं आहुति के बाद पुरुष संज्ञक हो जाते हैं।

विराट् जगत् के कार्य अनन्त और अत्यन्त सूक्ष्म हैं। उनमें शक्ति के नाना रूपों की प्रकृति-विकृति देखने में आती है। मेघदूत काव्य में कवि का द्विविध कौशल व्यक्त हुआ है। एक ओर उसने मेघागम से प्रकृति के नाभा संक्षोभों का वर्णन किया है; दूसरी ओर उस कामात्मिका शक्ति को अलका के उस लोक में पहुँचाया है जहाँ शिव का साक्षात् निवास है। इस अध्याय में वर्णित जगत् के विराट् या समष्टि संस्थान का ज्ञान हो जाने पर कामरूप पुरुष और शिव का स्वरूप नामक आगे के अध्यायों को समझने में सुविधा होगी।

---

1. सोम स्त्रियों का पहला पति है; तदनन्तर मनुष्य है–

   सोमः शौचं ददावासां गन्धर्वश्च शुभां गिरम्।
   पावकः सर्वमेध्यत्वं मेध्या वै योषितो ह्यतः॥

कामरूप पुरुष

मेघ अनेक कौतुकों के आघात का हेतु[1] है। उसके आने से प्रकृति में न जाने कितनी नवीन अभिलाषाओं का उदय होता है, कितनी तीव्र विश्वतोमुखी चेतना सब जगह फूट पड़ती है! सब ही मेघ के साथ अपना सम्बन्ध स्थापित करते हैं। किन्तु सामान्यतया मेघ को जड़ समझा जाता है। उसके स्वरूप में ऐसी कौन-सी बात है जो चेतन-अचेतन सभी प्राणी मेघ का स्वागत करने पर उतारू हो जाते हैं? वर्षाऋतु के नए खिलते हुए सौन्दर्य को जिसने एक बार भी देखा है और मननपूर्वक देखकर उस आनन्द की बहिया में अपने आपको बह जाने दिया है, वह अनुभव के साथ कह सकता है कि सावन-भादों का उमड़ा हुआ जीवन कवि की कोरी कल्पना नहीं है, बल्कि जामुनों के रस-निर्भर होने, बलाकाओं के काले-काले बादलों में ऊँची उड़ान भरने और गम्भीरा के इतराने में एक विश्वव्यापी परिवर्तन और सच्चाई है, जो प्रकृति के साथ-साथ मनुष्यों के मन को भी मस्त कर देती है। इनके स्रोत का खोजी प्रत्येक सहृदय है; वह प्रकृति की पाठ्य-पुस्तक में से ही मेघ के नाना-स्वरूपों का अध्ययन कर लेता है। उसके लिए मेघदूत का सारा वर्णन एक खंड-काव्य में कैसे समा सकता है? मेघ-काव्य की व्याख्याएँ अनन्तकाल तक होती रहेंगी। प्रकृति स्वयं ही हर वर्ष मेघदूत पर महाभाष्यों की रचना करती है।

मेघ के वर्णन कितने प्रकार के हो सकते हैं, इसे कोई कवि कहाँ तक कहकर बताएगा? कज्जल के पहाड़ और चिकने घुटे अंजन (1।59)[2] की आभारूप जो उपमान हैं, वे मेघ की सार्वभौम वर्षाकालीन श्री[3] के वर्णन के लिए प्रतीक मात्र हैं। पर्वतों में, घाटियों में, वनों में, गाँवों में, आठ पहर के भीतर सदा बदलनेवाली कान्ति का अध्ययन तो प्रकृति का निरीक्षक सहृदय पाठक ही कर सकता है। इसी प्रकार बिजली के चमकने और बादल के गरजने को भी जहाँ तक कहते बना कवि ने कहा

1. तस्य स्थित्वा कथमपिपुरा कौतुकाधानहेतोः। मेघ. 1।3।
2. स्निग्धभिन्नाञ्जनाभे–मेघदूत 1।59।
3. इष्टान् देशाञ्जलद विचर प्रावृषा सम्भृतश्रीः–मे. 2।52।

है। नदी तीरों के उपान्त भाग में जो सुभग स्तनित होता है[1], पर्वत-कन्दराओं में आमन्द्र प्रतिध्वनि के कारण जो मुरज ध्वनि होती है[2], तथा जो श्रवण परुष[3] और स्निग्ध गम्भीर घोष[4] हैं, उनका वर्णन करके भी कालिदास ने मेघ के स्तनयित्नुरूप के सामने विराम-चिह्न नहीं लगा दिया है जब तक प्रकृति में मेघ गरजेंगे तभी तक कविनिर्दिष्ट वर्णनों की नई-नई व्याख्याएँ होती रहेंगी। मेघदूत के सम्पूर्ण रहस्य को व्याख्याओं द्वारा प्रकाशित कर देना दक्षिणावर्तनाथ, अरुणगिरिनाथ और मल्लिनाथों के बस की बात नहीं है।

यह तो मेघ के स्थूल रूप की बात हुई; अभिलाषाओं के नए-नए बीज बोनेवाला उसका स्वरूप तो और भी गम्भीर और अज्ञेय है। यथार्थ में कवि को मेघ के कौतुकाधान रूप से ही विशेष प्रयोजन है। उसी के सहारे वह चेतनाचेतन के भेद को भुलाकर प्रकृति-व्यापी एकता का दिग्दर्शन कराना चाहता है। हमारे यक्ष ने पहले आँख उठाकर मेघ को वप्रक्रीड़ा में लगे हुए हाथी के समान ही देख पाया। इस दर्शन में मनोभावों का बिलकुल संयोग न था, वह केवल इन्द्रियजन्य प्रत्यक्ष ज्ञान था। लेकिन मेघ मनोभावों पर भी प्रभाव डालनेवाला है। उसके कौतुकाधान हेतु रूप के सामने कुछ देर खड़े रहने पर यक्ष की जागरूकता बढ़ी। पहले केवल इन्द्रियाँ काम करती थीं, अब मन में उथल-पुथल हुई। यक्ष की उन्हीं आँखों में आँसू भर आए–

अन्तर्वाष्पश्चिरमनुचरो राजराजस्य दध्यौ

रामगिरि के आश्रम में बैठे-बैठे उसके मन ने अलका की दौड़ लगाई। दूरंगम और वेगशाली मन के लिए समय की अपेक्षा नहीं होती। शरीर स्थूल है, वही भर्ता के शाप से बँध सकता है, मन तो शाप की दशा में भी स्वतन्त्र है। फिर वह मन आठ महीनों की साधना में तप चुका है, उसकी अनुभव-योग्यता और स्फुरण-प्रतिभा बहुत उत्कृष्ट हो गई है। उसने पहले इस शाश्वत नियम का आविष्कार किया–

मेघालोके भवति सुखिनोऽप्यन्यथावृत्ति चेतः

अर्थात्, मेघ के देखने पर संयोगीजनों का चित्त भी दूसरी तरह का हो जाता है, फिर उनका तो कहना ही क्या जो वियोगी हैं–

कण्ठाश्लेषप्रणयिनि जने किं पुनर्दूरसंस्थे

---

1. तीरोपान्तस्तनित सुभगं–मे. 1।24।
2. निह्रादस्ते मुरज इव चेत् कन्दरेषु ध्वनिः स्यात्। संगीतार्थो ननु पशुपतेस्तत्र भावी समग्रः। मेघ. 1।56। इस श्लोक में तथा कुर्वन्-संध्या-बलि-पटहतां शूलिनः श्लाघनीयाम्। आमंद्राणां फलमविकलं लप्स्यसे गर्जितानाम्। (मे. 1।34) श्लोक में मेघ को उपदेश है कि वह अपने स्वर और शब्द को शिवार्पण करके सफल करे। अद्रिग्रहण गुरुभिर्गर्जितैः–मे. 1।44।
3. श्रवणपरुषैः गर्जितै–मे. 1।61।
4. स्निग्धगम्भीरघोषम्–मे. 2।1।

अर्थात्, जिन्होंने अपने सहचर जन से दूर बसेरा लिया है उनके लिए तो वर्षाकाल अति दूभर है। यक्ष को जैसे ही कंठालिंगन प्रणयवती भार्या का स्मरण हुआ, उसकी विह्वलता बढ़ी और देश का व्यवधान उसके लिए असह्य हो उठा। हा, कौन सा ऐसा अपराध है जिसके कारण उसे निम्नलिखित दंड मिले–सोऽतिक्रान्तः श्रवण विषयं लोचनाभ्यामदृष्टः। देश की बाधा पर विजय पाने का एक मार्ग तो यह था–

यो वृन्दानि त्वरयति पथि श्राम्यतां प्रोषितानाम्।

मन्द्रस्निग्धैर्ध्वनिभिरबलावेणिमोक्षोत्सुकानि। मेघ. 2।36

अर्थात्, मेघ का शब्द सुनकर जैसे विप्रोषित पथिकों के समूह अपनी पतिव्रता भार्याओं की कर्कश-रुक्ष-वेणी-मोक्ष करने की इच्छा से घरों को लौट पड़ते हैं, वैसे ही यक्ष भी अलका को वापस चला जाता। परन्तु यह महीना सावन का था, यक्ष का शापान्त होने में चार मास की देरी थी। यक्ष की मुक्ति तो तब होगी जब शार्ङ्गपाणि विष्णु शेष की शय्या से उठेंगे (शापान्तोमे भुजगशयनादुत्थिते शार्ङ्गपाणौ)। इसलिए उसके सामने एक ही उपाय रह गया। उसके द्वारा यद्यपि प्रत्यक्ष सम्मिलन तो नहीं हो सकता था, किन्तु कुछ-कुछ वैसे ही आनन्द की अनुभूति सम्भव थी–

कान्तोदन्तः सुहृदुपनतः संगमात्किंचिदूनः।

अर्थात्, उसके जी में यह आया कि दयिता के प्राणों की रक्षा के लिए अपने किसी मित्र के द्वारा सन्देश-वार्ता सुदूर अलका में भेजे। इसी प्रवृत्तिहारक की हैसियत से मेघ के जिस स्वरूप का ज्ञान कवि ने हमें कराया है वह बहुत ही उच्च, साभिप्राय और सच्चा है।

हमने वैज्ञानिक की मेघ-विषयक नीरस कल्पना के दर्शन किए। धूमज्योतिः सलिलमरुतां सन्निपातः–अर्थात् मेघ में है ही क्या? धुएँ ने सलिल का वस्त्र पहन लिया है[1], जिसके साथ ज्योति और वायु भी आन मिली हैं। जिसे हम मेघ-मेघ पुकारते हैं उसमें आत्मा तो है ही नहीं। क्षिति-जल-पावक-गगन-समीरा की भाँति कुछ तत्त्वों के एक जगह मिल जाने से मेघ संज्ञक विलक्षण पदार्थ उत्पन्न हो जाता है। उसमें कैसे मनोभाव और कहाँ की आत्मा? शरीर को ही आत्मा माननेवाले जड़वादियों की युक्तियों का उपसंहार ही वैज्ञानिक का मेघ है। पृथिवी, जल, तेज, वायु नामक चार तत्त्वों से ही जिनके यहाँ शरीर और आत्मा सब कुछ बन जाती हैं, उसके लिए अमरपन की कल्पना वज्र उपहास के अतिरिक्त और क्या है? आधुनिक विज्ञानान्वेषी शरीर-शास्त्री भी इस देह में भौतिक और रासायनिक द्विविध कार्यों के अतिरिक्त किसी चैतन्य कार्य को मानते हुए बड़े हिचकिचाते हैं, यद्यपि केवल भौतिकी और रसायन के बल पर शरीर के समस्त चैतन्य कार्यों की व्याख्या उनके निकट भी दुष्कर

---

1. मेघे शकस्तस्य धूमः सलिलं वास एव वा। बृहद्देवता 4।41।

है। इस प्रकार के जड़वादी सदा से रहे हैं। ज्ञात होता है कवि की उस शताब्दी में उनको बहुत बल प्राप्त हो गया था। उनकी खरी आलोचना कवि ने की है और उनके जड़ 'सन्निपात' को निकम्मा और बेसूझ कहकर उसका तिरस्कार किया है। कवि को जड़ भूतों की आवश्यकता नहीं, वह तो सन्देश पहुँचाना चाहता है जिसके लिए चतुर प्राणियों की अपेक्षा होती है–

धूमज्योतिःसलिलमरुतां सन्निपातः क्व मेघः।
सन्देशार्थाः क्व पटुकरणैः प्राणिभिः प्रापणीयः। मेघ. 1।5।

अर्थात्, कहाँ धुएँ, आग, पानी और हवा का जमघट, और कहाँ विचक्षण इन्द्रियोंवाले प्राणियों से ले जाने योग्य सन्देश-वार्ताएँ![1] जड़ देह को ही आत्मा माननेवाले के समक्ष कवि दो बातें रखता है–एक तो जड़ में प्राणसंयुक्त प्राणी कैसे हो सकता है और दूसरे ज्ञान-विज्ञान में समर्थ अन्तःकरण की उत्पत्ति जड़-सन्निपात में कहाँ से आई? इस विवाद का अन्तिम निर्णय केवल अनुभव की शरण में जाने से हो सकेगा। अनुभव उन लोगों का पक्का है जो सर्वत्र चैतन्य के ही दर्शन करते हैं, जिनको अपने चारों ओर आनन्द का महाम्बुधि भरा हुआ दिखाई देता है। ऐसे लोग प्रत्यक्ष अनुभव से कहते हैं कि जिसे तुम जड़ समझते हो वह वास्तव में प्रकृति का चेतन पुरुष[2] है। ऐसे विशुद्ध अनुभव के आगे प्रत्यक्षानुमनादि प्रमाण सब निम्नकोटि के हैं। इस प्रकार देहात्मवाद और चैतन्यात्मवादरूप विवाद का अन्त करके प्रकृत प्रसंग से सम्बन्ध रखनेवाले मेघ के कामरूप स्वरूप को आगे देखना चाहिए।

योगियों के ज्ञान और कामियों के सन्देश को ग्रहण करनेवालों के गुणों में बड़ी समता पाई जाती है। ज्ञान किसी को घोलकर नहीं पिलाया जा सकता। गुरु शिष्य को चिनगारी मात्र दे देता है, उसे जो सुलगा लेता है वही सच्चा चेला है। शिष्य में जब तक तीव्र वैराग्य न होगा अथवा अपने भीतर की आग न होगी, तब तक उसके हृदय में ज्ञान की अग्नि प्रज्चलित न होगी। इसी प्रकार कामीजन भी सन्देश ले जानेवाले को संकेतमात्र दे देते हैं। उदन्त-वाहक जितना चतुर होगा उसकी सन्देश-व्यञ्जना भी वैसी ही उत्कट होगी। सन्देश का सारा पोथा कोई किसी को कंठ

---

1. 'धूमज्योतिःसलिलमरुतां सन्निपातः' पूर्व पक्ष है। 'सन्देशार्थाः क्व पटुकरणैः प्राणिभिः प्रापणीयाः' पहली बात का प्रत्युत्तर है। जानामि त्वां प्रकृतिपुरुषं कामरूपं मघोनः' में सिद्धान्तपक्ष मिलता है।
2. कालिदास के समय में दार्शनिक संसार में उपरोक्त दो दलों का बड़ा संघर्ष था। कवि ने अप्रत्यक्ष रूप में अपनी सम्मति का उपन्यास किया है। 'कामार्ता हि प्रकृतिकृपणाश्चेतनाचेतनेषु' और 'जानामि त्वां प्रकृतिपुरुषं कामरूपं मघोनः' के कामार्ताः और काम रूप को ज्ञानार्ताः और ज्ञानरूपं पढ़ने से मानो इस विवाद का निर्णायक उत्तर हमें कालिदास के ही शब्दों में मिल जाता है।

नहीं करा सकता। यदि कोई कामी इसी पर निर्भर रहे कि जो कुछ उसके मन में है उस सभी की उद्धरणी वह सन्देश ले जानेवाले के सामने कर देगा तो यह उसकी भूल है। कामी का हृदय अनन्त हो जाता है। उसमें सारा विश्व समा सकता है। एक ही वियोगी के आँसू सब संसार को प्रलय-सागर में मग्न कर सकते हैं—कवियों का यह कहना अतिशयोक्ति भले ही मालूम हो पर है यह सत्य। एक ज्ञानी का ज्ञान सारे जगत् का उद्धार कर सकता है। आत्मा को जान लेने के बाद ज्ञानी को ऐसा प्रतीत होता है कि अब विश्व-भर के बन्धन इससे छूट जाएँगे। उसका मार्ग इतना सरल होता है कि उसकी समझ में सब ही उस पर चलकर सुख-दुख से पार हो सकते हैं। एक आत्मानुभवी के आनन्द से यदि समस्त विश्व की तपन बुझ सकती है तो एक कामी या वियोगी के आँसुओं से सब पिघल भी सकते हैं, एक सन्तप्त की आह से सब झुलस भी सकते हैं। कारण यह है कि मनोभावों की कुछ थाह नहीं है। ज्ञान या प्रेम की अनुभूति में शरीर का भान तो बिलकुल छूट जाता है। क्षुत्पिपासा, शीतोष्ण आदि द्वन्द्वों की सहन-सामर्थ्य दोनों में एक-सी हो जाती है। दोनों रात-रात-भर जाग सकते हैं, दोनों के ही आँसुओं का प्रवाह सन्ततवाही हो जाता है। इस प्रकार वियोगी के हृदय की कुछ थाह नहीं होती।

इतने चेतन-सम्पन्न मन के सारे सन्देश को न कोई विप्रयुक्त जन कहकर पार पा सकता है और न दूसरा याद ही रख सकता है। यदि सन्देशवाहक ज्यों-का-त्यों ही सन्देश को पहुँचाने पर कमर कस ले तो वह सन्देश जड़ीभूत होगा, सन्देशवाहक केवल पत्रवाहक बन जाएगा। फिर उस सन्देश को सिवाय प्रेमी के और सब न तो सुन ही सकेंगे और न समझ ही सकेंगे। यक्ष का सन्देशवाहक तो आकाश-मार्ग से जाता है। वह स्वयं सन्देश रूप हो गया है। सर्वदा और सर्वत्र सभी प्राणी उस सन्देशरूप मेघ की व्याख्या अपने-अपने लिये करेंगे। एक अलका की यक्षिणी ही क्या, इसी प्रेम-पन्थ में न जाने कितनी और विरहिणी खो चुकी हैं। आकाश-मार्ग से जानेवाला मेघ सबके लिए अनन्त सन्देश सुनाता चलता है—

त्वमारूढं पवनपदवीमुद्गृहीतालकान्ताः।
प्रेक्षिष्यन्ते पथिकवनिताः प्रत्ययादाश्वसन्त्यः॥ मे. 1।8।

अर्थात्, हे मेघ जब तुम आकाश में विचरोगे, तब अनेक पथिकों की वनिताएँ विश्वास-भरे हृदय से तुम्हें देखेंगी। उसके इस प्रकार सोत्सुक दर्शन का रहस्य उद्गृहीतालकान्ताः पद में है। वे प्रवास में पतिव्रता रही हैं। इसलिए केश संस्कारों को बिलकुल भूल गई होंगी। छूटे हुए केश ही नेत्रों पर गिरकर दृष्टि का मार्ग रोकना चाहते हैं, उन्हें हाथ से ऊपर उठाकर वे मलिनवसना प्रियाएँ मेघ को उत्कंठापूर्वक देखेंगी। उद्गृहीतालकान्ताः में जो पातिव्रत की ध्वनि है उसी की सविशेष व्याख्या कवि ने उत्तरमेघ में यक्षिणी के वर्णन में की है।

ऐसे सन्देशार्थों पर जब कवि का ध्यान गया तो उसने उनकी अनन्त गम्भीरता दिखाने के लिए उनके आगे 'क्व' पद रख दिया, जिस प्रकार जड़ मेघ का निकम्मापन दिखाने के लिए 'सन्निपातः क्व' कहा था।

जड़-सन्निपात मेघ और अपने सन्देशार्थों में कवि को महदन्तराल या बड़ा असामंजस्य देख पड़ा। उन सन्देशार्थों की प्रवृत्ति (खबर) भेजने के लिए उसे निम्नलिखित सामग्री की आवश्यकता हुई–

पटुकरणैः प्राणिभिः प्रापणीयाः।

समर्थ इन्द्रियोंवाला चेतन प्राणी ही प्रेम-सन्देश ले जाने के योग्य है। उसकी इन्द्रियों में वह इन्द्र शक्ति होनी चाहिए जिसके कारण इन्द्रियाँ इन्द्रियाँ कहलाती है[1]। इन्द्र शक्ति ही इन्द्रियों को बल देती है[2]–

दधातु इन्द्र इन्द्रियम्–तांड्यमहा ब्रा. 1। 3। 5।

इन्द्र से शून्य व्यक्ति से कुछ काम सिद्ध नहीं होता। विशेषतः प्रेमवार्ता के लिए तो वृष-सम्पन्न[3] पुरुष ही होना चाहिए। इस प्रकार कवि को दो गुणों की चाह हुई, एक तो चेतन प्राणी की और दूसरे इन्द्रिय सामर्थ्य से युक्त प्राणी की। ये दोनों गुण जिसमें हों वही अलका तक दूत बनकर जा सकेगा।

उपरोक्त दो क्व के द्वन्द्व में यक्ष का अनुभव तीव्र हुआ। उस औत्सुक्य की दशा में उसका जडांश बिलकुल निर्गलित हो गया, आत्मेतर पदार्थों की प्रतीति जाती रही, बहिर्मुखी प्रवृत्ति के लिए बाह्य जगत् में कोई स्थान न रहा, और हुआ क्या 'बाढ़ी उत्कंठा जक्ष बुद्धि बिसरानी सब...' यक्ष 'अपरिगणयन्' दशा में जाकर संसारगत परिगणनाओं को भूल गया। उसका दृष्टि-बिन्दु ही और-का-और हो गया। उसके इस परिवर्तन में किस नियम ने काम किया? उसको अन्तिम अनुभव की कोटि तक पहुँचाने के लिए किस प्रकार मन, बुद्धि आदि अन्तःकरणों को नया जन्म लेना पड़ा? इसकी व्याख्या यह है–

कामार्ता हि प्रकृतिकृपणाश्चेतनाचेतनेषु

अर्थात् काम से आर्तजन चेतन और अचेतन के भेद को बिलकुल भूल जाते हैं। यही बात यक्ष के साथ हुई। वह उन विषयों में बेसुध हो गया जिनमें संसारीजन जागते हैं, मानो नए जगत् के अनुभव लेने के लिए उसने 'प्रकृतिकृपणाश्चेतनाचेतनेषु' के मन्त्र द्वारा अपना नया कल्प कर लिया। वह स्थूल अन्नात्मक देह की सत्ता को भूलकर मनोमय साम्राज्य का अधिवासी बन गया। ऐसी दशा में रहनेवाले वियोगी

---

1. मयि इदम् इन्द्र इन्द्रियम् दधातु–श. 1। 8। 1। 42।
2. इन्द्रो मे बले श्रितः–तैत्तिरीय ब्रा. 3। 10। 8। 8। इन्द्रियम् वै वीर्य मिन्द्रः–श. 3। 9। 1। 1 5। अर्थात् इन्द्रियों के वीर्य का नाम इन्द्र है।
3. वृषा वा इन्द्रः–कौषीतकी 20। 3।

या अन्य अनुभवियों को भी अरति या विषय-द्वेष नाम की अवस्था प्राप्त हो जाती है जिसका वर्णन उत्तरमेघ (2 । 27) में है। इसमें इन्द्रियाँ अपने विषयों से विनिवृत्त हो जाती हैं। उनके अनुभवों के बहिःकेन्द्र रसशून्य होते हैं और मन के चिन्त्य विषय में ही समस्त रस संचित हो जाता है। इस निर्मल स्थिति को प्राप्त हुआ मनुष्य स्थूल भोगों का भूखा नहीं रहता, वह उनसे निर्लेप हो जाता है और केवल भाव की भूख से मस्त रहता है। इस भोगपराङ्मुख वृत्ति का वर्णन निम्न श्लोक में है–

स्नेहानाहुः किमपि विरहे ध्वंसिनस्ते त्वभोगा।
दिष्टे वस्तुन्युपचितरसाः प्रेमराशी भवन्ति ॥

यहाँ स्मरण रखना चाहिए कि चेतन और अचेतन के विवेक को भूलने के लिए जिस साधना और चित्त-शुद्धि की आवश्यकता है यक्ष उस सम्पत्ति से युक्त है। कविवर नान्हालाल का वचन है कि 'मांस के भूखे राक्षस होते हैं और भाव के भूखे देव[1]।' भोग की तृष्णा राक्षसी है और स्त्री के प्रेम-भाव की पिपासा दैवी। यक्ष प्रेम की परिभाषा के इस अर्थ में दैवी है, आसुरी नहीं।

एक अर्थ में हम सभी लोग चेतन और अचेतन के भेद को भूले हुए हैं। शंकराचार्य के शब्दों में हम सब लोग पशुओं के समान आत्मानात्म-विवेक से शून्य हैं, और इसी विवेकहीन दशा में आत्मा के दैवी स्वरूप को भुलाकर उससे बद्ध और जड़ देह के समान काम ले रहे हैं। इस कारण हमारे कर्म सुख-दुःख में सने हैं, उनमें आनन्द नहीं। हमारी इन्द्रियाँ भोगोन्मुखी हैं, वे अन्तरात्मा को नहीं देखतीं। इस प्रकार का जड़-चेतन का अविवेक सामान्यतः पाया जाता है। वह बन्धन का हेतु है, उससे श्रेय की आशा नहीं। चेतनाचेतन की कृपणता दो तरह की होती है-- एक तो अचेतन को चेतन समझना और दूसरे चेतन को भी अचेतन मानने लगना। एक ऊर्ध्वमुखी और सात्विकी है और दूसरी अधोमुखी और तामसी। यदि यक्ष जिसे अब तक चेतन समक्ष रहा है उसे भी जड़वत् देखने लगे, तो वह स्वयं भी बिलकुल जड़ हो जाएगा। उस अन्तःसंज्ञाशून्य मूर्च्छित अवस्था में पड़े हुए यक्ष की करुण-कथा और अनुभवों को कौन सहृदय सुनना चाहेगा? वे अनुभव संसार के लिए किसी भी तरह नए न होंगे, उनसे किसी भी ज्ञान-वृद्धि और कल्याण की आशा न होगी।

कवि चैतन्य के विस्तार को किसी भी अवस्था में संकुचित करना न चाहेगा। चित्त का सीमाबद्ध होना ही दुःख है, चित्त का असीमित विस्तार ही परम आनन्द है। ज्यों-ज्यों शरीरस्थ चित्त का विकास-क्षेत्र बढ़ता है, हमारे आनन्द की मात्रा में

---

1. ऊषा–हिन्दी अनुवाद

वृद्धि होती जाती है। क्या संसार और क्या आत्मानुभव, दोनों दशाओं में यह नियम सत्य है। हाँ, आत्मानुभव की अवस्था में चिति का विकास निःसीम या अनन्त हो जाता है। उस आनन्द की तुलना में संसारगत चितिविस्तार के सब सुख नीचे ठहरते हैं।

यक्ष ने चेतनाचेतन के भेद को भुलाने में इसी उत्तरायण मार्ग का अवलम्बन लिया। वह सब जगत् को परम चैतन्यमय देखने लगा। उसके सामने से मानो पर्दा उठ गया। उस आनन्द-सागर में मग्न हुए बिना कौन उसका महारस त्रिकाल में भी जान सकता है? यक्ष ने इस आवरण के दूर करने में दम्भ नहीं किया, उसका चैतन्य-ज्ञान क्षणिक या बनावटी नहीं था। सच्चाई इस अनुभव की पहली कसौटी है। इसीलिए कवि ने लिखा है–प्रकृति-कृपणः–अर्थात् मन, कर्म, वचन तीनों ही बिलकुल बदल जाते हैं। भीतर-बाहर सर्वत्र ही अमृत आनन्द की सम्प्राप्ति होती है। इस अनुभव की प्राप्ति के लिए प्रत्येक नचिकेता को यम के द्वार पर जाकर अपना चोला बदल डालना पड़ता है। इस मार्ग में बुद्धि एक होती है–बहुत शाखाओंवाली और अनन्त नहीं[1]। फलतः यक्ष की बुद्धि में निश्चय हो गया कि अनुभवों की इयत्ता केवल भौतिक जगत् तक ही परिमित नहीं है, उनका सच्चा स्वरूप वह है जिसमें सर्वत्र चैतन्य को सम्प्राप्ति होती है। ऐसे यक्ष ने मेघ को एक बार फिर देखा; अब धूम-ज्योतिः सलिल-मरुतां के सन्निपात मेघ में उसे जिस विलक्षण पुरुष के दर्शन हुए, वह विश्व के मेघ-विषयक ज्ञान में अभूतपूर्व है। वैज्ञानिक भी पर्जन्य-विषयक मति की अवहेलना करते हुए हमारे मन में जो कविकृत मेघ-ज्ञान जानने का औत्सुक्य उत्पन्न हुआ था, उसकी तृप्ति अब आकर होती है। हम मन-ही-मन कह रहे थे– 'हे महापुरुष, तुम भी तो कुछ कहो कि हम मेघ को कैसे जानें।' अब उसी रहस्य को कवि ने हमारे लिए खोल दिया है–

जानामि त्वां प्रकृतिपुरुषं कामरूपं मघोनः। मेघ. 1।6।

मैं तुम्हें जानता हूँ कि तुम प्रकृति के कामरूप पुरुष हो। इसी ज्ञान को बताने के लिए मेघदूत काव्य का उपक्रम किया गया है। ऐसे कामरूप पुरुष को कवि अलका के उस लोक में ले जाना चाहता है (गन्तव्या ते वसतिरलका नाम यक्षेश्वराणाम्), जहाँ काम को भस्मावशेष करनेवाले शिव का साक्षात् निवास जानकर कामदेव अपना चाप चढ़ाने से डरता है–

मत्वा देवं धनपतिसखं यत्र साक्षाद्वसन्तम्।
प्रायश्चापं न वहति भयान्मन्मथः षट्पदज्यम्॥ मेघ. 2।10।

---

1. व्यवसायामित्का बुद्धिरेकेह कुरुनन्दन।
बहुशाखा ह्यनन्ताश्च बुद्धयोऽव्यवसायिनाम्॥–गीता।
खाते-पीते सोते सदा यक्ष को यक्षिणी का ही स्मरण रहता था।

इसी ज्ञान में मेघदूत के अध्यात्मशास्त्र का सार है। हमें 'जानामि त्वां प्रकृतिपुरुषं कामरूपं मघोनः' पर विशेष ध्यान देना है।

इस पंक्ति का सामान्य अर्थ टीकाकारों ने स्थूल और भौतिक ही किया है। यथा, कामरूपमिच्छाधीनविग्रहम्। दुर्गादिसंचारक्षममित्यर्थः। मघोनः इन्द्रस्य प्रकृतिपुरुषं प्रधानपुरुषं जानामि। मल्लिनाथ।
अर्थात्, अपनी इच्छा के अनुसार रूप बदलनेवाले तुम इन्द्र के प्रधान पुरुष हो। परन्तु इस भौतिक लक्षण से कहीं आगे इस श्लोक के अन्तस्तल में जो गम्भीर अर्थ भरा है उसके आलोक से सारा ग्रन्थ ही एक बार जगमगा उठता है। हम ऊपर कह ही चुके हैं कि यक्ष को चतुर इन्द्रियोंवाले दूत की आवश्यकता थी। वहाँ यक्ष ने स्वयं इन्द्र के ही कामरूप पुरुष को अपने दूत कर्म के लिए चुन लिया है। इन्द्र के पुरुष से बढ़कर इन्द्र-शक्ति और कहाँ सम्भव है? हमारी दूसरी आवश्यकता थी चेतना-सम्पन्न प्राणी। यहाँ मेघ ही समस्त चर और अचर प्रकृति का पुरुष है। विकासोन्मुखी प्रकृति स्वयं उसे चाहती है, दूर से ही मेघ का शब्द सुनकर उसे रोमांच हो आता है (मे. 1।11)। मेघ उसके बन्ध्यात्व दोष को मिटाकर उसमें प्रजापति के क्रम की वृद्धि करता है। यह क्रम निम्नलिखित है–

पर्जन्य से वृष्टि, वृष्टि से ओषधि–अन्न, अन्न से रस, रस से वीर्य और वीर्य से प्रजोत्पत्ति। कैसा निरापद मार्ग बना हुआ है!

कामरूप मेघ ही ऐसा सामर्थ्यवान् पुरुष है। इस मेघ का सम्बन्ध इन्द्र से है। वह इन्द्र का प्रधान-पुरुष क्या, स्वयं इन्द्र का रूप ही है। इन्द्र और मेघ का सम्बन्ध सनातन है। वेदों में भी इन्द्र के वर्षण-कार्य की विस्तृत मीमांसा है। वृष शब्द और इन्द्र का घनिष्ठ सम्बन्ध है। वृष और वृषभ शब्द प्रायः छह सौ बार ऋग्वेद में आए हैं। उनमें से आधी बार वे इन्द्र के विशेषण हैं। सोम के लिए किए गए सौ प्रयोगों में भी इन्द्र का साहचर्य है। जो पुरुषों में वृष है, वही स्त्रियों में सोम है। शेष प्रयोगों का अर्थ प्रागः रेतःसिंचन और पुरुष के प्रजननात्मक कार्य का निर्देश करता है। शतपथ, ताड्य और कौषीतकी ब्राह्मणों में इन्द्र को साक्षात् वृष कहा है। वृष नाम वर्षण-सामर्थ्य का है। वह शक्ति जिसमें हो वही वृषा है। अंग्रेजी में वृषण का अर्थ Sprinkling या fertilisation है। पुरुष और योषित् के वर्षण और पृथ्वी के वर्षण में कुछ अन्तर नहीं है। जैसे विराट् प्रकृति में मेघ नौ मास तक तपकर ब्रह्मचर्य धारण करता है, और उसके बाद फिर ऋतुकाल में रसनिषिंचन करता है, जैसे गर्जनरूप शब्द के कारण पृथ्वी को शिलीन्ध्ररूप रोमांच होता है, जैसे धरित्री के सोम या प्रसवाई गुण की अभिव्यक्ति और तब वास्तविक वर्षण होता है, वैसे ही सारा क्रम पुरुष-योषित् में भी है। प्रजा-संवर्धन की दृष्टि से मेघ के वर्षण और पुरुष के वर्षण में न केवल भेद का अभाव है, बल्कि गहरी समानता और व्यापक सम्बन्ध है।

गर्भाधान के समय पुरुष कहता है, 'वृष ने हमारे अन्दर जिन समर्थ अमोघ वीर्यों को उत्पन्न किया है, उनसे तू गर्भ धारण कर',[1] तथा 'प्रजापति नाम वृषभ की सहायता से मैं स्कन्दित होता हूँ, तू वीरपुत्र को धारण कर।'[2] वस्तुतः पुरुष को द्यौ और पृथ्वी के विराट् प्राजापत्य कर्म का भी मर्म उस समय स्मरण करना होता है और वह कहता है–

असौ अहमस्मिसा त्वं; द्यौरहं पृथ्वी त्वं; रेतोऽहं रेतोभृत्त्वं;
मनो अहमस्मि वाक्त्वं; सामाहमस्मि ऋक्त्वम्

(बौ. गृ. सू. 1।7।41।)

पुरुष-स्त्री का यह मनोरम सम्बन्ध हमारे साहित्य में नाना उपमान से कहा गया है। पुरुष उत्तरारणि और स्त्री अधरारणि है; उनके मन्थन से प्रजाग्नि प्रज्वलित होती है। स्त्री शमी और पुरुष अश्वत्थ है; उनका प्राजापत्य कर्म ही शमीगर्भ अश्वत्थ का रूप है। यज्ञ के शब्दों में स्त्री वेदी है जिसमें वृषरूप अग्नि का आधान होता है–

योषा वै वेदिर्वृषाऽग्निः –श. 1।2।5।15।

यह वृषाग्नि वीर्य की ही संज्ञा है–

वीर्यं वा अग्निः –तैत्तिरीय ब्रा. 1।7।2।2।

मेघ की वृषाग्नि के लिए सारी पृथ्वी ही वेदि, स्वरूप है[3]। पुरुष की इन्द्र-शक्ति के निर्माता वृषण-कोष है[4]। आयुर्वेद के वर्णित वाजीकरणतन्त्र में रिक्त पुरुष को वृष सम्पन्न करने के लिए प्रयोगों की संज्ञा वृष्य है। इस प्रकार यह निश्चित है कि पुरुष में प्रजोत्पत्तिरूप वर्षण करने की जो सामर्थ्य है वही उसकी इन्द्रियों का ओज है, जिसके स्पन्दित होने से उसके तेज की हानि होती है।

विराट् प्रकृति में जो आप् हैं मनुष्य देह में वे ही रेतरूप हैं। मनुष्य-शरीर को देवताओं की सभा कहा गया है[5], जिसमें सब देवताओं ने प्रवेश किया है। जलों के लिए कहा है–आपो में रेतसि श्रिताः। तै. बा. 3।10।8।6। इन्हीं जलों के

---

1. यानि प्रभूणि वीर्याणि ऋषभा जनयन्तु नः।
   तैस्त्वं गर्भिणी भव स जायताम् वीरतमः स्वानाम्।
   –हिरण्यकेशि गृह्यसूत्र 1।25।1।
2. भूः प्रजापतिनात्यृषभेण स्कन्दयामि वीरं धत्स्वासौ।
   –हिरण्यकेशि गृह्यसूत्र।
3. यावती वै वेदिस्तावतीयं पृथिवी–जैमिनीय उपनिषद् ब्रा. 1।5।5।
4. आण्डाभ्यां हि वृषा पिन्वते–श. 14। 3। 1। 22।
5. एषा वै दैवी परिषद् दैवी सभा दैवी संसत्–जैमिनीय उ. ब्रा. 2।11।13। इस सभा के देवता और प्रतिनिधियों का तथा उनके आयतनों का विस्तृत वर्णन ऐतरेय उपनिषद् (2।4) में है।

वर्षणात्मक रूप की संज्ञा इन्द्र है। इन्द्र शब्द के और भी अनेक अर्थ हैं, यथा–आत्मा, प्राण, मन, सूर्य, अग्नि, क्षात्रतेज आदि, परन्तु हमारा प्रयोजन यहाँ वृषात्मक इन्द्र से ही है। इन्द्र की विद्यमानता से द्युलोक गर्भ धारण करता है (द्यौरिन्द्रेण गर्भिणी)।[1] यह इन्द्र ही द्युलोक को वर्षण शक्ति से युक्त करनेवाला है–

वृषासि दिवो वृषभः पृथिव्या वृषा सिन्धूनां वृषभः स्त्रियानां।

वृषेण त इन्दुर्वृषभ पीपाय स्वादूरसो मधुपेयो वरा॥ ऋ. 6।44।21

अर्थात्, हे इन्द्र, तुम द्युलोक, पृथ्वी, स्पन्दनशील नदियों और वनस्पतियों के वर्षक हो। हे वृषभ, श्रेष्ठ वृष शक्ति से सम्पन्न तुम्हारे लिए स्वादिष्ट मधुश्चुत् सोम की वृद्धि हो। उस वर्षक की प्रेरणा से यह प्रकृति वृषस्यन्ती होती है।

वृष और इन्द्र के तादात्म्य ज्ञान के साथ ही वृष और काम की घनिष्ठता भी जाननी आवश्यक है। काम का अधिष्ठान स्वाधिष्ठान चक्र में है, जहाँ जल तत्त्व मुख्य है। जल का ही विपरिणमित रूप रेत है, जो काम का रूप है। जल की संज्ञा इरा कही जा चुकी है। इसी के कारण काम को संस्कृत भाषा में इराजः और यूनानी भाषा में इरोस (Eros) कहा गया है। संस्कृत कोषों में वृष का एक अर्थ काम है। शिव ने काम को भस्म कर दिया था, तभी से उनके नाम वृषांचन, वृषभध्वज और वृषकेतु आदि हैं। शिव की सबसे बड़ी विजय वृष को अपने वश में करके उस पर सवारी करना है। प्रायः जगत् के सब पुरुषों पर वृष सवारी करता है अर्थात् सब काम के अधीन हैं, कोई-कोई महाभाग पुण्य तपस्वी ही अपने ज्ञान-चक्षु से काम को वश में करके वृष को वाहन बना लेते हैं।

इन्द्र का वृष और काम के साथ जो घनिष्ठ सम्बन्ध वैदिक समय में ही निर्णीत हो गया था, उसके कारण एक ओर तो पुराणों में इन्द्र को विलासी, कामी और पराए की साधना-तपस्या से द्वेष करनेवाला वर्णित किया गया है तथा दूसरी ओर पश्चिमी विद्वानों के हाथ में पड़कर इन्द्र रँभानेवाला बैल बन गया है। पुराणों का इन्द्र-चरित्र तो थोड़े से ही विचार से समझ में आ सकता है। भारतीय अध्यात्म का यह सर्वमान्य सिद्धान्त है कि आत्म-दर्शन की सिद्धि तक पहुँचने के पहले काम वासना–तृष्णा-विषय या भोग-लिप्सा का सर्वांश में दमन करना अनिवार्य है। बिना काम को जीते आगे बढ़नेवाला साधक शरभ मृगों के समान कामरूपी इन्द्र के वज्र की मार से खंड-खंड हो जाते हैं। अध्यात्म-पथ के तपस्वी पथिक को धैर्यपूर्वक इस ज्ञान-विज्ञान का नाश कर देनेवाले दुरासद पाप्मा शत्रु को वश में कर लेना चाहिए। यह कार्य कठिन अथवा असम्भव भले ही प्रतीत हो, परन्तु नितान्त आवश्यक है, और बिना इस मार्ग पर चले

1. यथाग्नि गर्भा पृथिवी द्यौर्यथेन्द्रेण गर्भिणी।
   वायुर्यथा दिशां गर्भ एवं गर्भ दधातु ते॥

दूसरी गति ही नहीं है। अखंड समाधि-लाभ करने के लिए शिव को इन्द्र के भेजे हुए काम को पहले भस्म करना पड़ा। मदन के निग्रह से ही शिव अरूपहार्य हो सके–

अरूपहार्यं मदनस्य निग्रहात् पिनाकपाणि–कुमारसम्भव 5।231

इसी प्रताप से शिवजी वृषारूढ़ हो गए। वृष पर सवारी करनेवाले शिव के चरणों में वृष शक्ति के प्रमुख इन्द्र ने ऐरावत के साथ मस्तक नवाया। वृष-वाहन शिव और वृषा इन्द्र का सम्बन्ध कालिदास ने इस श्लोक में कितनी स्पष्टता से बताया है–

असंपदस्तस्य वृषेण गच्छतः प्रभिन्नदिग्वारणवाहनो वृषा।
करोति पादावुपगम्य मौलिना, विनिद्रमन्दाररजोरुणांगुली ॥

–कुमारसम्भव 5।80।

अर्थात्, मदस्रावी ऐरावत नाम का दिग्गज है वाहन जिसका, ऐसा वृषा देवेन्द्र सब सम्पदाओं से विहीन किन्तु वृष को वाहन कर लेनेवाले देवराज शंकर के चरणों में प्रणाम करता है। इसी वृष पर बोधि ज्ञान पाने से पहले भगवान् बद्ध को भी चढ़ना पड़ा था। शिव की काम-विजय और बुद्ध की मार-विजय[1] में कोई अन्तर नहीं है। त्र्यम्बक ने अपने तृतीय नेत्र के वीक्षण से वज्रपाणि को जड़ीभूत कर दिया था। वह वज्रपाणि इन्द्र बुद्ध का अनुचर बनकर उनके चरणों की सेवा करता है। बुद्धगया के पास की इन्द्रशैल गुहा में भगवान् बुद्ध तपस्या कर रहे थे तब पंचशिख गन्धर्व के साथ इन्द्र ने उनके दर्शन किए थे।

जब भी कोई तपस्वी सिद्धि प्राप्त करना चाहता है, काम उसके मार्ग में बाधा डालता है। कितने ही तो उसके प्रलोभनों में फँसकर विश्वामित्र के समान स्खलित हो जाते हैं, और कितने ही शुक्र के समान उन उपद्रवों की ओर आँख उठाकर भी नहीं देखते। इन्द्र शतक्रतु है। क्रतु का अर्थ शक्ति या वीर्य है।[2] शत के अर्थ अनगिनत संख्या के है। इन्द्र या काम की शक्ति शरीर में सबसे प्रबल है। वह इन्द्र

---

1. अजन्ता की 26वीं गुफा में बुद्ध की मार-विजय को अद्भुत रूप में दर्शाया गया है। इन्द्र ऐरावतारूढ़ होकर हाथ में वज्र लिये है, और बुद्ध के शान्त ज्योतिष्मान् मुख को देखकर अपनी पराजय से खिन्न-सा दिख पड़ता है।
2. ऋतु=वीर्य (ऐतरेय ब्रा. 1।13)। Kratos = Strength। क्रतु के अर्थ यज्ञ भी हैं। इन्द्र शतक्रतु है, क्योंकि उसने सौ यज्ञों के तेज को आत्म-संयुक्त किया है। वैदिक साहित्य के अनुसार शरीर एक यज्ञ है, जिसमें सिर उखा है जो मनन शक्ति का पचन करती है। सब संकल्पों का उद्गम मस्तिष्क में ही होता है। इन्द्रियों को संयमाग्नि में हुत करने से तत्सम्बन्धी देवता को अमृतभाग प्राप्त होता है। इन्द्रियों का विषयासक्त होना आसुरी कार्य, मृत्यु और विषपान है। प्राण ही सप्त होता या सप्ताहुति है (मु. उ. 2।1।8) जिसके समिद्ध होने से मनुष्य दीर्घायु और आरोग्यरूप अमृतत्व पाता है। एतद्वै मनुष्यस्यामृतत्वं यत्सर्वमायुरेति–श. 9।5।1।10। अहर्निश प्रवृत्त इस यज्ञ में सैकड़ों ही अवसर पूर्णता या ध्वंस के आते हैं। देवतास्वरूप इन्द्रियों के जिनके कारण यह शरीर दैवी परिषद् कहलाता है, अधिपति मन का शतक्रतु या शत यज्ञ के वीर्य से सम्पन्न होना ही श्रेयस्कर है।

यह सदा चाहता है कि और जितने पुण्य या यज्ञीय भाव हैं उनकी सामर्थ्य उसके वीर्य से कम रहे। वह स्वयं शतवीर्य है, और किसी भाव को निन्यानवे से अधिक नहीं होने देता। जिसके शरीर में और कोई पुण्य व्रत शतवीर्य या शतक्रतु हो सकेगा, उससे इन्द्र को अपना आसन छोड़ देना पड़ेगा और वह व्रत ही सर्वाभिभावी राजन्य या इन्द्र हो जाएगा। इसीलिए कहा गया है कि इन्द्र किसी का सौवाँ यज्ञ पूरा नहीं होने देता। तपस्वियों के तप को वह सदा खंडित करने के उद्योग में रहता है। यही इन्द्र का काम-संस्पृष्ट रूप पुराणों में रोचक विस्तार के साथ कहा गया है। तपस्या की एकनिष्ठता और साधनैकाग्रता निबाहने का उपदेश देने के लिए वे सब कथाएँ स्तुतिपरक अर्थवाद हैं।[1]

पौराणिक इन्द्र की कथाओं में इस प्रकार के विमर्श से संगति और व्युत्पत्ति लग सकती है। इन्द्र और वृष के आधिभौतिक और आध्यात्मिक सम्बन्धों को जिनका कुछ दिग्दर्शन हमने ऊपर किया है न समझने के कारण ही पश्चिमी विद्वान् इन्द्र को रँभानेवाला बैल मान लेते हैं। वैदिक समय में शब्दों की यौगिक वृत्ति अतिशय तरल दशा में थी। वृष-धातु से निष्पन्न सब शब्दों में वर्षणात्मक अर्थ की ओर ही प्रधान संकेत था। वृषभ शब्द मेघ, पुरुष, बैल सबमें समान अधिकार से घटित होता था। सब ही में उत्कट वृष शक्ति का गुण मौजूद है। वैदिक आर्य वृषभ शब्द से बैल भी समझते थे[2], परन्तु वह ही अकेला उस शब्द का अर्थ न था।[3] बैल और मेघ के सादृश्य को उन्होंने बहुत दूर तक प्रतिपादित किया और 'भृशं रोरवीति' की समानता का उन्होंने मेघ के लिए कई बार वर्णन किया है। घोर गर्जन करनेवाले काले बादलों में और मस्त होकर रँभानेवाले उद्दाम वृषभ में व्यापक दृष्टि रखनेवालों को एक ही तत्त्व दृष्टिगोचर होता है, जिसकी संज्ञा वृष है और जो पृथिवी और स्त्री-जगत् में प्रजापति के क्रम का एकमात्र संवर्द्धन करनेवाला है।

शिव के साथ जो वृष का सम्बन्ध था उसमें वृष का अर्थ वही है जिसका उल्लेख हम ऊपर कर चुके हैं। आध्यात्मिक भावों को कलात्मक रूप देने की प्रवृत्ति इस देश

---

1. इन्द्र के स्वरूप का अशेष वर्णन किसी स्वतन्त्र ग्रन्थ में समा सकता है। इन्द्र और अहल्या की कथा में इन्द्र सूर्य है जैसा कि कुमारिलभट्ट ने समझाया है। एवं समस्ततेजाः परमैश्वर्यनिमित्तेन्द्रिय शब्दवाच्यः सवितैव अहनि लीयमानतया रात्रे अहल्याशब्दवाच्यायाः क्षयात्मक जरया हेतुत्वाज्जीर्यति अस्मादनेन एव उदितेन इति आदित्य एव अहल्याजार इत्युच्यते। न तु परस्त्रीव्यभिचारात्। ऋग्वेद के इन्द्र-मरुसंवाद में इन्द्र आत्मा और सत्त मरुत सात प्राण हैं। (ऋग्वेद 1। 165)
   (इन्द्र के विशेष वर्णन के लिए देखिए कुमारी अनन्तलक्ष्मी का लेख Indra, the Rigvedic atman; journal of Oriental research Madras, Jan. 1927)
2. एतद्वा इन्द्रस्य रूपं यद्वृषभः–श. 2। 53। 18।
3. वृषा वा इन्द्रः–कौषीतकी ब्रा. 20। 3।

में सदा से प्रबल रही है। प्रायः अचिन्त्य अनिर्वचनीय भावों को ही मूर्त रूप में समझाने की चेष्टा की गई है। सहस्रशीर्षा पुरुष और शेषशायी विष्णु की कथा इसका एक उदाहरण है; सूर्य के सात अश्वों की कल्पना दूसरा है। इसी भाव से प्रेरित होकर कलाविद् पुराण-निर्माताओं ने, जो प्रायः वैदिक अर्थों का ही लोक-कल्याण के लिए उपबृंहण करते थे, शिव का वाहन श्वेत रंग का वृषभ रखा। कालिदास वृष शब्द का वर्षणात्मक अर्थ जानते थे जिसका उन्होंने कई जगह प्रयोग भी किया है। शिव के स्वरूप में उन्हें 'कैलास गौरं वृषमारुरुक्षु' की पदवी दी गई है। मेघदूत में कहा है कि मेघ मानसरोवर के सलिल का पान करता है, वहीं इन्द्र का वाहन ऐरावत हाथी विचरता है और सन्निकट कैलास पर ही शिव का नन्दी भी विद्यमान है। वस्तुतः मेघ, इन्द्र, ऐरावत, वृषभ सब में ही एक विराट् अन्तः सम्बन्ध है जिसका कुछ ज्ञान प्रस्तुत विवेचन से हो सकता है। यौगिक वृष शब्द कालान्तर में वृषभ के लिए ही रूढ़-सा हो गया, यद्यपि आयुर्वेद के 'वृष्य' शब्द में अभी तक उसके पुराने अर्थों का संकेत पाया जाता है।

इस प्रकार यक्ष ने प्रकृति के कामरूप पुरुष का ज्ञान प्राप्त कर लिया। वह स्वयं कामी था।[1] पुरुष-स्त्रीरूप जो द्वन्द्व प्रकृति में सर्वत्र दृष्टिगोचर होता है उस योजना में वह अपनी कान्ता से वियुक्त भी था। उस स्वात्मांश के सम्पर्क में आने के लिए उसकी जो आकुलता थी, उसी के कारण अन्तःदृष्टि सम्पन्न होकर उसने सब चराचर को ही द्वन्द्वरूप में देखा। विराट् प्रकृति के पुरुष रूप में तो स्वयं मेघ ही उसे दिखाई पड़ा। उस मेघरूपी बृहच्छेप ब्रह्मचारी ने अपने अभिक्रन्दन से समस्त सृष्टि में हलचल मचा दी। सब पर ही उसका प्रभाव पड़ा। इसी विश्वव्यापी चेतना को मेघदूत के कर्त्ता ने अपने कवित्वगुण से हम सबके लिए अमर बना दिया है।

कालिदास ने इस विश्व के चेतन और अचेतन दो भाग किए हैं। उन्हीं का दूसरा रूप प्रकृति-पुरुष है। वस्तुतः प्रकृति पुरुष की ही शक्ति है और अचेतन चेतन का ही प्रतिबिम्ब या अधिष्ठान है। चेतन और अचेतन के भेद को मिटाकर अन्तर्दृष्टि द्वारा देखने पर अन्तजर्गत् और बहिर्जगत् के सामंजस्य का जैसा अनुपम दृश्य हो जाता है उसी को मेघदूत में हम पग-पग पर देखते हैं। अन्तर्जगत् अध्यात्म के अनन्त सौन्दर्य से आलोकित है। हम बहुधा बाहरी प्रकृति के सौन्दर्य को अन्तर के सौन्दर्य से विच्छिन्न हुआ समझते हैं। बिना आन्तरिक अनुभव के बाह्य सौन्दर्य केवल भटकानेवाला है। कभी किसी चिड़िया या कभी किसी पुष्प को देखकर हम उल्लसित हो उठते हैं; कभी नारी के सौन्दर्य से मुग्ध होते हैं। हमारा सौन्दर्य-केन्द्र बाहर रहता है और आत्मा के साथ उसका सम्बन्ध न होने के कारण हमारी अपनी महिमा बहिःसौन्दर्य की उपासना में अस्तंगमित हो जाती है। जो लोग पहले चेतन का अनुभव

1. अबला विप्रयुक्तः स कामी—मे. 1।2

करके उसी का प्रतिबिम्ब बाह्य जगत् में देखते हैं उन्हें सौन्दर्य का जैसा विलक्षण और अनन्त आनन्द प्राप्त होता है, वही विरही यक्ष को हुआ है। उसकी दृष्टि बड़ी पैनी हो गई है। मेघ का ज्ञान हो जाने से प्राकृत जगत् के सौन्दर्य का अपार सागर उसके हाथ आ गया है। सर्वत्र उसे मेघ की विभूति के दर्शन होते हैं। इसी सागर के सुन्दर-सुन्दर रत्नों का व्यतिकर मेघदूत का प्रकृति-वर्णन है।

बाह्य जगत् के पृथ्वी और पर्वत, नदी और स्रोत, वन और उद्यान, नगर और जनपद, पुष्प और फल, वृक्ष और लता, पशु और पक्षी, स्त्री और पुरुष, देवयोनियाँ और देवता–इन सबका सौन्दर्य मेघ के साथ मिलकर सहस्र रूपों में यक्ष के सामने आता है। मेघ सबको मिलानेवाला सूत्र-तन्तु है। वह अपने वर्ण से सबको रंजित करता है तथा प्रत्येक के सौन्दर्य से स्वयं भी कान्तिमान् होता है। प्रकृति में ऐसा कोई प्रकाश नहीं जिसमें कामरूप मेघ की सौन्दर्य-ज्योति न मिली हो। कहीं वह दूसरों को छवि वितरित करती है, और कहीं जैसे शिव के स्थान में स्वयं प्रभानुलिप्त होती है।

यही हाल चैतन्य का है। मेघ के सम्पर्क से प्रकृति में चर-अचर सभी प्राण की बहिया में उतरने लगते हैं। सौन्दर्य और चैतन्य को एक साथ ही मिलाकर यथास्थान कवि ने बड़े कौशल से सन्निविष्ट किया है। इस सम्मिश्रण से विलक्षण आनन्द की उत्पत्ति हुई है। मेघदूत के प्रकृति-वर्णन में बाह्य रूपों की सूची-सी नहीं जान पड़ती, उसमें पद-पद पर चैतन्य शिवात्मक ज्योति का दर्शन और स्मरण होता है। नदी बहती है, जामुनें फलती हैं, यह सत्यस्वरूप है। इस सत् के कार्यों में चैतन्य अन्तर्निहित है। नदी क्यों अगाध जल से पूर्ण हो गई, आम्र-कानन और यूथिका-वन क्यों सौरभ का विस्तार करने लगे–इन प्रश्नों का उत्तर देना ही मेघदूत की मनोहर विशेषता है। कवि कहता है कि चैतन्य मेघ के दर्शन से प्रकृति का चैतन्य भी उमड़ पड़ा है। सबमें प्राण डालनेवाला मेघ ही है। चेतन मेघ ने काम-पुरुष बनकर प्रकृति के जिन-जिन पदार्थों और सत्वों को छू दिया है, वे सब ही सुन्दर और दर्शनीय बन गए हैं। द्युलोक और पृथ्वी के बीच ऐसा कौन है जिसका मेघ से सम्बन्ध न हो? इसलिए सर्वत्र ही सत् पदार्थों में श्री या सौन्दर्य का आभास मिल रहा है। ऐसा ही सत्य और चित् का मेल मेघदूत काव्य में मिलता है, इस कारण उसमें अनन्त सनातन आनन्द प्रदान करने की क्षमता है।

कामरूप मेघ के आने से प्रकृति-पृथिवी में क्या-क्या परिवर्तन होते हैं उनका कुछ वर्णन कवि ने किया है। मेघ पृथिवी को गर्भाधान कराता है। अथर्ववेद के प्राणसूक्त में मेघ को पृथ्वी का ब्रह्मचारी कहा है–

अभिक्रन्दन् स्तनयन्नरुणः शितिंगो बृहच्छेपोऽनु भूमौ जभार।
ब्रह्मचारी सिंचतित सानौ रेतः पृथिव्यां तेन जीवन्ति प्रदिशश्चतस्रः॥

अथर्व. 11।5।12।

अर्थात्, घोर गर्जन और अभिक्रन्दन करनेवाला, भूरे और काले रंग से युक्त, बृहत् जननवाला।[1] ब्रह्मचारी (ब्रह्म या उदक का वहन करनेवाला) मेघ भूमि का भरण करता है। वह पर्वत और पृथिवी पर रेत का सिंचन करता है जिससे समस्त दिशाएँ जीवन धारण करती हैं। इस मंत्र में केश बढ़ाए हुए इन्द्रियवान् ब्रह्मचारी और मेघ की तुलना की गई है। दोनों पहले स्वयं तपकर आत्मगर्भित होते हैं। उसके पश्चात् ही गर्भाधान की क्षमता आती है।

मेघ आकाश में आकर जब गरजते हैं तब पृथिवी को रोमांच हो आता है। इस सात्विक भाव के उदय में ही सब लोगों का कल्याण छिपा है। पृथ्वी में से शिलीन्ध्र निकलकर इस बात की पुष्टि करते हैं कि इस वर्ष खूब वृष्टि होगी, पृथ्वी गर्भ धारण करेगी और उससे वीर्यवती ओषधियों का जन्म होगा। मेघ के गर्जित का वर्णन करनेवाला निम्न श्लोक संस्कृत साहित्य के उन विरल श्लोकों में है जिनमें सरस्वती अंश-रूप में नहीं कृत्स्नशः व्यक्त हो जाती है–

कर्तुं यच्च प्रभवति महीमुच्छिलीन्ध्रामवन्ध्यां
तच्छ्रुत्वा ते श्रवणसुभगं गर्जितं मानसोत्काः।
आकैलासाद्बिसकिसलयच्छेदपाथेयवन्तः,
संपत्स्यन्ते नभसि भवतो राजहंसाः सहायाः॥ 1। 11॥

इसमें पृथिवी और आकाश दोनों लोकों का सम्मिलन है। मेघ का गर्जन भूमि तक आता है, उससे पृथ्वी में कन्दली फूटती हैं। पृथिवी अपने यहाँ हंस भेजती है जो मेघों को आकाश मार्ग से अलका का मार्ग दिखाते हैं। बिस-किसलय का शंबल कल्पित करके आकाश में उड़ते हुए राजहंस कैलाश तक मेघ को पहुँचाने जाते हैं। राजहंस अलका के अमर लोक की यात्रा प्रतिवर्ष करते हैं, उसी अलका के समीपस्थ यद्यपि मानसरोवर है पर अलका की वापी में निवास करने से हंस मानस को भी भूल जाते हैं।[2] राज-योग साधनेवाले योगी हंस भी हर संवत्सर में अपने चक्रों[3] का वेध करके कैलास, शिवलोक या सहस्रदल कमल की यात्रा कर आते हैं। जो स्वयं पंथ को देख आया है वही दूसरों को वहाँ ले जा सकता है। अतएव नभ में राजहंस कैलास तक मेघ के साथ जाते हैं।

वृष-पुरुष के सम्पर्क से योषित् सुरभित परिमल का उद्गिरण करती है। उसी प्रकार पृथिवी भी मेघ के निष्यन्द से उच्छ्वसित गन्धवाली हो जाती है।[4] पर्वत भूमि के धारण करनेवाले भूधर हैं। वे मेघ के साथ आत्मीय का व्यवहार करते हैं। रामगिरि

---

1. इन्द्र की एक संज्ञा बृहद्रेणु है। 'बृहद्रेणु इन्द्रच्यवन बनकर मानुषी कृष्टियों का सहायक हुआ' ऋ. 6। 18। 2। (रेणु=रेत)।
2. यस्यास्तोये कृतवसतयो मानसं सन्निकृष्टं, नाध्यासन्ति व्यपगतशुचस्त्वामपि प्रेक्ष्य हंसाः॥ मे. 2। 16॥
3. राजहंस या परमहंस योगी बिस-किसलय अर्थात् पद्मों का आधार करते हुए ब्रह्मांडस्थित शिव के दर्शन प्रतिवर्ष करते हैं। एक संवत्सर साधना का एक कल्प है।
4. त्वन्निष्यन्दोछ्वसितवसुधा गन्ध...मे. 1। 42।

तो मेघ को सुहृत् के तुल्य प्राणों से भी अधिक प्रिय मानता है। दोनों का सम्मिलन चिर विरह का पर्यवसान सूचित करता है, इसलिए रामगिरि के नयनों से उष्ण वाष्प की धारा निकलने लगती है–

काले काले भवति भवतो यस्य संयोगमेत्य,
स्नेहव्यक्तिश्चिरविरहजं मुंचतो वाष्पमुष्णम् ॥1 ॥12॥

रामगिरि जड़ शिलाओं का संघात नहीं, उसमें सौहार्द भाव से भरा हुआ मित्र का हृदय छिपा है। एक बार दयिता का प्रेम भले ही शिथिल पड़ जाए, परन्तु मित्र का प्रेम त्रिकाल में भी स्खलित नहीं होता–

दयितास्वनवस्थितं नृणां न खलु प्रेम चलं सुहृज्जने कु. 4। 28।

रामगिरि की महिमा का रहस्य इस अध्यात्मस्वरूप में है–

वन्द्यैः पुंसां रघुपतिपदैरंकितं मेखलासु ॥ 1 । 1 । 12 ॥

अर्थात् रामगिरि की आत्मा रघुपति के पदों से अंकित होकर महनीय बनी है। इसी कारण वह वस्तुतः तुंग है। (तुंगमलिङ्ग्य शैल 1। 12)

माल क्षेत्र तो मेघ के अभिवर्षण की बाट जोह रहा है। आम्रकूट की शोभा मेघ के सम्पर्क से 'अमर मिथुन प्रेक्षणीय' हो गई है। आम्र काननों के पांडु-विस्तार को भूमि की स्तनच्छवि प्राप्त कराने में मेघ ही कारण है, मानो आम्रकूट के जड़ शरीर में मेघ ने चैतन्य का प्रवेश करा दिया है जिससे देवताओं की लालसा भी उस ओर प्रवृत्त हुई।[1] जिस भूमि को तुम्हारे गर्जन ने रोमांचित कर दिया था उसके ही स्तन पर आरूढ़ होकर तुम विश्राम करोगे। अमर-मिथुन तुम्हारे इस कामरूप को देखकर प्रसन्न होंगे। नीचैः नामक पर्वत मेघ के सम्पर्क से पुलकित हो गया है। उसकी प्रत्येक शिला से उत्कट वृष-शक्ति की सुगन्ध निकल रही है। हे मेघ, तुम्हारे वहाँ विश्राम का हेतु यही है कि तुम पुरुष-स्त्री में व्याप्त उद्दाम यौवन का परिचय पाकर अपना आगमन सफल समझो। इन पर्वतों से आगे बढ़ने पर देवगिरि, हिमालय और कैलास के साथ तुम्हारा आध्यात्मिक सम्बन्ध होगा। देवगिरि स्कन्द की वसति है, वहाँ पुष्पार्पण से उनकी पूजा करना। जिस मघवा के तुम प्रधान पुरुष हो उसी की रक्षा करनेवाले सेनानी स्कन्द हैं...

तत्र स्कन्दं नियतवसतिं पुष्पमेघोकृतात्मा,
धारासारैः स्नपयतु भवान् व्योमगंगाजलार्द्रैः।
रक्षाहेतोर्नवशशिभृता वासवीनां चमूना
मत्यादित्यं हुतवहमुखे सम्भृतं तद्धि तेजः ॥ 1 । 43 ॥

---

1. छन्नोपान्तः परिणतफलद्योतिभिः काननाम्रै,
त्वय्यारूढ़े शिखरमचलः स्निग्धवेणीसवर्णे।
नूनं यास्यत्यमरमिथुनप्रेक्षणीयामवस्थां,
मध्ये श्यामः स्तन इव भुवः शेषविस्तारपाण्डुः ॥ मे. 1। 18।

हे मेघ, देवगिरि में नियत रूप से बसनेवाले सेनानी स्कन्द को तुम पुष्पवर्षक बनकर आकाश-गंगा के जल से भीगे हुए फूलों की मूसलाधार वृष्टि से स्नान कराना। देवसेना की रक्षा के लिए शिवजी ने अग्नि के मुख में सूर्य से भी अधिक प्रकाशमान् जिस तेज का सम्भरण किया है, वही स्कन्द है। उसकी पूजा में आत्म-समर्पण करना तुम्हारे लिये उभय-लोक में परमोच्च सौभाग्य है। आगे चलकर कैलास के अतिथि होना। यह कैलास उन्हीं शंकर का राशीभूत अट्टहास है (राशीभूतः प्रतिदिनमिव त्र्यम्बकस्याट्टहासः–1।58) जिन्होंने कभी तुम्हारे कामरूप को भस्म कर दिया था और अब फिर दूसरी बार जिनके लोक को जाने का तुमने उपक्रम किया है। पर यह यात्रा अभिमानी जुझाऊ योद्धा की नहीं है, अबकी बार तो एक श्रद्धालु अपने आराध्य देव को भक्ति-नम्र होकर स्थिर पद की प्राप्ति के लिए प्रणाम करने चला है–

तत्र व्यक्तं दृषदि चरणन्यास मर्धेन्दु मौलेः
शश्वत्सिद्धैरुपचितबलिं भक्तिनम्रः परीयाः। (मे. 1।55)

चैतन्य के अन्तर्मुख और बहिर्मुख या अध्यात्म और अधिदैव स्वरूपों का साथ-ही-साथ यहाँ सुन्दर मेल कराया गया है। जड़ दृष्टि के लिए सब पर्वत ही हैं, परन्तु चैतन्य के लिए आम्रकूट और देवगिरि-कैलास में आकाश-पाताल का अन्तर है। मेघ का सम्बन्ध दोनों से है, पर एक जगह भोग है, दूसरी जगह संयम; एक मर्त्य है, दूसरा स्वर्ग्य; एक उज्जयिनी है, दूसरी अलका। दोनों भागों का समन्वय ही उत्तम पथ है। यही 'प्रयाणानुरूप' मार्ग है, क्योंकि यदि मानव-देह पंच विषयों से एकान्त असंस्पृष्ट रह सकती तो विधाता ही इन्द्रियों को बहिर्मुखी क्यों बनाता (कठ उ. 4।1, पराञ्चि खानि व्यतृणत् स्वयम्भूः)। मेघ को वेद में सिन्धुओं का वृषभ कहा गया है। यक्ष ने मार्ग का कथन करते हुए कितने ही स्रोतों का वर्णन किया है जिनका जल पान कर मेघ अपनी क्षीणता दूर करेगा (क्षीणः क्षीणः परिलघु पयः स्रोतसां चोपभुज्य)। प्रबल उद्वेग से बहती हुई नदियाँ सूचित करती हैं कि वे अपने सुभग पुरुष के साथ रसाभ्यन्तर होने जा रही हैं। वर्षा के सलिल को अपने गर्भ में धारण करनेवाली नदियाँ ही हैं। उनके भरकर चलने के दृश्य को और कम्पायमान होकर बरसनेवाले[1] मेघ को एक साथ देखता हुआ यक्ष सोचता है कि इन नायिकाओं को अवश्य मेघ के दर्शन-स्पर्शन से ही इतने भाग लगे हैं। जो नदियाँ ग्रीष्म के प्रचंड ताप से या यों कहें कि मेघ के विरह में वेणी के समान पतली धारवाली हो गई थीं (वेणी भूत प्रतनु सलिला) वे ही अब मेघालोक से अन्यथावृत्ति हो रही हैं। चंचल उर्मियोंवाली वेत्रवती के इतराने का ठीक ही नहीं है। जब सब के

1. तद्यत्कम्पायमानो रेतो वर्षति तस्माद्वृषाकपिः, तद्वृषाकपेः वृषाकपित्वम्–गोपथ ब्रा. उत्तर भाग 6।12।

मान घट गए हैं, तब भी वह सभ्रूभंग मुख से अपने कनिक्रदत् पति का आवाहन कर रही है–

तीरोपान्तस्तनितसुभगं पास्यति स्वादु यस्मात्
सभ्रूभंगं मुखमिव पयो वेत्रवत्याश्चलोर्मि ॥

वारि धाराएँ अहर्निश जिसके प्रताप से बहती हैं, वह रस का पोषक मेघ ही है। जब तक रस-निर्भर पयोद की श्री अक्षुण्ण है, तब तक निर्विन्ध्या को अपने सौभाग्य पर अभिमान करने से कौन रोक सकता है? वह उन्मादिनी बनकर कहीं आवर्तरूप नाभि को प्रकट कर चलती है, कभी विहग-पंक्तिरूप काँचीदाम को झंकारती हुई इठलाती है। यह सब इतराना उसी कामरूप पुरुष के ऊपर निर्भर है जिसने अचेतन में भी चेतन का मन्त्र फूँक दिया है। ये वर्णन केवल प्राकृतिक ही नहीं हैं, इनमें प्रकृति चेतन मनोभावों से संक्रमित होकर चेतन की तरह ही सारे व्यवहार करने लगी है। इन व्यवहारों का साक्षी, भोक्ता और नियन्ता पुरुष मेघ के रूप में सदा सर्वत्र प्रस्तुत होकर साथ-साथ चलता है। इसके कारण कालिदास के प्रकृति-चैतन्य में इतनी अधिक सजीवता आ गई है कि उसकी उपमा केवल प्रकृति के उपासक विश्व के अन्य कवियों में कहीं नहीं मिलती। कवि का मेघ चैतन्ययुक्त है, अतएव उसमें मन-बुद्धि की कल्पनाएँ भी हैं, जिनके द्वारा वह अमरकंटक और कैलास के भेद को जानकर अपने अध्यात्म की सिद्धि भी करता है। वह निर्विन्ध्या के साथ तो विलास करता है, परन्तु सरस्वती के जल का पान करके अन्तःकरण को शुद्ध करता है।[1] चेतन प्राणी ही इस प्रकार का विवेक रखते हुए स्वर्ग और संसार दोनों सिद्ध कर सकते हैं। कवि को पाठकों की धार्मिक मनोवृत्ति पर प्रभाव डालने के लिए अन्य प्रकृति-कवियों की भाँति कुछ धर्म-नीति नहीं कहनी पड़ती, वह मेघकृत व्यवहारों से ही सब कुछ सिद्ध करा

---

1. कृत्वा तासामभिगममपां सौभ्य सारस्वतीना
   मन्तः शुद्धः त्वमपि भविता वर्णमात्रेण कृष्णः ॥ मे. 1 । 49 ।
   सरस्वती देवनदी है। स्वयं ब्रह्माजी ने उसके किनारे तपस्या करके श्रुतियों का प्रकाश किया। अनेक ऋषियों के तपोवन सरस्वती के किनारे थे। सारे राष्ट्र ने जिस सरस्वती की इतनी महिमा मानी हो, मेघ भी उसे पूज्येतर भाव से नहीं देख सकता। कवि ने मेघ के शरीर और आत्मा को यहाँ स्पष्टता से पृथक्-पृथक् देखा है। पुरुष का बाह्य वर्ण भले ही काला हो, वह नश्वर शरीर की उपाधि है। चेतन का सर्वस्व तो अन्तःकरण है, वह विशुद्ध चाहिए। अब तक मेघ ने जितने काम-विलास किए हैं, सरस्वती तीर्थ के जलपान में सबकी शुद्धि होती है। अब तपोभूमि देवातात्मा हिमालय का आरम्भ है। पितुः प्रदेशास्तव देवभूमयः, अर्थात् गौरीगुरु अद्रिराज देवभूमि है। वहाँ गंगा, हरद्वार, हरचरण न्यास, मुक्त त्रिवेणी, कैलास और मानसरोवर हैं। कैलास तो खं ब्रह्म में वितान की तरह तना हुआ है। यहाँ तप के स्थान हैं, भोग तो सरस्वती से पहले ही निवृत्त हो चुका है। कवि ने सरस्वती से आगे मेघ के विलास का वर्णन नहीं किया। सरस्वती के जलों का आचमन करके मेघ अन्तः शुद्ध बन चुका है।

लेता है। मेघ सक्रिय बनकर व्युत्पन्न व्यवहार करता है, वह निष्क्रिय और निरपेक्ष नहीं है। प्रकृति पग-पग पर पुरुष के वश में और उसकी लीला से अवधूत मालूम होती है। इसी बात से मेघदूत का प्राकृतिक जगत् अत्यन्त हृदयहारी हो गया है।

वियोगिनी सिन्धु विरह में पांडुवर्ण होकर प्रिय समागम की उत्कंठा से किसी प्रकार शरीर धारण कर रही थी। उसमें शृंगार के विभ्रम नहीं हैं, तपस्या ही उसका पातिव्रतोचित गुण है। मेघ को चाहिए कि उसकी कृशता को दूर करे। उसकी तनुता में मेघ के सौभाग्य की व्यंजना है। यदि मेघ उस अर्थ पर ध्यान नहीं देता, तो सिन्धु नदी तो एक दिन निःशेष हो ही जाएगी, पर मेघ का सौभाग्य-सिन्धु भी सूख जाएगा–

सौभाग्यं ते सुभग विरहावस्थया व्यंजयन्ती,
कार्श्यं येन त्यजति विधिना स त्वयैवोपपाद्यः। मेघ 1।29।

और वह गम्भीरा जिसका नितम्ब इस समय विवस्त्र हो गया है किसी समय इतनी विषयों से पराङ्मुखी थी कि उसे पुरुष दर्शन की चाह न थी। पर सदा एक-सी अवस्था नहीं रहती। गाम्भीर्य गुण[1] के ह्रसित होने पर गम्भीरा के सैन चलने लगे।[2] वह प्रसन्नचित हुई। उसका अगाध जल प्रसन्न प्रतिबिम्ब ग्रहण करने के योग्य हो गया। उसके जल में शफरी फरफराने लगी। उत्कंठा से परवश हुई गम्भीरा ने मेघ के प्रकृति-सुन्दर बिम्ब को अपने में ग्रहण किया। उत्कंठिता के हृदय में जब नायक की छाया प्रवेश पा ले तब नायक को उसके अनुराग का निश्चय हो जाना चाहिए। ऐसे समय मेघ को उपदेश है कि वह अपने धैर्य को पकड़कर न बैठा रहे–अपनी संयमकृत जड़ता से गम्भीरा के कटाक्षों को व्यर्थ न करे–

गम्भीरायाः पयसि सरितश्चेतसीव प्रसन्ने,
छायात्मापि प्रकृतिसुभगो लप्स्यते ते प्रवेशम्।
तस्मादस्याः कुमुदविशदान्यर्हसि त्वं न
धैर्यान्मोघीकर्तुं चटुलसफरोद्वर्तनप्रेक्षितानि ॥ 1। 40 ॥

वह धैर्य क्या है इसे कवि ने ही अन्यत्र बताया है–

विकारहेतौ सति विक्रियन्ते येषां न चेतांसि त एव धीराः

–कुमारसम्भव 1।59।

---

1. अन्तर्जातस्य क्षोभस्य बहिर्लक्षणा भावो गाम्भीर्यम्। अर्थात्, अभ्यन्तर में उपजे हुए क्षोभ को बाहर प्रकट न होने देना गाम्भीर्य गुण है (रूपगोस्वामी कृत उज्ज्वलनीलमणि की टीका में जीवगोस्वामी) यह गुण जिसमें हो वह गम्भीरा नायिका है। कुछ दिन तक तो गम्भीरा अपने गुण को रख सकी पर अन्त में उसके भी नेत्र कटाक्षपूर्ण हो गए, अर्थात् उसके इंगिताकार अविदित न रह सके।
2. अनुभाव जो नायिकाओं में पाए जाते हैं दो प्रकार के होते हैं–चित्रज अर्थात् अन्तःकरण सम्बन्धी और गात्रज अर्थात् बाह्य या देह सम्बन्धी। गम्भीरा नायिका का गाम्भीर्य गुण उसका चित्रज अनुभाव है। भ्रूभंग, कटाक्ष, आनन-विकारादि गात्रज हैं।

अर्थात्, विकार-हेतु उपस्थित होते हुए भी जिनके चित्त विकृत न हों, वे ही धीर हैं। उन्हीं का भाव धैर्य गुण है[1]। हे मेघ, जब गम्भीरा का गाम्भीर्य जाता रहे, तब उसके पुरुषरूप तुमको धैर्य धारण करके संयम का अभ्यास करना उचित नहीं है। पत्नी की काम-विह्वलता विकृति है। विकृति से मिलने के लिए मेघ को भी विकृति में जाना पड़ेगा। प्रकृतिस्थ रहने से प्रेम-ग्रन्थि नहीं लग सकती। बिना प्रेम-गाँठ लगे प्रकृति का पुरुष मेघ विकार को प्राप्त हुई गम्भीरा का उद्धार नहीं कर सकता।

वस्तुतः बात इतनी ही है कि जब तुम बरसोगे तो गम्भीरा का उथला नीर गम्भीर हो जाएगा। परन्तु विश्व में काम-संकल्प के जगानेवाले चेतन पुरुष के जीवन-चरित्र में इतने से क्या काम चलता? उस विराट् ग्रन्थ में महज नदी वीचियों को भ्रूविलास और सफरियों के फरफराने को कटाक्ष कहकर पढ़ाया जाता है। यह भी सत्य है कि कालिदास के समान उस ग्रन्थ का गम्भीर किन्तु प्रमोदपूर्ण पारायण आज तक कोई नहीं कर सका।

पृथिवी, नदी, पर्वतों से एक कोटि ऊपर जब हम वनस्पति जगत् की ओर दृष्टिपात करते हैं तो ऐसा ज्ञात होता है कि मेघ के आने से समस्त पुष्प, फल, ओषधि, तरुलता आदि स्फूर्ति और चेतना से उच्छ्वसित हो रहे हैं। कारण यह है कि वनस्पतियों का पोषक आहार या पूषा देवता पय अर्थात् जल हैं (स वनस्पतिः उ वै पयो भोजनः)। उस पय के वर्षक मेघ हैं। मेघ प्राणरूप से सबको जीवन देते हैं। इसी महान् प्राणभंडार को पाकर प्रजाएँ आनन्दरूप होती हैं कि अब अन्न की उत्पत्ति होगी। यथा–

यदा त्वमभिवर्षस्येमाः प्राण ते प्रजाः।
आनन्दरूपास्तिष्ठन्ति कामायान्नं भविष्यतीति ॥ प्रश्न उ. 2। 10।

अन्न के अधीन प्राण हैं। दोनों में स्थूल-सूक्ष्म का ही भेद है। इसलिए प्राण के सम्मुख ऊर्जावाली ओषधियाँ नाना भाँति से अपनी प्रसन्नता प्रकट करती हैं।

---

1. विकार हेतु रहते भी विकास का अभाव धैर्य है। विकार हो जाने पर उसको प्रकट न होने देना गाम्भीर्य है। धैर्य में मनोभावों की समता का नाश नहीं होता; गाम्भीर्य की आवश्यकता क्षुब्ध मनोभावों को छिपाने के लिए होती है। कालिदास के अनुसार यही धैर्य और गाम्भीर्य के लक्षण हैं। रसार्णव सुधाकर के कर्ता श्रीशिंग भूपाल इन लक्षणों से तो सहमत हैं परन्तु नामों में कुछ भेद है–
सर्वावस्थासमत्वाविदितेंगिताकारत्वयोर्लक्षणयोः चित्तधैर्य एवान्तर्भूतत्वाद् भोजराजलक्षितौ स्थैर्यगाम्भीर्यरूपावन्यौ द्वौ चित्तारम्भौ चास्मदुक्ते धैर्य एवान्तर्भावाद् दशैव चित्तरम्भाः (पृ. 52)। सर्वावस्था समत्व अर्थात् सब अवस्थाओं में सम रहने को (विकार हेतौ अविकारः); गाम्भीर्य के अर्थ हैं अविदितेंगिताकारत्व, अर्थात् विकार हो जाने पर उसे प्रकट न होने देना। इस तरह कालिदास के धैर्य को इन्होंने स्थैर्य नाम दिया है और स्थैर्य-गाम्भीर्य दोनों को धैर्य के ही अन्तर्गत मान लिया है। आलंकारिकों ने मनोभावों के यथार्थ वर्गीकरण की ओर कितना सूक्ष्म ध्यान दिया था, यह देखने योग्य है।

अथर्ववेद में लिखा है[1] कि 'जब स्तनयित्नु गर्जनशील प्राण मेघ के रूप में ओषधियों के समक्ष शब्दायमान होता है; तब ओषधियाँ नवीन वर्चस के साथ गर्भ धारण करके नाना रूपों में उत्पन्न होती हैं। जब ऋतुकाल में ओषधियों के समक्ष प्राण गरजता है, तब जो कुछ भी इस पृथिवी पर है सब ही विशेष आनन्दित होता है।' सींची हुई ओषधियाँ प्राण से बोलीं–''हे सोम[2] तूने हमारी आयु को बढ़ाया है, तूने हमें गन्धयुक्त किया है।''

सावन आया नहीं कि कुरैया के नए कुसुम निकल आए। उन्हें यक्ष ने प्रसादरूप से मेघ के ही अर्घ्यदान में चढ़ा दिया है। कहीं स्थल कदम्ब के मुकुलों की केसर कुछ-कुछ खुलने लगी है। उनके हरे-पीले और कुछ श्याम रंग के अधखिले फूल मानो मेघ का मार्ग सूचित करने के लिए ही जंगलों में झूम रहे हैं। जलाशयों के निकट कदलियों में भी मुकुल निकल आए हैं। कहीं कदम्ब प्रौढ़-पुष्प हो जाते हैं, कहीं आम पककर पीले और रसीले होकर टपकते हैं। इन आम्र काननों में आम्र-कंटक को शृंगार से सज्जित किया है। भौंराली काली फूली जामुनें जम्बूकुंजों से नदियों में टपकती हैं। अन्तरिक्ष में मेघ को तृप्त करनेवाली शीत वायु पृथिवी पर उदुम्बर काननों को पकाती है। यूथिकाओं के समूह-के-समूह सौरभ का विस्तार करने लगे हैं। निचुल या वेतस के लिए तो वर्षा अमृतकाल ही है।

वानीर को अभ्र पुष्प अर्थात् बरसात में पुष्प धारण करनेवाला कहते हैं। सूचिभिन्न केतकी के कुसुमों से उपवनों की बाड़ें हरी-हरी लगने लगती है। विदिशा से अवन्ती तक असंख्य उद्यान और उपवन हैं। उनमें पुष्प चयन करनेवाली किशोरियों के मुख का परिचय मेघ प्राप्त करता है। जलद काल में अरविन्द कहाँ, पर पुष्पावलियों के मुखारविन्द वर्षा के मैले जल में भी खिले रहते हैं। मेघ-काल में न हंस होते हैं, न अरविन्द! कल्मष-कलुषित ऋतु में राजहंस और पद्म दोनों ही मानसरोवर को चले जाते हैं। हंस को कवि ने 'बिसकिसलयच्छेद पाथेयवन्तः' कहकर सूचित किया है कि हंसों का जीवनाधार पद्म है। जिस वृष्टि से हंसों की

---

1. युत्प्राण स्तनयित्नुनाऽभिक्रन्दत्योषधीः।
प्रवीयन्ते गर्भान् दधतोऽथो बह्वीर्विजायन्ते॥
यत् प्राण ऋतावागतेऽभि क्रन्दत्योषधीः।
सर्वं तदा प्रमोदते यत् किं च भूम्यामधि॥
अभिवृष्टा ओषधयः प्राणेन समवादिरन्।
आयुर्वै नः प्रातीतरः सर्वा नः सुरभीरकः॥

–अथर्व 11।4।3, 4, 6।

2. सोमेति–प्राण का ही एक नाम सोम भी है जो रसों से ओषधियों को पुष्ट करता है। गीता में कहा है--पुष्णामि चोषधीः सर्वाः सोमो भूत्वा रसाप्मकः (गीता 15।13)। प्राणो वै सोमः– शतपथ 7।3।1।45।

हानि होती है, उसमें पद्मों को पहले ही संकुचित होना पड़ता है। पद्मों के विकास के लिए उपयुक्त तो निरभ्र आकाशवाली शरद् ऋतु ही है।[1] वर्षा में कमल रहें भले ही, पर उन्हें अर्जुन के तीरों के समान कर्कश वृष्टि और बूँदों की मार सहनी पड़ती है–

राजन्यानां सितशरशतैर्यत्र गाण्डीवधन्वा।
धारापातैस्त्वमिव कमलान्यभ्यवर्षन्मुखानि॥ मे. 1-48।

मेघ की प्रेरणा जैसे वायु के अधीन है, वैसे ही वायु भी मेघ अनुशासन में चलती है। कैलास पर पहुँचकर मेघ को वायु की इच्छानुसार कल्पद्रुम के नए किसलयों को धुनकर उसके आनन्द की वृद्धि करनी होती है। (धुन्वन्कल्पद्रुम किसलयान्यशुकानीव वातैः 1।62)। कैलास पर मानस, कल्पद्रुम, मन्दार, मन्दाकिनी एक-से-एक दिव्य वस्तु है। खंब्रह्मांड को तानकर खड़े हुए कैलास[2] के अतिथि के लिए संसार के किस पदार्थ की अभिलाषा शेष रहेगी जिसकी पूर्ति कल्पद्रुम से हो सकेगी? अष्टसिद्धि और नवनिधियों का मूर्तिमान् रूप कल्पद्रुम है। शिवलोक में पहुँचकर वृष को इस देवतरु के साथ आनन्द सम्मिलिन के सिवाय और किसी वस्तु की चाह नहीं रहती।

वृक्ष और वनस्पतियों से अधिक व्युत्पन्न श्रेणी पशु-पक्षियों की है। मेघ-काल में उनके आनन्दातिरेक की सीमा नहीं रहती। "जब प्राण मेघ के रूप में मही पर बरसता है तब पशु प्रमुदित होते हैं कि अब हमारी बढ़ती[3] होगी।" इसी संवर्द्धन के भाव से प्रेरित होकर दशार्ण देश के गृहबलि खानेवाले कौवे गलियों के पेड़ों पर घोंसले रखने लगते हैं–नीडारम्भैः गृहबलिभुजामाकुलग्रामचैत्याः।

इतने छोटे से प्राणियों में भी गृह-संवेशन और गृहस्थ बनने के भाव को उपजानेवाला मेघ ही है। इस प्रकार जो सर्वत्र द्वैत के बीज बोता है, उसकी व्यंजना को समझकर यक्ष का विह्वल हो जाना कौन सी बात है? सगर्व चातक का मन्द-मन्द नाद वर्षाकालीन मेघों को ही सम्बोधन करके प्रवृत्त होता है (वामश्चायं नदति मधुरं चातकस्ते सगन्धः 1।9)। चातक औरों से तो क्या, मेघ भी यदि ऋतु बिताकर आवें तो उनसे जल नहीं माँगता–

स्वयस्तु ते निर्गलिताम्बुगर्भं शरद्घनं नार्दति चातकोऽपि। रघु. 5।7।

---

1. मानुषी देह में जब वर्षा ऋतु आती है तब उसके चक्र (पद्म या कमल) भी श्रीहत हो जाते हैं। शरीरस्थ वृषशक्ति जब उत्तरायण मार्ग की ओर जाती है तभी वे कमल खिलते हैं।
2. कैलासस्य त्रिदशवनितादर्पणस्यातिथिः स्याः।
   श्रृंगोच्छ्रयैः कुमुदविशदैर्यो वितत्य स्थितः खं॥–मेघ. 1।58।
3. यदा प्राणो अभ्यवर्षीद्वर्षेण पृथिवी महीम्। पशवः तत्प्रमोदन्ते महो वै नो भविष्यति–अथर्व 11।4।5।

यही चातक की अहम्मन्यता है। और जिस भावनाप्लावित हृदय से बिसकंठवाली बक-बालाएँ मेघ के समीप जाती हैं, उसकी चेतना का आभास भी क्या हमें कभी प्राप्त हो सकेगा? पंक्ति बाँध-बाँधकर मेध से ही गर्भाधान का उत्सव मनाने के लिए[1] बलाकाएँ काले बादलों में उड़कर जाने का प्रयास करती हैं–

गर्भाधानक्षणपरिचयान्नूनमाबद्धमालाः
सेविष्यन्ते नयनसुभगं खे भवन्तं बलाकाः ॥ मे. 1।9।

मेघों को देखकर सारस किलकारी मारते और मोर आनन्द से नाच उठते हैं। जलद के लिए मयूर से अधिक प्रिय सुहृद् और नहीं है।[2] नीलकंठ शिखी और यक्ष में भी एक समानता है। यक्ष मेघ को देखकर आँखों में आँसू भर लाया (अन्तर्वाष्प 1।3) तो मोर के सिवाय और किसी प्राणी ने भी सजलनयन होकर मेघ की स्वागत क्रिया नहीं की–शुक्लापांगैः सजलनयनैः स्वागतीकृत्य केकाः 1।22।

अध्यात्म पक्ष में जब वृषरूप मेघ शिव के लोक को चला, तब कुमार के वाहन मयूर का आनन्द-नृत्य करना स्वाभाविक ही है। भवानी-पुत्र स्कन्द पावक के भी पुत्र हैं। उनकी एक संज्ञा पावकि है (मे. 1।44)। इनका जन्म इन्द्र की सेनाओं की रक्षा के लिए अग्नि के मुख में सम्भृत होते हुए शिव के तेज से आज्ञाचक्र के बाद सहस्रार पद्म या शरों के वन में हुआ है–

रक्षाहेतोर्नवशशिभृता वासवीनां चमूना
मत्यादित्यं हुतवहमुखे सम्भृतं तद्धि तेजः।

उनके जन्म से पूर्व शिव के परिवार में सर्पों की प्रबलता थी। स्कन्द के जन्म से सर्प और मयूर विगत-बैर होकर बसते हैं। कौन वे कुमार और कौन उनका वाहन है, कौन सर्प हैं और अग्नि कौन है–यह विमर्श 'शिव का स्वरूप' नामक अध्याय में होगा'।

विश्व-सौन्दर्य के अन्तर्जगत् और बाह्य-जगत् नामक दो भेद करके बाह्य-जगत् में जड़ और चेतन नाम के दो उपभेद हमने किए थे। वस्तुतः अन्तर्जगत् से अनुप्राणित होकर देखने से सबमें ही चेतना का साम्राज्य दीखता है। परन्तु चेतन जगत् में भी स्त्री-सौन्दर्य चेतना का अत्यन्त उत्कृष्ट शक्ति-केन्द्र है। वनिताओं के मन में मेघ को देखकर जिस काम-जलौघ का पूर उमड़ता है, उसकी व्याख्या विस्तार से मेघदूत में की गई है। नायिकाएँ क्या हैं? वे काम की अभिव्यक्ति के विशेष रूप हैं। काम या वृष सार्वभौम है, परन्तु उसका प्रकाश भिन्न-भिन्न केन्द्रों में अपनी-अपनी रीति से

---

1. शंकराचार्य ने शारीरक भाष्य में इसकी ओर संकेत किया है–बलाका चान्तरेणैव शुक्रं गर्भं धत्ते...बलाकाच स्तनयित्नु रवश्रवणाद्गर्भं धत्ते–2।1।25। बलाकाएँ बिना शुक्र के, केवल मेघगर्जन को सुनकर ही गर्भ धारण करती हैं।
2. नीलकंठः सुहृद्वः, मे. 2।17।
   बन्धुप्रीत्याभवनशिखिभिर्दत्तनृत्योपहारः। मे. 1।32।

होता है। काम यदि आत्मा की तरह विश्वव्यापी माना जाए, तो नायिकाएँ शरीर की भाँति पृथक्-पृथक् हैं। यह अंश परिवर्तनशील है। उपासना का अमर भाग तो प्रेम है। प्रेम और काम सर्वत्र और सदा एक ही रहते हैं। वस्तुतः मेघ का कामरूप ही सर्वग्राह्य है। प्रियागमन के प्रत्यय से जीती हुई पथिकवनिताएँ, भ्रूविलासानभिज्ञ जनपद-वधुएँ, रतिपरिमलोद्गारि पण्यस्त्रियाँ, चंचल कटाक्षवती पौरांगनाएँ, महाकालेश्वर की लीलावधूत नर्तकियाँ तथा खंडिता और अभिसारिकादि नायिकाएँ–इन सबके मानस में काम-सरोवर लबालब भरा है। ये स्त्री-जगत् की प्रतिनिधि हैं और अपने अधिकृत क्षेत्र के अनुसार मेघ से सम्बन्ध स्थापित करती हैं। हमारे अपने ही शरीर में काम की अनेक वृत्तियाँ इन स्त्रियों के रूप में बसी हुई हैं जिनका नायक मेघ या वृषा काम है। इन सबके काम की गठरी बाँधकर मेघ शिव के लोक में पहुँचा दे, यही उस दूत की अलका-यात्रा है। जहाँ-जहाँ रस है, मेघ उसकी पुष्टि करता है। पृथिवी, नदी, ओषधि, स्त्री सब मेघ-सम्पर्क से रसाप्लुत हुई हैं। मनुष्य का अर्धभाग योषित् है। इसलिए स्त्री ही उसके लिए विश्व में सबसे अधिक आकर्षण की वस्तु है। काम के सर्वतोमुख अनुभव का साधन पुरुष के लिए स्त्री के सिवाय और प्रकृति ने रचा ही नहीं। हम लोग पुरुष की स्थिति में जगत् को देखते हैं, इसी कारण स्त्री के विप्रयोग का अन्त करने के लिए ही हमारा मेघदूत प्रवृत्त होता है। विज्ञान के अनुसार पुरुष के शरीर में प्राण और रयि (masculine and feminine) दोनों कोष बसते हैं। इसी प्रकार स्त्री के शरीर में भी दोनों कोष पाए जाते हैं। परन्तु पुरुष के अंग में प्राणात्मकोषों या अग्नि की प्रधानता है और स्त्री में रयित्व या सोम की प्रधानता है। अग्नि प्रजननात्मक रेत का काम करती है और सोम उसका भरण-पोषण करता है।[1] अग्नीषोम की एकता ही सृष्टि का सबसे रमणीय कार्य है। इसीलिए पुरुष स्त्री की ओर स्त्री पुरुष की ओर आकृष्ट होती है। इनकी पूर्णता में प्रकृति का योगक्षेम निहित है। 'प्रजां प्रजनयावहै' के मार्ग से अध्यात्म की ओर बढ़ना ही अलका के इस ओर बसनेवालों की विशेषता है।

काम के लिए शिव-लोक का उत्तरायण मार्ग बतानेवाला महाकवि जानता है कि इस यात्रा की सफलता के लिए यह आवश्यक है कि मार्गस्थित जितने काम-शक्ति के केन्द्र हैं वे सब विलास करके श्रान्त हो जाएँ, और मेघ सब पर विजय पाता हुआ 'हरशिरश्चन्द्रिका धौतहर्म्या' अलका के प्रासादों में शान्ति से प्रवेश करे। अलका में साक्षात् शिव का निवास है, परन्तु अलका के इस ओर भी अध्यात्म-पथिक को सहायता देनेवाले महाकाल शिव, नियत-वसति स्कन्द और हरचरण न्याय आदि दिव्य साधन हैं।

---

1. वेद में इसी भाव को यों कहा है–रेतोऽहं, रेतोभृत् त्वम्–अर्थात् पुरुष रेत (active regenerative) और स्त्री रेतोभृत् (building or generative force) है।

मेघ को आदेश है कि अलका के इस ओर के कामह्रदों को जितना क्षुब्ध कर सके करे। प्रियतम के मन्दिर को गुप्प अँधेरी में जाती हुई घनघोर रव से त्रस्त अभिसारिकाओं को रमण-वसति तक पहुँचानेवाला काम के सिवाय और कौन है–

रजनीतिमिरावगुंठिते पुरमार्गे घनशब्दविक्लवाः।
वसतिं प्रियकामिनां प्रियास्त्वदृते प्रापयितुं क ईश्वर ॥

कुमारसम्भव 4।11।

कुमारसम्भव में घन शब्द विक्लवकारी है, परन्तु मेघदूत में वृष संज्ञक मेघ और वृषपति काम के स्वरूप की एकता की गई है। वह मेघ अपनी चेष्टाओं से अभिसारिकाओं को विकल करने के स्थान में उनके प्रापण में सहायक होता है–

गच्छन्तीनां रमणवसतिं योषितां तत्र नक्तं,
रुद्धालोके नरपतिपथे सूचिभेद्यैस्तमोभिः।
सौदामिन्या कनकनिकषस्निग्धया दर्शयोर्वी,
तोयोत्सर्गस्तनितमुखरो मास्म भूर्विक्लवास्ताः ॥ मे. 1।37 ॥

रात के समय जब सूचिभेद्य अन्धकार से राजमार्ग पर कुछ न सूझ पड़ता हो, तब जो अभिसारिकाएँ प्रियवसति तक जाती हों, उनके मार्ग को कसौटी पर स्वर्ण-खचित रेखा के समान चमकीली बिजली से आलोकित कर देना, गरज-बरसकर उनको डराना मत। इसी प्रकार प्रातःकालीन रागात्म भानु जब खंडिता नलिनी के आँसू पोंछने को अपने हाथ बढ़ावे, तब हे मेघ, तुम्हारे बीच में पड़ने से वृथा असूया बढ़ेगी, इसलिए मार्ग से हट जाना। (मे. 1।39)

गाढोत्कंठावाली विप्रयुक्ताओं के लिए मेघ को जो करना चाहिए उसका वर्णन सारे उत्तर मेघ में है।

देवयोनियों में भी मेघ कौतुकों का अवतार कराता है। मुग्ध सिद्धांगना, अमरों के मिथुन, शिव के गण, सिद्धों के द्वन्द्व, किन्नरी और व्योमगति गन्धर्वादि सभी मेघ की स्फूर्ति से उत्तेजित होते हैं। उनको भी इस उत्तरायण मार्ग के यात्री की यात्रा में विशेष कुतूहल है। अप्सराएँ तो जलात्मक वृष की ही चेष्टाओं के नाना रूप हैं। उनका जन्म जल-तत्त्व से है–अद्भ्यः सरन्तीति अप्सरसः। वृष और सोम के अनन्त विलास ही अप्सरा रूप हैं। इन्हीं के प्रलोभनों द्वारा इन्द्र तपस्या में विघ्न डालते हैं। इन अप्सराओं के तेज को शुष्क करनेवाले सूर्य हैं जिनके पाद-मूल का उपस्थान बारी-बारी से वे सब करती हैं।[1] पिंगला की ही संज्ञा सूर्य है जो अप्सराओं के तेज को अग्निमय करके सुरक्षित करती है।

---

1. अप्सरो वारपर्यायेणेह भगवतः सूर्यस्य पादमूलोपस्थाने वर्तमाना वलवत्खलु उर्वश्या उत्कण्ठितास्मि– विक्रमोर्वशीये चतुर्थांके।

कवि ने प्रतिज्ञा की थी–जानामि त्वां प्रकृतितुरुषं कामरूपं मघोनः। उसी काम रूप के दर्शन हमने प्रकृति में सर्वत्र घूमकर किए। अचेतन, चेतन में कहीं भेद न मिला। जड़ रामगिरि के चिर विरहोत्पन्न उष्ण आँसू और यक्षिणी के वर्षभोग्यविरह से उत्पन्न गरम निःश्वास एक ही नियम का संकेत करते हैं। प्रकृति की विराट् एकता ने चराचर को एक सूत्र में बाँध रक्खा है। हमारे तमिस्रान्ध चक्षुओं को प्रायः अपनी महिमा के आगे कुछ सूझ नहीं पड़ता। पर कवि की सहस्राक्ष दृष्टि में सब रहस्यों का प्रतिबिम्ब पड़ता है। इसलिए उसका मेघदूत सार्वभौम है। वह शुद्ध साहस से वेश्याओं के नखक्षतों को मेघ से मिलनेवाले सुख का भी वर्णन करता है, थोथी विरक्ति से नाक-भौं नहीं सिकोड़ता। यदि वारविलासिनी उसके वर्णन की पात्र न समझी जाएँ, तो उसका सार्वभौम चित्र अधूरा रहे। ऐसा तभी होगा, जब कवि प्रकृति की सचाई से अपने अहंकार को न बढ़ जाने देगा। यदि मेघ के आने से प्रतिव्रता यक्षिणी का हृदय उन्मथित हो जाता है, तो वेश्या नर्तकियों का रमणी-हृदय किस संयम में बँधा रहेगा? उस उद्दाम सरोवर में सबसे पहले बाढ़ आवेगी। जब प्रकृति की वास्तविकता ऐसी है, तो कवि को क्या अधिकार है कि वह वेश्या-हृदय को पतित जानकर उपेक्षा करे। स्थूल दृष्टि रखकर संसार का वर्णन करनेवाले के लिए वेश्या, पतिव्रता और अभिसारिका में भेद हो सकता है और कदाचित् होना भी चाहिए। परन्तु अन्तःदृष्टि से प्रेरित होकर जो मेघ का कार्य देखता है उसकी दृष्टि में संसार के सभी दृश्य अपना प्रतिबिम्ब डालते हैं, उसका अनुभव अखंड या समग्र होता है, एकदेशीय या विभक्त नहीं। समग्र का ज्ञान करनेवाला यदि अध्यात्म का उपदेश देता है तो उसके द्वार पतित, वेश्या और पापी सबके लिए खुले रहते हैं। सांसारिक जीव अपने नीतिधर्म के उपदेश में किसी को बहिष्कृत भले ही समझें, पर बुद्ध के लिए अम्बापाली का निमन्त्रण भी कम मूल्यवान् नहीं। लिच्छवि-राजकुमारों के घरों में यदि बुद्ध के चरणों की आवश्यकता है, तो इसी कारण से अम्बापाली का द्वार उनको और भी अधिक चाहता है। यह दृष्टि ज्ञानसम्पन्न बुद्ध की है। उनके हृदय में प्राणिमात्र का मूल्य है और कोई जीव इतना नहीं गिरा है कि वह उठ न सके।

•

कवि की भी ज्ञान-सम्पन्न अन्तर्दृष्टि यही रहती है। पर उसका मार्ग काव्य के द्वारा चैतन्य के आनन्द की प्राप्ति है। काव्य में कान्ता-संमित उपदेश दिया जाता है इसीलिए मेघदूत के अध्यात्म-ज्ञान का ऊपर से कुछ पता नहीं चलता। पण्यस्त्रियों के विलास के मूल में कवि क्या वर्णन कर रहा है और उसकी निर्मित सृष्टि में उनका क्या स्थान है, इसे हम बहुधा नहीं देख पाते। मेघ के साथ सम्बन्ध जोड़कर सब अच्छे-बुरे भावों को उत्तराभिमुख कराने में उसका जो चरम लक्ष्य है, उसकी प्रतीति ऊपर से नहीं होती, क्योंकि मेघदूत काव्य है, धर्मशास्त्र नहीं। फिर यह बात भी ध्यान

में रखनी चाहिए कि सब प्राणियों को अपने स्थान में रहकर ही आत्मा का उद्धार करना है। हम अपने मनोभावों को उच्च बनाकर सदा आगे बढ़ते रहें, पर एक स्थान से दूसरे स्थान में अपनी लोक-स्थिति बदलते रहने से हमारे हाथ कुछ न लगेगा। मुख्य परिवर्तन मन का है। वह मन विराट् पुरुष को समर्पित रहे तो शरीर अपने आप सुधर जाता है। मेघदूत की समस्त प्रकृति अपने स्थान पर स्थित रहती है। केवल उसके भाव मेघ के साथ जाते हैं। स्वयं यक्ष भी अवधि से पहले रामगिरि नहीं छोड़ सकता। हाँ, अपने संकल्पों और विगणनाओं को वह मेघ के द्वारा अलका के लोक में भेज सकता है।[1]

पशु, पक्षी, मनुष्य, देवयोनि सब पाश से बँधे हुए अपने स्थान में कर्म कर रहे हैं, समय से पहले भौतिक पाशों का अन्त नहीं हो सकता, अपने मन को हम आज ही प्रकृति-पुरुष के साथ मिला सकते हैं। यही परिवर्तन सब कुछ है। मेघ को कामरूप पुरुष कहकर प्रकृति में जहाँ कहीं उसका काम-सम्बन्ध है उस सबका ही वर्णन कवि ने एक-सी स्पष्टता और निर्भीकता के साथ किया है। इन सबके समवाय को वह पुरुष अलका में ले जा रहा है। वह सर्वव्यापी बनकर सबका उद्धार करने में यत्नशील है। विष्णु-मेघ के लिए सब कुछ अपने तेजांश से सम्भव प्रतीत होता है। उसके निकट त्याज्य और हेय कोई भी पदार्थ नहीं है। इस कारण चेतन और अचेतन, गणिका और पतिव्रता, उज्जयिनी के वासी और अलका के प्राणी, सब एक साथ उस मेघ-सन्देश को सुनते हैं जिसे यक्ष ने सुना है। अपने संस्कारों के अनुरूप ही उस सन्देश से सबको स्फूर्ति प्राप्त होती है। भोगियों में भोग का भाव और प्रबल हो जाता है। इसी के वर्णन के कारण मेघदूत भोग-प्रधान काव्य प्रतीत होता है। परन्तु उसमें संयम और वैराग्य का जो छिपा हुआ तार है उसकी ओर लोगों का ध्यान नहीं जाता। संसार में सबसे महनीय वस्तु 'स्वाधिकार' है। आत्म-नियोग या आत्मानुभूति ही परम श्रेय है। उसमें यक्ष ने जो-जो असावधानता की उसका कारण भी उसका विषय-लिप्त हो जाना है। इस प्रमादजनित दंड की निराकृति के लिए शाप के वश होकर वह तपस्या कर रहा है। इस अनुभव की अवस्था में सबसे महत्त्व की बात जो उसने सीखी, वह यह है कि काम का सृष्टि में क्या स्थान है, कहाँ तक यह आत्म-कल्याण का साधन है, और किस सीमा से आगे बढ़ जाने पर यह मनुष्य को नीचे गिरा देता है। वह नेत्र खोलकर देखता है कि प्रकृति द्वन्द्वमयी है। उन दो भागों में परस्पर आकर्षण सम्बन्ध का हेतु काम है। परन्तु वह काम सदा शिव के सान्निध्य

1. हम सबको देश-काल के पाशों में सीमित करनेवाली माया (finitising principle) है जिसने हमें अनन्त से सान्त बना दिया है। प्रत्येक व्यक्ति देश-काल के जिस बिन्दु (intersecting point) पर खड़ा है वहाँ से वह भागकर नहीं जा सकता। उसका वह व्यक्तित्व उसी बिन्दु पर खड़े होकर देखता है।

में रहना चाहिए। शिव से भस्म किए जाने पर ही उसे नवीन जीवन प्राप्त हुआ था। मेघदूत में सैकड़ों तरह से कवि ने इस तत्त्व का वर्णन किया है। स्कन्द को पुष्पमेघी कृतात्मा होकर स्नान कराना, या भवानी को अपनी भक्ति से प्रसन्न करना, या हरचरणन्यास की भक्ति-नम्र होकर परिक्रमा करना, या कैलास के अतिथि होना इन सब बातों में एक ही अध्यात्म-भाव दृष्टिगोचर होता है, जिसके द्वारा काम का कल्मष दूर होगा और वह शिव का सान्निध्य प्राप्त कर अन्ततः अध्यात्म विधि में विपरिणमित हो जाएगा।

क्षुद्र पक्षी से लेकर देवयोनियों तक का मेघ के साथ सम्बन्ध सब अपर या निम्नकोटि का है। इन सबसे परे त्रिभुवन-गुरु चंडीश्वर तथा उनके परिवार के साथ मेघ का सम्बन्ध अक्षर कोटि का है। ऊँचे-से-ऊँचे देव तक त्रिगुणात्मक या तीन गुणों के अधीन हैं। ये तीन गुण ही तीन पुर हैं जो सोने, चाँदी और लोहे के बने हुए कहे गए हैं (ऐतरेय ब्राह्मण 1।23)। त्रिपुर के विजेता शंकर हैं–

संसक्ताभिस्त्रिपुरविजयो गीयते किन्नरीभिः ॥ मेघ. 1।56।

किन्नरियाँ त्रिपुरासुर के विजेता, तीनों भुवनों के अधीश्वर, शंकर की विजय के गीत गाती हैं। यह त्रिगुणमयी माया बड़ी दुरत्यय अर्थात् चंडी है। त्रिपुर या त्रिभुवन के गुरु शिव ही चंडीश्वर हैं (मेघ 1।33)। उनका जो पवित्र धाम है वहाँ मेघ को अवश्य जाना चाहिए–पुण्यं यास्यस्त्रिभुवनगुरोर्धाम चण्डीश्वरस्य।

चंडीमाया जिनके वेश में है उनकी शरण में जब संसार का कामरूप पुरुष पहुँचता है तो उसका भोग भी स्वर्गीय बन जाता है। ऐसा पुरुष अपनी भक्ति से भवानी को प्रसन्न करता है। उसकी दृष्टि में स्त्री-सौन्दर्य परम सुन्दर का अति रमणीय प्रतीक मात्र है। अनुभव के अनन्तर उस रूप के दर्शन से आध्यात्मिक आनन्द और कला का विकास होता है, उसमें लालसा नहीं रहती। प्रकृति के सब पदार्थों का परिचय मनुष्य अपनी इन्द्रियों द्वारा दो ही तरह प्राप्त कर सकता है–ज्ञानी अथवा अज्ञानी बनकर। ज्ञानी की अवस्था में वह पदार्थ के बाह्य नाम-रूप से मोहित न होकर उसका तत्त्वरूप जानने का प्रयत्न करता है। उसका भोग मुक्ति की भावना से भावित रहता है। मूर्ख या विषय-कामी वह है जो पंच विषयों या भूतों की सत्ता को ही सच्ची समझकर उनमें अपनी लालसा तृप्त करने के लिए आत्मा को खो देता है। यक्ष किसी समय इसी मूढ़ दशा में विषयों में आसक्त था। अब वह काम के बाह्य भोग में लिप्त न होकर मानसिक क्षेत्र में उसके वास्तविक स्वरूप का अनुभव कर रहा है। काम-पुरुष के साथ उसका अभिनव सम्बन्ध संयम, भक्ति और वैराग्य से नियन्त्रित है। इसी कारण वह प्रत्येक क्षण देवाधिदेव शंकर को प्रसन्न करना चाहता है। पार्वती के साथ विवाह करने से पूर्व शंकर को भी अपना काम विषयक भाव बदलना पड़ा था। इसी आन्तरिक परिवर्तन से प्रेरित होकर यक्ष मेघ को महाकाल के मन्दिर में

ठहरने का उपदेश देता है। और सब जगह तो उसने अपने दूत से जल्दी जाने को कहा है–आशु गन्तुं व्यवस्येतं–

मन्दायन्ते नखलु सुहृदामभ्युपेतार्थकृत्याः;

परन्तु महाकाल के मन्दिर में मेघ यदि समय से पहले पहुँच जाए तो उसे वहाँ सूर्यास्त तक ठहर जाना चाहिए। दिन का शेष भाग सिवाय शिव की सान्ध्य पूजा में कृतार्थ करने से और कहीं बिताया जाए–

अप्यन्यस्मिन् जलधर महाकालमासाद्य काले
स्थातव्यं ते नयन विषयं यावदत्येति भानुः।
कुर्वन्संध्याबलि पटहतां शूलिनः श्लाघनीया-
मामन्द्राणां फलमविकलं लप्स्यसे गर्जितानाम्॥

–मेघ. 1।34।

इस प्रकार भगवत्-समर्पित जो काम या वृष शक्ति है उसी के स्वाभाविक अर्थात् सृष्टि के लिए अत्यन्त आवश्यक रूप को हिन्दू शास्त्रों ने भगवान् का स्वरूप बताया है–प्रजनश्चापि कंदर्पः–गीता 1।28।

काम की ऐसी आध्यात्मिक कल्पना वस्तुतः बहुत उच्च और कल्याण करनेवाली है। उसको पाकर मनुष्य स्त्री को भगवान् की विभूति समझता है, अपनी अभिलाषाओं की दरिद्र भिखारिणी नहीं। वह उसकी आत्मा से मिल जाता है जो कि अनन्त सम्मिलन है। शरीर की एकता तो विच्छिन्न और नश्वर है।

ऊपर हमने यह दिखाने का प्रयत्न किया है कि मेघदूत में जो काम की प्रबल धारा बही है और जिसके प्रभाव से चेतनाचेतन जगत् में कोई भी अछूता नहीं बचा है, वह स्थूल भोग को पुष्ट करने के लिए नहीं है; प्रत्युत उसके द्वारा कवि ने यह दिखाया है कि काम का आश्रय लेकर भी किस प्रकार विराट् प्रकृति का ज्ञान प्राप्त करके अन्त में परम शिवात्मक ज्योति के दर्शन सम्भव हैं। जो मेघ निर्विन्ध्यादि नायिकाओं के साथ अनेक विलास करता है वही अन्त में मणितट पर शिव और पार्वती के आरोहण में सहायक होता है। योगियों के मणितट, बुद्धों के मणिपद्म और ज्ञान की पुरी काशी की मणिकर्णिका में कोई भेद नहीं है। वहाँ पहुँचकर आनन्द-ही-आनन्द है।

मेघ का दूत-कर्म

महाकवियों के लिए सब सुलभ है। वे जैसी चाहते हैं वैसी सृष्टि की रचना कर लेते हैं। उनके संकल्पों का अनुविधायी फल नित्य उनके सामने हाथ जोड़े खड़ा रहता है। कालिदास ने अचेतन मेघ से चेतन और समर्थेन्द्रिय पुरुष का काम लिया है। उनकी शब्द-चातुरी और कला की अभिज्ञता इतनी बढ़ी-चढ़ी थी कि वे जड़ मेघ में चेतन की भावना का निर्देश करके ही सन्तुष्ट नहीं हो गए, वरन् उन्होंने मेघ से सन्देश की स्वीकृति और सन्देश का यक्षपत्नी के सामने साक्षात् जैसा कथन भी करवाया है।

विधिवशात् अपनी प्रिया से दूर फेंका हुआ[1] कोई यक्ष उसके विरह में अत्यन्त तन-छीन और मन-मलीन हो गया है। वह स्वयं कामी है इसलिए उस शास्त्र के समस्त नियमों का पंडित है। वह जानता है कि मेघ लगते ही सब परदेसी घर लौट जाते हैं। वह यह भी जानता है कि मेघ को देखकर कामिनियों के हृदय उल्लास से भर जाते है, इसलिए उसे भय है कि उसकी विरहिणी जाया का जी उसके न जाने से कदाचित् टूट जाएगा। पथिकों की वनिताएँ आशा के बल पर जीती हैं (पथिक वनिताः प्रत्ययादाश्वसन्त्यः)। यक्ष इसी आश्वासन को अपने सन्देश में देता है। जब वह सारा सन्देश कह चुकता है और मेघ से यक्षिणी के आगे उसे कहला भी चुकता है, तब वह समझता है कि उसकी स्त्री को आश्वासन मिल गया होगा।

आश्वास्यैवं प्रथमविरहादुग्रशोकां सखीं ते।

कभी जिसने विछोह नहीं जाना, उसकी विरह में कैसी आर्त दशा होगी? उसी के प्राणों की रक्षा के लिए आश्वासन भेजा गया है।

इस प्रकार विप्रयुक्त दशा में दयितालम्बन के लिए सन्देश भेजना निश्चित करके उसकी आँख सामने स्थिर मेघ पर पड़ती है। उसको ही उसने दूत कल्पित किया। मेघ में अनेक गुण हैं, यक्ष उन सबका कीर्तन करता है। वह महान् वंश में पैदा हुआ है (जातं वंशे भुवनविदिते)। उसकी अन्तरात्मा बड़ी आर्द्र है, इसलिए दुखियों की दशा पर उसे तरस आता है (प्रायः सर्वो भवति करुणवृत्तिरार्द्रान्तरात्मा)। अन्तर्ज्वाला से दग्ध प्राणियों को शान्ति पहुँचाना मेघ का स्वभाव ही है। इसी विश्वास पर यक्ष मेघ

1. विधिवशाद् दरबन्धुः (1- 6)

से प्रार्थना करने चला। हम भली प्रकार दिखा चुके हैं कि किस प्रकार चेतनाहीन मेघ में उसने चैतन्य और धैर्य-गाम्भीर्य की भावना को अपने मन में स्थान दिया। उस प्रार्थना में उसने मेघ की बहुत अनुनय-विनय की, उसके समक्ष अनेक स्वागत के वचन कहे। उससे कहा–"हे मेघ! तुम उत्तम हो, तुम्हारे पास सम्पत्ति और विभूति है। बड़े आदमियों की सब सामग्री परोपकार के लिए ही होती है (आपन्नार्तिप्रशमनफलाः संपदो ह्युत्तमानां)। इसलिए तुम मेरे सन्देश को ले जाना स्वीकार करो (सन्देशं में हर धनपतिक्रोधविश्लेषितस्य)।" यक्ष ने अनेक प्रकार से अपनी दीनता भी प्रकट की, और दूसरी ओर उससे भाईचारे का सम्बन्ध भी जोड़ा, अपनी स्त्री को मेघ की सखी और भौजाई तक कहा। पर तो भी उसका चित्त डरता ही रहा और अन्त में उसने कह दिया, यह मेरी प्रार्थना तुम्हारे योग्य नहीं है, पर चाहे दुःखी जानकर और चाहे भाई और मित्र मानकर मेरा काम कर ही देना।[1] कालिदास को मित्र का रिश्ता सबसे अधिक मान्य है। जहाँ स्त्री और भाई तक के सगे सम्बन्ध हार जाते हैं, वहाँ मित्र-भाव की ही शरण ली जाती है। रति विलाप करते समय कहती है–

दयितास्वनवस्थितं नृणां न खलु प्रेम चलं सुहृज्जने।

(कुमार. 4।28)

हे स्मर! यदि तुम मेरे विलाप का अनुरोध न मानो, तो अपने उत्सुक मित्र वसन्त को ही दर्शन देने के लिए फिर आ जाओ, क्योंकि पुरुषों का प्रेम स्त्रियों में चाहे अस्थिर भी हो, पर मित्रों में वह सदा एकरस रहता है।

इसीलिए यक्ष भी बार-बार सुहृद्भाव की याद दिलाता है। जहाँ कहीं मेघ की चाल शिथिल होने की उसे आशंका है, वहाँ फिर मित्रता के नाम पर उसे उत्तेजना देता है–

मन्दायन्ते न खलु सुहृदामभ्युपेतार्थकृत्याः। (1।38)

अर्थात् जिन्होंने मित्र के काम को अपने सिर ओढ़ लिया है उन्हें सुस्ताने तक का भी अवकाश कहाँ? केवल सुग्रीव ने राम का काम अपने ऊपर लेकर भी ढील-ढाल की थी; दूसरी ओर हनुमान ने मैनाक के विश्राम के लिए प्रार्थना करने पर भी यही कहा–रामकार्ये न मेश्रमः। रामचन्द्र जी ने भी अन्त में हनुमान को ही सुर, नर, मुनियों से भी अधिक अपना उपकारी समझा। कालिदास ने फिर कहा है–

कान्तोदन्तः सुहृदुपनतः मंगमात्किंचिदूनः। (2।27)

मित्र के द्वारा लाया गया जो कान्त का (या कान्ता का) सन्देश है, वह प्रत्यक्ष सम्मिलन से कुछ ही कम होता है। सम्भव है कवि ने हनुमान के सन्देश कार्य की ओर भी इसमें संकेत किया हो जैसा कि बहुत से टीकाकारों का मत है (इत्याख्याते पवनतनयं मैथलीवोन्मुखी सा 2।37)। यहाँ कालिदास ने याचना का भी एक नियम बताया है–

याञ्चा मोघा वरमधिगुणे नाधमे लब्धकामा।

1. एतत्कृत्वा प्रियमनुचित प्रार्थनावर्तिनो मे
सौहार्दाद्वा विधुर इति वा मय्यनुक्रोशबुद्ध्या। 2-52।

अर्थात् पहले तो किसी से कुछ न माँगना ही श्रेष्ठ है। क्या जाने कोई मना कर दे, इस आशंका से स्वयं ही मौन रखना उचित है (अभ्यर्थनाभंगभयेन साधुर्माध्यस्थमिष्टेऽप्यवलम्बतेऽर्थे, कुमार. 1 । 52), परन्तु यदि बिना याचना के काम ही न चलें, तो फिर अपनी विवशता को गुणवान् आदमियों के सामने ही रखना चाहिए, अधम के सामने हाथ फैलाने से, चाहे वह कुछ दे ही दे, अपना मान घटता है। मेघ की अलौकिक गुणसम्पत्ति के कारण यक्ष ने अपना अर्थित्व उसके सामने रख दिया। उसे उसने अपने घर का रास्ता बताया। यह मार्ग बड़ी रमणीय रीति से पूर्वमेघ में कहा गया है। जब मेघ अलका में पहुँच जाता है तब वहाँ उसे बहुत से घर दिखाई पड़ते हैं, उनमें से किस घर को यक्ष का घर समझा जाए, इसलिए विरही यक्ष ने अपने घर की भी पहचान बताई है।

अलका में कुबेर का घर तो किसी से छिपा नहीं रह सकता, राजमहल की पहचान दूर से हो जाती है। कुबेर के भवन से उत्तर की ओर यक्ष का घर है। उसके बाहर बड़ा तोरण इन्द्रधनुष के समान दिखाई पड़ता है जो दूर से ही लक्षित होता है–

तत्रागारं धनपतिगृहानुत्तरेणास्मदीयं
दूराल्लक्ष्यं सुरपतिधनुश्चारुणा तोरणेन। (1 । 12)

उस विशाल तोरण के पार्श्व में एक बाल मन्दार का वृक्ष है। उसके सहन में एक बावड़ी है जिसमें मरकत मणियों की सीढ़ियाँ बनी हुई हैं। उसमें सोने के कमल खिलते हैं और श्वेत हंस रहते हैं। उसके किनारे पर नीलम का क्रीड़ा-पर्वत है जिसके ऊपर कनक कदलियों की बाड़ लगी हुई है। वहाँ कुरबक विटपों से घिरा हुआ माधवी लता का मंडप है जिसके समीप में ही अशोक और मौलसिरी के दो पेड़ हैं। इन दोनों के बीच में एक ऊँची सोने की यष्टि का अड्डा है जिसके ऊपरी भाग में स्फटिक मणि की चौकी बनी है और मूलभाग हरी मरकत मणियों से जड़ा हुआ है। उस वासयष्टि पर सायंकाल को यक्ष के घर का मोर बैठता है। उस भवन के द्वार पर शंख और पद्म नामक निधियों के चित्र बने हैं। यक्ष की अनुपस्थिति में उस घर की श्री कुछ मलीन हो गई होगी। उस भवन में रात्रि के समय मेघ को जाना उचित है–

मत्सन्देशैः सुखयितुमलं पश्य साध्वीं निशीथे
तामुन्निद्रामवनिशयनां सौधवातायनस्थः॥ (2 । 25)।

पहले इन्द्रनील मणियों के बने हुए क्रीड़ाशैल पर बैठकर मेघ को अपने आने का सन्देश कहना चाहिए। यहाँ कालिदास ने जो श्लोक लिखा है उसमें उन्होंने शब्दों द्वारा अपने अभिव्यंजित अर्थ का रूप खड़ा कर देने की पराकाष्ठा प्रदर्शित की है–

गत्वा सद्यः कलभतनुतां शीघ्र संपात हेतोः,
क्रीड़ाशैले प्रथम कथिते रम्यसानौ निषण्णः।
अर्हस्यन्तर्भवनपतितां कर्तु मल्पाल्पभासं,
खद्योतालीविलसितनिभां विद्युदुन्मेषदृष्टिम्। (2 । 10)

यहाँ तक कवि मेघ को यक्ष के घर पर ले आया। मेघ सारे संसार में ही जाते हैं, यक्ष के घर पर भी मेघ अवश्य ही दिखलाई देगा। इसमें इतना वैचित्र्य नहीं है। उससे वह बराबर चेतन का व्यवहार कराता रहा। पर अब मेघ के ही व्यक्तित्व के आश्रय से कथा-सन्दर्भ को आगे चलाने का प्रश्न उपस्थित हुआ। सभी जानते हैं जड़ मेघ कैसे क्या जाकर कहेगा, उसके जड़वत् जाकर खड़े होने में भी हँसाई है। इसी विप्रतिपत्ति से अपना बचाव करने के लिए कालिदास ने अर्हस्यन्तर्भवनपतितां...आदि पंक्तियाँ लिखी हैं। बाहर शैल पर बैठा हुआ मेघ अपनी चेष्टा से सूचित करता है कि जैसे वर्षा में अन्य मेघ आया करते हैं वैसे उसका आगमन सामान्य नहीं है। इस विशेषता को प्रकट करने के लिए उसे बारंबार चिलक-चिलक कर अपनी विद्युत्प्रिया के प्रकाश को घर के भीतर भेजना चाहिए। जैसे दूत बाहर आकर भीतर अपने आने की खबर देता है, वैसे ही मेघ को नेत्रों का प्रतिघात न करनेवाली खद्योतपुंज की प्रभा के समान अल्प प्रकाशवाली अपनी चमक से भवन के भीतर बैठी हुई यक्षिणी को अपना आगमन सूचित करना चाहिए। वह जानेगी कि मेघ आया है। पर ऐसा तो वह सदा ही मेघकाल में जाना करती है कि मेघ वर्षा में आते रहते हैं। यह ज्ञान कुछ अनजान में होता है। जिस प्रकार नित्य सूर्य निकलता है इसका ज्ञान हमें होता है पर वह ज्ञान नए संकल्पों की उद्भावना नहीं करता। पर किसी विशेष दिन हमें अपने चित्त की अनुरंजित दशावश अथवा उषा के ही प्रकृष्ट सौन्दर्यवश एकदम सूर्योदय की छटा से अभिभूत हो जाना पड़ता है। उस दिन हमारा ज्ञान सविशेष होता है कि आज सूर्योदय हुआ; इसीलिए उसका वर्णन दूसरों के सामने करने की भी हमारी इच्छा होती है। सामान्य वस्तु का सविशेष ज्ञान ही तद्विषयक नए विचारों को जन्म देता है। यक्ष मेघ से कहता है कि आँगन में जो पेशल इन्द्रनील मणियों का क्रीड़ाशैल है उसके रम्य सानु पर बैठकर उसे अविरत परिस्फुरण करना चाहिए। मेघ आया और दो-एक बार चमका। सामान्यतया सब ही मेघ ऐसा करते हैं, अतएव उसके देखने के लिए कोई कुतूहलवश बाहर दौड़कर नहीं आता। यक्ष-पत्नी के घर के ऊपर से भी विद्युद्विलसन करते हुए कितने मेघ निकल जाते हैं। पर जब वह देखेगी कि विद्युत्स्फुरण की अल्पाल्प दीप्ति बन्द ही नहीं होती, तब निश्चय उसके भीतर मेघ के आगम का सविशेष कुतूहल प्रवर्तित होगा। वह सोचेगी कि आज यह दामिनी इतनी उन्मादिनी क्यों हो गई है। इस प्रकार के विचार उठे कि मानो दूत के आगमन का ज्ञान यक्षिणी को हो गया। ऐसे ही समय मेघ को उचित है कि परन्तु क्रीड़ाशैल से सरककर उस गृह के गवाक्ष में जाकर स्थित हो जाए। वहाँ से भीतर दृष्टि डालने पर उसे वह भ्रातृजाया दिखाई देगी जिसके दर्शन के लिए वह इतनी दूर आया है। उस अवनि-शयना, विरह-मथिता, उन्निद्रा, मलिनवसना, तन्वी और अश्रुपूरिताक्षी यक्षिणी को देखकर पहले तो मेघ को अवश्य कुछ अश्रुमोचन करना पड़ेगा—

विद्युद्गर्भः स्तिमितनयनां त्वत्सनाथे गवाक्षे।
वक्तुं धीरः स्तनितवचनैर्मानिनीं प्रक्रमैथाः ॥ 2 । 35 ॥

अर्थात्, गवाक्ष में बैठे हुए अपनी विद्युत् को अन्तर्लीन करके धीरे-धीरे धीर भाव से गरजकर उस मानिनी से कुछ कहने का डौल लगाना। विद्युत्प्रकाश रूप इंगित का काम तो क्रीड़ाशैल तक ही था, अब तो मेघ को सन्देश की सूझ करनी चाहिए। मन्द्रस्तनित ध्वनि ही उसकी भाषा है, उसी से अर्थ-प्रकाश करने में उसकी चतुराई है। सहसा गम्भीर घोर गर्जन से उसका अभीष्ट सिद्ध नहीं हो सकता, वह तो उलटे यक्षपत्नी के चित्त में मेघ के प्रति विरति उत्पन्न कर देगा। उसे धीरज के साथ दीर्घ मन्दध्वनि करनी चाहिए। उस मन्थर निर्घोष के बार-बार कान में पड़ने से यक्षिणी उसकी ध्वनि को समझने का प्रयत्न करेगी और उसके हृदय में वर्षा के आगमन की प्रत्यक्ष प्रतीति होने से प्रियतम के अभाव का तीव्र अनुभव करानेवाले विह्वल विचार स्वयं प्रवृत्त हो जाएँगे। जैसे विप्रकृष्ट भर्ता का सन्देश लेकर आए हुए कागादिक में स्त्रियाँ उपचार करती हैं और वह अपनी काँव-काँव से उनका ध्यान अभीष्ट अर्थ की ओर आकर्षित कर लेता है, वैसे ही मेघ भी मानो अपना सन्देश दे सकेगा। भावों के स्रोत को जगा देना भर दूत का काम है। वह कैसा भी कुशल हो, सन्देश की सारी भाषा को कहकर प्रकट नहीं कर सकता। फिर वह प्रेम ही क्या जो सारा शब्दों के पाश में बँध जाए। शब्दों की योजना से जितना सम्भव है उतना दूतकृत व्यवहार कालिदास ने मेघ से कराया है।

जब यक्ष अपना कुल सन्देश कह चुका तब उसके लिए मेघ की स्वीकृति लेने की भी ऐसी ही युक्ति कवि ने सुझाई है–

कच्चित्सौम्य व्यवसितमिदं बन्धुकृत्यं त्वया मे
प्रत्यादेशान्न खलु भवतो धीरतां कल्पयामि।
निःशन्दोऽपि प्रदिशसि जलं याचितश्चातकेभ्यः
प्रत्युक्तं हि प्रणयिषु सतामीप्सितार्थक्रियैव ॥ 2 । 51॥

अर्थात्, हे सौम्य, क्या तुमने अपने बन्धु का सन्देश-वहन रूप यह कार्य करना ठान लिया? प्रत्यक्ष उत्तर को ही मैं धीरता का प्रमाण नहीं मानता, क्योंकि तुम गर्जन के बिना ही याचक चातकों को नीर देते हो। ठीक भी है, ईप्सित काम कर देना ही सज्जनों का प्रार्थी के प्रति समुचित उत्तर है।

इस अर्थ की व्यंजना से यक्ष ने हम सबके चित्त में यह संस्कार डाला है कि मेघ ने उसका सन्देश-कार्य करना स्वीकार कर लिया।

विरह-प्रवास और प्रेम

कोई शब्द ब्रह्म को प्रत्यक्ष करते हैं, उनके लिए स्फोट व्यंजना के नियमों द्वारा श्रुति का प्रकाश होता है। कोई कर्म ब्रह्म की मीसांसा में निरत हैं। कोई विशुद्ध चेतन आनन्द ब्रह्म का अनुभव करते हैं। कोई ध्यान-मग्न होकर किसी पुरुष-विशेष के दर्शन करते हैं। ये सब जीवन के परम लक्ष्य हैं। उपनिषदों में इन्हीं को महती सम्प्राप्ति कहा गया है। सम्भव है इनके साक्षात्कार से सब ग्रन्थियाँ खुल जाती हों। पर ये अनुभव लोकालोक पर्वत के समान मिश्रित भाववाले हैं। जहाँ एक ओर इनसे कुछ प्राप्ति होती है वहीं दूसरी ओर कुछ हाथ से भी जाता रहता है। ज्ञान अथवा योग के साधन सब इसी प्रकार के हैं। कामार्त यक्ष के लिए वे सर्वथा अनुपयुक्त ही हैं। यक्ष इन सबसे विलक्षण जिस पुरुष की अनुभूति करना चाहता है उसका निदर्शन कुछ पिछले अध्याय में हो चुका है। जो इन्द्राणी रूप शक्ति का स्वामी (शचीपति) है, जिसके बल की इयत्ता नहीं (शतक्रतु), जो द्युलोक, पृथिवी और नदियों का वृष्य स्रोत है–

वृषासि दिवो वृषभः पृथिव्या वृषा सिन्धूनां (ऋक् 4। 7। 20)

जो सर्वत्र जननयोग्य प्राण का वर्षण करने के लिए शताधार और सहस्रधार होकर संचार करता है, जो ब्रह्मचारी होते हुए भी सर्वत्र रेत का सिंचन करता है, जिसके समागम से समस्त प्रकृति में पुलकावली हो उठती है, जो मकरकेतन होते हुए अन्त में वृषकेतन में विलीन हो जाता है, उसी काम-पुरुष का अनुभव हमारा यक्ष करना चाहता है। जिस प्रकार ज्ञान ब्रह्म में अभ्यास से लौकिक व्यवहार होता है, उसी प्रकार यद्यपि यह कामपुरुष शुद्धातिशुद्ध है, तथापि लोकस्थिति के लिए इसमें भी यौवनोद्रेक से विषयकृत व्यवहारों की प्रवृत्ति होती है। दोनों के अनुभव के लिए तीव्रतम प्रेम की आकांक्षा है। इहलीला समाप्त करने के बाद ज्ञानी परम आनन्द के सागर में विलीन हो जाता है। यक्ष का भी शापान्त में परम सुन्दर से संयोग होगा क्योंकि यक्ष-पत्नी अनन्त सौन्दर्य की राशि है। यथा–

या तत्र स्याद्युवति विषये सृष्टिराद्येव धातुः ॥ 2, 19 ॥

यदि किसी को इस बात की प्रतीति हो कि विधाता की सृष्टि में सौन्दर्य का दूसरा स्थान अमुक वस्तु को मिला है तो वही प्रथम स्थान की कल्पना भी कर सकेगा।

जब द्वितीय कोटि का निश्चय ही नहीं, तब प्रथम कोटि स्वतः अनन्त के अंक में विलीन हो जाती है। इस प्रकार लक्ष्य की समता होने पर भी प्रश्न यह है कि यक्ष को लोक में क्या स्थिति रखनी चाहिए, उसकी साधना का क्या स्वरूप हो, वह किस प्रकार कल्पना के मेघदूत अपनी सौन्दर्य-राशि के समीप भेजता रहे, गीता के शब्दों में उसकी 'भाषा' क्या हो। इसके स्पष्टीकरण के लिए हमने कालिदास के ही शब्दों में कुछ सूत्र बना लिये हैं–

1. शापेन
2. अबलाविप्रयुक्तस्य कामिनः
3. मेघः परिणतगज प्रेक्षणीयः
4. कौतुकाधान हेतोः (मेघस्य)
5. अन्यथावृत्ति चेतः (यक्षस्य)
6. दयिताजीवितालम्बनार्थी
7. प्रवृत्तिहारकाय
8. धूमज्योतिः सलिल मरुतां सन्निपातः
9. कामार्तस्य चेतनाचेतनेषु प्रकृति-कृपणत्वम्
10. मघोनः कामरूप प्रकृति-पुरुषज्ञानम्
11. संतप्तानांशरणम्

इस सूत्र एकादशी के विविध अंगों पर हमने संक्षिप्ताक्षरों में विचार किया है। इनका समन्वय इस प्रकार है। सबसे प्रथम आवश्यकता शाप की है। शाप न हो तो इस काम-सृष्टि के उत्पन्न होने का अवसर ही प्राप्त न हो। शुद्ध ज्ञान के समक्ष संसार की स्थिति कुछ नहीं। उस कल्पनातीत अवस्था में चाहे जो आनन्द होता हो परन्तु उसकी अभिव्यक्ति बिना अविद्या या शाप के नहीं हो सकती। यदि शाप हुआ भी, पर आत्मा के पूर्व-संस्कार कुछ नहीं हैं, तो जन्म पाने से ही क्या? जो योगभ्रष्ट हैं उन्हीं को अनुभव की सीढ़ियों पर पुनः आरोहण करने की प्रवृत्ति उत्पन्न होती है। इसीलिए यक्ष कामी है। जिस काम-सलिल से वह पहले ओत-प्रोत था, वही अपने संस्कारों समेत शाप के अनन्तर भी उसके साथ आया है। जिसमें काम हो वही कामी है। वह काम जिस वस्तु की कामना को लिये है उसे उससे विप्रयुक्त होना चाहिए। इसी से यक्ष कान्ता-विश्लेषित है। इस प्रकार जिसका संसार में जन्म हुआ है, वह सनकादिक की तरह मातृकुक्षि से ही ज्ञानसम्पन्न उत्पन्न हो तो उसमें कुछ कुतूहल नहीं हो सकता। उसके जन्म होने न होने में कुछ भेद नहीं है। यक्ष के आठ महीने सामान्यतया बीते, उसमें उसका शरीर कृश हो गया, स्वर्ण के भुजबन्द सरककर नीचे आ गए और यक्ष का प्रकोष्ठ रिक्त हो गया, क्योंकि उसमें काम-संस्कारों का बीज है (1। 2)। उसने पहले मेघ को उसी अवस्था में देखा जैसे सब

देखते हैं। यह केवल इन्द्रियजन्य ज्ञान था। अक्षसन्निकर्ष सब प्राणियों को समान ही होता है। सब ही को मेघ तिर्यग्दन्तप्रहारी हाथी के सदृश दिखाई देता है। इस ज्ञान का हृदय तक प्रवेश नहीं होता। इससे मनोभावों पर कुछ चोट नहीं लगती, हृदय-वीणा के तार सुषुप्ति अवस्था में ही सोए रहते हैं। उनको चेतन करने का रहस्य कवि ने बताया है–कौतुकाध्यान हेतोः, अर्थात् जो मेघ कामौत्सुक्य[1] का जन्मदाता है। वह जिनके अन्दर काम बीज है उनकी उत्सुकता को जगानेवाला है। यक्ष ने मेघ के कौतुकोत्पादक स्वरूप को लेकर ध्यान किया। उसके चित्त में उथल- पुथल आरम्भ हुई। जो काम पहले सामान्य दशा में था उसकी अब उत्कृष्ट व्यंजना होने लगी। इस अन्यथावृत्ति चित्त से उसे प्रिया के जीवन की शंका होने लगी। उसने दयिताजीवन का उपाय सोचा, तो यही निश्चय किया कि अपने और दयिता के बीच में कोई कुशल व्यक्ति समाचारों का पहुँचानेवाला मिले। यक्ष स्वयं तो शाप के वश नियत अवधि से पहले रामगिरि छोड़ नहीं सकता था, इसलिए उसने अपने और अपनी पत्नी के बीच में सन्देश का तार लगाना ही उपयुक्त समझा। वियोगिनी स्त्रियों के लिए सन्देश एक बहुमूल्य वस्तु है। कवि ने स्वयं ही कहा है–

कान्तोदन्तः सुहृदुपनतः संगमात्किंचिदूनः ॥ 2, 37 ॥

अर्थात्, प्रियतम का वृत्तान्त जो उसके मित्र द्वारा भेजा जाता है कान्त के समागम से कुछ ही कम है। कामार्त को शाप की अवधि में अपने प्रिय के जिस स्वरूप का दर्शन होता है, उसका आनन्द प्रत्यक्ष मिलन से उत्पन्न होनेवाले आनन्द के सदृश ही है। इस तरह यक्ष को प्रवृत्तिहारक की आवश्यकता हुई। उसे सामने जड़मेघ दिखाई दिया। जब तक सर्वत्र चैतन्य ज्योति का आभास देखने की योग्यता हममें उत्पन्न नहीं होती, तब तक किसी प्रकार के भी इन्द्रियातीत अनुभव को हम पूरी तरह नहीं पा सकते। इसीलिए यक्ष चित् और अचित् के भेद में प्रकृति-कृपण हुआ, उसे सर्वत्र चिति का ही प्रतिबिम्ब दिखाई देने लगा। इस भेद के विस्मरण से उसकी आत्मा का विकास हुआ। जिन मनोवृत्तियों का उसमें स्फुरण हुआ था उन्हीं का भोगी वह समस्त संसार को समझने लगा। इसी के फलस्वरूप उसने प्रकृति के कामरूप पुरुष को जान लिया। और उसी ज्ञान से उसके सन्ताप को शान्ति मिली। यदि उसे यह अनुभव प्राप्त न होता तो कामार्त दशा में न जाने उसकी क्या दशा होती। वह यक्ष इस समय समस्त जगत् को अबला-युक्त देखता है। क्या निर्विन्ध्या, क्या गम्भीरा, क्या वेत्रवती, क्या अलका और क्या विद्युत्, सब ही उसे स्त्री रूप में दिखाई देती हैं। वे सब अपने सौभाग्य-वैभव को प्रियतम को अर्पण कर रही हैं। पूर्वमेघ की समाप्ति पर उसे कैलास के उत्संग में बैठी हुई अलका दीख पड़ती है। काम-दशा में उस

---

1. कौतुकं कामविषयौत्सुक्यमिति दक्षिणावर्तनाथः।

अलका का गंगा रूपी श्वेत दुकूल सरक रहा है। उसके सप्त भूमिक प्रासाद शिरस्थानीय हैं जिनके ऊपर स्थित मेघरूपी केशभारों से मुक्ताजाल बिखर रहे हैं।[1] रामगिरि से कैलास तक चलकर गए हुए व्यक्ति के लिए कवि ने किस स्वागत मंगल की कल्पना की है? अलका प्रियतम के उत्संग में बैठी हुई मानो उसका आवाहन कर रही है। यह अलका कितनी सुन्दरी है, इसका वर्णन करने में कालिदास ने अपूर्व सामर्थ्य प्रदर्शित की है [उत्तरमेघ श्लोक 1-11]। उत्तरमेघ के अन्त में भी यक्ष ने मेघ को आशीर्वाद दिया है कि उसका अपनी कान्ता सौदामिनी से कभी वियोग न हों।[2] सन्देश लेकर पहुँचने पर तथा सन्देश सुना देने के बाद उसे एक-से-एक बढ़कर मंगलात्मक स्वरूप के दर्शन होते हैं। इस प्रकार यक्ष को चर और अचर सबमें यही प्रतीति होती है कि मेघ ने पहुँचकर सर्वत्र प्राण का रति से संयोग करा दिया है। ऐसे समय में अपनी जाया की उपेक्षा करनेवाला कौन है? इस प्रश्न की मीमांसा के लिए हमें विप्रलम्भ शृंगार के द्वार की शरण लेनी होगी। जहाँ आलम्बन विभाव रूप नायक और नायिका पूर्वानुराग से ही वियोग की व्यंजना का अनुभव कर रही हैं, उस दशा में प्रथम तो कामस्वरूप की समग्र प्रतीति की सम्भावना ही नहीं है। दूसरी बात यह है कि उनके बीच में लौकिक या पारलौकिक कोई भी ऐसा उत्कट व्यवधान नहीं जो जलदकाल में जगाई हुई संगमाभिलाषा से परास्त न हो सके। इस विप्रलम्भ के संचारी बहुत जल्दी पुष्ट होकर स्थायी भाव रूप रति का परिचय करा देते हैं। दूसरा विप्रलम्भ मान रूप है जिसमें प्रणय-कलह से या ईर्ष्यावश नायक-नायिका वियुक्त होते हैं। यह विप्रलम्भ का धागा इतना कच्चा होता है कि वह कामपुरुष के एक झटके को भी नहीं सँभाल सकता। जहाँ मेघ के प्रथम दर्शन हुए वहीं कामौत्सुक्य से मान विप्रलम्भ का अन्त हो जाता है। तीसरा करुण विप्रलम्भ वह वियोग है जहाँ नायक-नायिका में से एक का अन्त हो जाता है। ऐसी दशा में काम की अभिलाषा कितनी भी बलवती क्यों न हो, उसे अतृप्त ही रहना होगा। मेघागम से संयोग की इच्छा उत्पन्न भी हो तो भी संयोग के आलम्बन का अभाव रहता है। शृंगार की यह अवस्था करुण में ही परिणत हो जाती, यदि नायक-नायिका के किसी प्रकार पुनः शरीर धारण कर इसी जन्म में मिलने की सम्भावना न होती। करुण विप्रलम्भ की संवेदना को करुण के समान ही समझना चाहिए। हम यह नहीं कहते कि करुण रस की अवस्था में मनोभावों का जो विकास और जो तीव्र अनुभव होता है वह विप्रलम्भ

---

1. तस्योत्संगे प्रणयिन इव स्रस्तगंगा दुकूलां
   न त्वं दृष्ट्वा न पुनरलकां ज्ञास्यसे कामचारिन्।
   या वः काले वहति सलिलोद्गार मुच्चैर्विमाना,
   मुक्ताजाल ग्रंथितमलकं कामिनीवाभ्रवृन्दम्॥ 1। 63।
2. माभूदेवं क्षणमपि च ते विद्युता विप्रयोगः॥1। 52।

शृंगार के उस अनुभव से जो यक्ष और यक्षिणी का है, कम है। भवभूति को करुण रस के समक्ष विप्रलम्भ के सब अनुभव नीचे ही जान पड़ते हैं। उनके मत से करुण रस ही सबमें मुख्य है–

एको रसः करुण एव निमित्तभेदा-
त्पृथक् पृथगिवाश्रयते विवर्तान्।

(उत्तररामचरित्र)

अर्थात्, प्रधान रस करुण ही है जो निमित्त भेद से नाना स्वरूपों को धारण कर लेता है। वही रस का सार है। सम्भोग में भी जब अतिशय रति द्वारा इन्द्रियाँ थक जाती हैं, तब निर्वेद द्वारा जिस शान्त रस का प्रादुर्भाव होता है, वह आत्मकरुणा और आत्मग्लानि उत्पन्न करने के कारण करुण का ही एक रूप है। विप्रलम्भ में तो सर्वत्र ही करुण रस का थोड़ा या बहुत अनुभव रहता ही है। इस प्रकार भवभूति को जो करुण रस की विस्तृत व्याख्या इष्ट है उसके आचार्य वे स्वयं ही हैं, क्योंकि अन्य आलंकारिक उनकी करुण रस की इस परिभाषा को अतिव्याप्ति वाली समझते हैं। उनके मत में सब रस अपने-अपने विषय में प्रधान हैं। काव्यभेद और आलम्बन विभाव की मनोवस्था के भेद से सब रसों के लिए स्थान है। पर यह बात ध्यान में रखने योग्य है कि करुण के आश्रय से ही भवभूति जितनी गहराई तक मनोभावों के रहस्य को पा सके, उसका कारण ऐकान्तिक करुण रस ही नहीं है। कुछ तो उनके नाट्य-कौशल से इसमें सफलता मिली है। कभी तिरस्करिणी-प्रच्छन्न सीता का राम के शरीर से सम्पर्क होकर उन्हें चन्दनश्च्योतन का आनन्द मिलता है और फिर उसके विरह से स्मृति और अधिक दुःखदायी होती है; कभी सीता राम को इस द्रवित अवस्था में देखकर करुण संचार की वृद्धि करती है। और कुछ नाट्यकार के इस विश्वास से भी कि अन्त में सीता और राम का संयोग करा ही देना है, करुण रस के उद्‌भव में बड़ी सहायता मिली है। कुछ भी हो, भवभूति को मनोभावों की तीव्रतम व्यंजना में अभूतपूर्व सफलता मिली है। पर शृंगार का करुण विप्रलम्भ जैसा पुंडरीक और महाश्वेता का है इतनी गहराई तक मनोभावों को विवृत नहीं कर सकता जितना यक्ष और यक्षिणी का विप्रलम्भ करता है। वह कामपुरुष को पूरी तरह व्यक्त करने में असमर्थ है, क्योंकि वह एक आलम्बन से हीन होता है। हमारे शृंगार की शर्त यही है कि एक ओर यक्ष-पत्नी भी अविधवा [भर्तुर्मित्रं प्रियमविधवे विद्धि माम्बुवाहं 2।66] रहे तथा दूसरी ओर यक्ष भी अव्यापन्न जाया वाला [अव्यापन्नामविहतगतिर्द्रक्ष्यसि भ्रातृजायाम् 1।10] हो। विरह में दोनों एक-दूसरे के सौभाग्य की व्यंजना कर रहे हैं। विप्रलम्भ के चौथे भेद के प्रवास के अन्तर्गत जहाँ नायक-नायिका कार्यवश विप्रोषित होते हैं वहाँ जब मेघ आता है तब कार्य की आवश्यकता तुरन्त प्रेम के प्रवाह में बह जाती है। ऐसे पथिक अपनी प्रियाओं के

वेणीभार को उन्मुक्त करने की उत्कंठा से तुरन्त घर की ओर चल पड़ते हैं। उनकी वनिताएँ भी उनके आने की बाट जोहती रहती हैं।[1] इसी सब मीमांसा का सार कालिदास ने दो पंक्तियों में रखा है–

कः सन्नद्धे विरहविधुरां त्वय्युपेक्षेत जायां।
न स्यादन्योप्यहमिव जनो यः पराधीन वृत्तिः ॥ 1 । 8॥

अर्थात्, तुम्हारे सन्नद्ध होने पर, कामकौतुकोत्पादन रूप क्रिया में तत्पर होने पर कौन ऐसा है जो अपनी पत्नी की उपेक्षा कर सके? इसका 'कः' पद विप्रलम्भ शृंगार के सब भेदों की ओर संकेत करता है। अर्थात्, पूर्वानुराग, मान, ईर्ष्या, करुण, कार्य-प्रवास, सम्भ्रम प्रवास ये सब मेघ की सन्नद्धता से हार जाते हैं। वे सब यथासम्भव सम्भोग में परिवर्तित हो जाते हैं। जिसके लिए वर्षाकाल में भी समागम असम्भव है, वह शाप प्रवास ही है। यह प्रवास पराधीन वृत्ति है। इसीलिए कालिदास ने अपने प्रश्न का उत्तर स्वयं ही दूसरी पंक्ति में यों दिया है–

न स्यादन्योप्यहमिव जनो यः पराधीन वृत्तिः

अर्थात्, वही जलदकाल में भी जाया की उपेक्षा कर सकेगा, जिसकी विरहवशता आत्मवश नहीं, किन्तु पराधीन है। यह पराधीनता अपने दोष से ही उत्पन्न होती है। आत्मा सदा स्वाधीन है। अपने अधिकार में प्रमाद करने से ही सब पर पराधीनता का बन्धन लगता है (स्वाधिकारात्प्रमतः 1, 1)। प्रायः लोग दोष करने पर भी अपने ऊपर प्रसन्न ही रहते हैं, प्रमाद के फल का भोग करना नहीं चाहते, और अपनी महिमा को अक्षुण्ण रखना चाहते हैं। यही दशा यक्ष की भी है। परन्तु इस प्रकार कोई भी अपने स्वामी के क्रोध का निवारण नहीं कर सकता। इसलिए कुबेर को भी क्रोध हुआ और उसी क्रोध में दिए हुए शाप से यक्ष को वियुक्त होना पड़ा–

संदेशं मे हर धनपति क्रोध विश्लेषितस्य। 1 । 7 ॥

अर्थात्, यक्ष मेष से प्रार्थना करता है कि जिसको धनपति के क्रोध का लक्ष्य बनना पड़ा है उस मुझ पर करुणा करके (विधुर इति वा मय्यनुक्रोश बुद्ध या 2 । 53) मेरे सन्देश को प्रिया तक पहुँचा दो। वह प्रिय यक्ष को कितनी प्रिय है, इसको वह स्वयं बताता है–

तां जानीथाः परिमितकथां जीवितं मे द्वितीयं। 2 । 20 ॥

---

1. इन्हीं कार्यवशात् विप्रयुक्त जनों के लिए मेघ का कार्य यह बताया गया है–
   यो वृन्दानि त्वरयति पथि श्राम्यतां प्रोषितानां
   मन्द स्निग्धध्वनिभिरबलावेणि मोक्षोत्सुकानि ॥ 2 । 36 ।
   अर्थात्, वह विप्रोषित पथिकों को प्रिया-समागम की आकांक्षा से शीघ्र घर की ओर प्रेरित करता है। एक बात यह भी है कि यक्ष और यक्षिणी के सदृश प्रेम में कार्यवश प्रवास की सम्भावना ही नहीं है। वहाँ प्रेम के साम्राज्य पर और सब कुछ निछावर है। कवि ने पहले ही श्लोक में प्रवास के कारण की ग्रन्थि को खोल दिया है–भर्तुः शापेन।

अर्थात्, उसको मेरा दूसरा प्राण ही जानना। लोक में प्रतीयमान शरीर मात्र का द्वैत ही हम दोनों को द्वित्व उपाधि से विशिष्ट करता है। वस्तुतः हम दोनों के अन्दर एक ही प्राण है। यदि यक्षिणी के जीवन की हानि होगी तो उसके प्राणों के साथ ही मेरे शरीर का भी पात हो जाएगा। इसका अध्यात्म अर्थ कितना सत्य है? यदि आत्मा शरीर रूप से जगत् में दृष्टिगोचर न होती तो ब्रह्म में द्वैत-अद्वैत के झगड़े का जन्म ही क्योंकर होता? एक ही प्राण उपाधि-भेद से अनेक शरीरों में प्रतिबिम्बित होता है। इस प्रकार संश्लिष्ट यक्ष-पत्नी से स्वप्न में भी यक्ष का विरह असम्भव था। परन्तु पराधीन वृत्ति में कौन हस्तक्षेप कर सकता है? चक्रवाक और चक्रवाकी किसी भी अन्य उपाय से विप्रकृष्ट नहीं होते, पर रात्रि के आते ही उन पर भी शाप का अवतार होता है। तभी चक्रवाकी अपने सहचर से दूर होती है। यक्ष-पत्नी को भी इसी प्रकार यक्ष से वियोग सहना पड़ा है–

दूरीभूते मयि सहचरे चक्रवाकीमिवैकाम् ॥ 2 । 20 ॥

अर्थात् स्वप्न में भी पृथक् न होनेवाले सहचर से दूर हो जाने से वह चकई के समान अकेली होगी। चकई के उपमान से शाप की व्यंजना करने में कालिदास ने अत्यन्त सूक्ष्म ध्वनि-कौशल का परिचय दिया है। चकई नित्य इस शाप को सहने से अभ्यस्त हो गई होगी, परन्तु यक्ष-पत्नी पर पहले-ही-पहल यह विरह-वज्र [प्रथम विरहादुग्रशोकां सखीं ते 2 । 50] टूटा है। इसलिए वह विरह-विधुरा होते ही अत्यन्त दीन दशा को प्राप्त हो गई। इस सावधिक शाप को वह एक-एक दिन करके बिता रही है [दिवस गणना तत्परां 1 । 10]। पर ये दिन उत्कंठा के कारण वामन के चरण-विन्यास की तरह सुदीर्घ हो रहे हैं–

गाढोत्कंठा गुरुषु दिवसेष्वेषु गच्छत्सु बालां।
जातां मन्ये शिशिरमथितां पद्मिनीं वान्य रूपाम् ॥ 2 । 20 ।

इस औत्सुक्य का प्रधान लक्षण है समययापन की अक्षमता [कालाक्षमत्वमौत्सुक्य-मिष्टवस्तु वियोगतः। रसार्णवसुधाकर, द्वितीय विलास, श्लोक 79]। यक्ष को रात्रि दीर्घयामवाली प्रतीत होती है [दीर्घयामात्रियामा, 2 । 45]। यक्षिणी की भी विरह महती रात्रि [तामेवोष्णैर्विरह महती मश्रुभिर्यापयन्तीं 2, 26] काटे नहीं कटती। यक्ष के लिए वियोग की व्यथाएँ अत्यन्त सन्तापकारिणी हैं [गाढोष्माभिः कृतमशरणं त्वद्वियोगव्यथाभिः। 2 । 45], तो यक्षिणी को भी विरह-विलाप में नित्य गरम-गरम आँसू पीने पड़ते हैं। दोनों के समक्ष एक ही समस्या है–

संक्षिप्येत क्षण इव कथं दीर्घयामा त्रियामा ॥ 2 । 45 ॥

अर्थात्, जिस रात्रि का पल-पल कल्प के समान बीतता है वह किस प्रकार संक्षिप्त होकर क्षण के समान हो जाए। दूसरे शब्दों में जिस पल में कल्पत्व का अध्यारोप विरह प्रवास से उत्पन्न हो गया है, जिसकी कुक्षि में लोमश ऋषि परिमित अनन्त काल

निमीलित-सा प्रतीत होता है, वह पल फिर किस प्रकार पल के बराबर ही भासित हो? इस अध्यास के निराकरण का इस विश्व में एक ही उपाय है जिसे स्वयं कालिदास ने ही कहा है, यथा–

नीता रात्रिः क्षण इव मया सार्धमिच्छारतैर्या । 2 । 26 ।

अर्थात्, यक्ष और यक्ष-पत्नी के संयोग से ही विरह महती विभावरी क्षण के समान संक्षिप्त हो सकती है। इस प्रकार की दीर्घ रात्रि को यदि क्षण के बराबर बनाना चाहें तो उस क्षण को संयोगजन्य सार्ध इच्छारतों से गुणा कर देना चाहिए। इस संयोग का अभाव वियोग ही रात्रि के गुरुत्व का हेतु है। पर इस संयोग के मार्ग में शाप रूप बड़ा व्यवधान है। वह चार महीने से पहले समाप्त नहीं हो सकता–

शापान्तो मे भुजग शयनादुत्थिते शार्ग पाणौ,
शेषान्मासान्गमय चतुरो... । 2 । 40 ॥

अर्थात्, जब विष्णु भगवान् शेष-शय्या से सोकर उठेंगे तब मेरे शाप की अवधि पूरी होगी। इन चार महीनों को यक्ष-पत्नी किस प्रकार व्यतीत करे? जब यक्ष को विदित है कि विरह का एक पल भी पतिव्रता (एक पत्नी) बालाओं के लिए कोटिकल्प के समान होता है, तो उसे उचित है कि इन चार महीनों को बिताने का कुछ उपचार बतावे। वह अपने सन्देश में कहता है–

शेषान्मासान्गमय चतुरो लोचने मीलयित्वा । 2 । 47 ॥

अर्थात्, आँख मींचकर इस अवशिष्ट समय को बिता दो। लोचन मीलन की क्रिया क्षण-व्यापिनी होती है। एक बार आँख मींचने का नाम ही निमेष या क्षण है। तदनुमाप्य काल के समान ही यक्ष चार महीनों को बिताने का परामर्श देता है। क्योंकि जिस प्रकार क्षण को कल्प मानना एक अध्यारोप है उसी प्रकार चार महीनों को नेत्र बन्द करके बिता देना भी एक मानसिक कल्पना ही है। इस प्रकार की सलाह देने में यक्ष का प्रयोजन यक्षिणी को विरह सन्ताप से बचा लेना है। वह चाहता है कि विरह में जो अपार दुःख होता है उसकी अवधि तो क्षण भर की हो जिससे उसकी पत्नी का कुसुम-सदृश कोमल हृदय क्लेश की झुलस से बचा रहे। परन्तु विरह में जिन मानसिक अभिलाषाओं का संचय होता है उनसे वह हाथ धोना नहीं चाहता। इसीलिए अपनी अभिलाषाओं को वह विरह की पूरी अवधि से गुणित करने का आश्वासन देता है, यथा–

पश्चादावां विरह गुणितं तं तमात्माभिलाषं
निर्वेक्ष्यावः परिणत शरच्चन्द्रिकासु क्षपासु ॥ 2 । 47 ॥

अर्थात्, जब शरत्काल की रात्रियाँ शुभ्र ज्योत्स्नामयी होंगी तब हम अपनी अभिलाषाओं को विरह रस की पूरी मात्रा से गुणित करके भोग करेंगे। यह वियोग का आनन्द पक्ष है।

वियोग एक ओर कृशता, सन्ताप आदि दुःखों का देनवाला है, तो दूसरी ओर उसमें अपूर्व रस का संचय होता है। वह प्रेम के अन्तर्गत गम्भीरतम रहस्यों से हमारा परिचय कराता है। वियोग में इन्द्रियों के विषय स्वयं शिथिल पड़ जाते हैं। इन्द्रियाँ बाह्य तृप्ति का साधन न पाकर अन्तर्मुखी हो जाती हैं। उनमें विषय-द्वेष नाम की स्मर-दशा उत्पन्न होती है। यक्ष-पत्नी के नेत्र चन्द्रमा की किरणों को, जो गवाक्ष-मार्ग से रात्रि के समय उसके भवन में प्रवेश करती हैं और जिन्हें कभी वह प्रीति से देखा करती थी, देखने के लिए आगे बढ़ते हैं। चन्द्रमा शिशिर दीधिति है, विरहिणियों के सन्ताप ज्वर को शान्ति देने से वह उद्दीपन सामग्री है। उसकी रश्मियाँ यक्षिणी को पूर्व समय का स्मरण कराती हैं, इसलिए एक बार उसके मन में वही पूर्व प्रीति जाग्रत् होती है, परन्तु विषय द्वेष के कारण उसके नेत्र फिर लौट आते हैं, यथा–

पादानिन्दोरमृतशिशिराञ्जाल मार्ग प्रविष्टा-
न्पूर्व प्रीत्या गतमभिमुखं संनिवृत्तं तथैव। 2। 27॥

जब अन्तर में विरह की ज्वाला हो तब बाह्य इन्द्रियों की रुचि पर ध्यान देने का किसे अवकाश मिलता है? यह वैराग्य स्वयं उत्पन्न होता है। परन्तु यह विषय-द्वेष बड़ा विलक्षण है। इन्द्रिय-भोग्य रति के प्रति वैराग्य उत्पन्न करने पर भी वह स्थायी रति की पुष्टि करता है। उस रति का दूसरा नाम स्नेह है। इस स्नेह का मूल अन्योन्य भाव निबन्धन रूप प्रेम में है। कालिदास ने अन्यत्र इस प्रेम की व्याख्या यों की है–

रथांग नाम्नोरिव भाव बन्धनं बभूव यत्प्रेम परस्पराश्रयं

(रघुवंश 3। 24)

अर्थात्, सच्चा प्रेम चकवा-चकई के समान पति-पत्नी में अन्योन्याश्रय (एक दूसरे के लिए) होता है। वह प्रेम सब भावों को बाँध लेता है, अर्थात् सब दूसरे सांसारिक और आध्यात्मिक भाव उसी प्रेम के बन्धन की अधीनता स्वीकार कर लेते हैं। वे अपनी सत्ता को प्रेम के साम्राज्य में विलीन करके आत्म-समर्पण करते हैं। फिर और प्रकार की रति को उत्पन्न होने का अवसर ही नहीं मिलता। यक्ष-यक्षिणी का प्रेम भी चकवा-चकई के समान है। यक्षिणी को चक्रवाकी के समान अकेली कहा गया है (चक्रवाकीमिवैकां 2, 20)। उसका सहचर उससे वियुक्त है। (दूरी भूते मयि सहचरे)। इस अवस्था में परस्पराश्रित रति की क्या दशा होगी? यह तो स्पष्ट है कि वह अपना तृप्ति-साधन नहीं पाती। पर क्या कभी यह सम्भव है कि वह अपने निसर्ग आलम्बन से विरत होकर अन्यत्र जा सके? कदापि नहीं; इसीलिए विप्रलम्भ शृंगार में अरति नामक काम-दशा उत्पन्न होती है। यह बाह्य अरति आभ्यन्तरिक रति को पुष्ट करती है। इसका कारण है–

स्नेहानाहुः किमपि विरहे ध्वंसिनस्ते त्व भोगा-
दिष्टे वस्तुन्युपचित रसाः प्रेमराशी भवन्ति॥ 2। 49॥

अर्थात्, विरह में स्नेहों को कुछ लोग न जाने क्यों क्षयशील कहने लगते हैं, वस्तुतः तो वे इष्ट वस्तु के अभोग से प्रवृद्ध होकर प्रेम की राशि में परिणत हो जाते हैं। प्रेम[1] राशि बनाने के लिए कवि को स्नेहों की (स्नेहान्) इष्टि है, स्नेह की नहीं। 'स्नेहान्' पद उस अवस्था का सूचक है जहाँ सभी स्नेह भाव उसी एक इष्ट वस्तु के स्नेह के अन्तर्गत हो जाते हैं। वह स्नेह-दुकूल जिसके चार छोर चार स्थानों में बँधे हुए हों, प्रियतम के सब भाव निबन्धनों को अपने अंक में कैसे समेट सकता है? उस दशा में इष्ट वस्तु को स्नेह के बहुवचन की प्राप्ति नहीं हो सकती। ऐसे परस्पर स्निग्ध भावों से ही यक्ष-यक्षिणी बँधे हुए हैं। इस स्नेह का उनको ज्ञान भी है। यक्ष कहता है–

जाने सख्यास्तव मयि मनः सम्भूतस्नेहमस्मा-
दित्थं भूतां प्रथम विरहे तामहं तर्कयामि ॥ 2 । 31॥

अर्थात्, मैं जानता हूँ कि तुम्हारी सखी का मन मुझमें स्नेहालुप्त है, इसीलिए मैं इस प्रकार की विविध कल्पनाएँ कर रहा हूँ। ये तर्कणाएँ आत्मश्लाघा के लिए नहीं हैं, न इसलिए हैं कि मैं मुग्ध-बुद्धि होकर आत्म-सौभाग्य के मधुर स्वप्न देखता हूँ, बल्कि मेरी वास्तविक प्रतीति है कि हमारा स्नेह इतना सम्भृत और उपचित है कि यक्षिणी की विधुर दशा परम काष्ठा को पहुँच गई होगी। ऐसी विरहविधुरा जाया के समीप यक्ष कुशल समाचार भेजता है। यह कुशल शरीरगत अव्यापन्नता की सूचक तो है ही, साथ ही उन स्नेहों की अक्षुण्णता का सन्देश भी ले जाती है जो किसी समय सम्भृत थे, पर वियोग होने पर जिनके विषय में कुछ लोग उड़ाया करते हैं कि अब वे क्षीण हो गए होंगे। ऐसे प्रवाद (कौलीन) को फैलानेवाले लोग उत्तम स्नेह के मर्म को क्या जानें। उनका परिचय मन्द या मध्यम स्नेह तक ही सीमित होता है। प्रौढ़ स्नेह वह है जो प्रवास आदि विरह दशा में भी जब प्रियजन की चित्तवृत्तियों का कुछ समाचार नहीं मिलता सन्तत बढ़ता रहता है और दूरीभूत सहचरों के हृदयों में अमित क्लेश की उत्पत्ति करता है–

प्रवासादिभिरज्ञातचित्तवृत्तौ प्रिये जने।
इतर क्लेश कारी यः स प्रौढ़ः स्नेह उच्यते ॥ 2 । 114 ।

रसार्णवसुधाकर।

---

1. जब युवा युवती के चित्त में एक दूसरे के प्रति विस्रम्भ चरम सीमा को पहुँच जाता है, तब उनका चित्त परस्पर दर्शन-स्पर्शन-सम्भाषण आदि से एक-दूसरे के प्रति द्रवीभूत होने लगता है। उसी भावनिर्यास का नाम स्नेह है। वियोग दशा में स्पर्श आदि की सम्भावना न रहने से कुछ लोग कहते हैं कि स्नेह के द्रवीभूत होने का कारण जाता रहा। इसलिए वे स्नेह को लुप्त हुआ समझ लेते हैं। पर वास्तव में वह स्नेह भीतर-ही-भीतर संचित (सम्भृत) होता रहता है और अंत में प्रेम की राशि ही बन जाता है।
विस्रम्भे परमां काष्ठामारूढे दर्शनादिभिः।
यत्र द्रवत्यन्तरंगं स स्नेह इति कथ्यते ॥

श्रीशिंगभूपालः

यक्ष-यक्षिणी उसी स्नेह के भोगी हैं। इस स्नेह की अभिव्यक्ति वियोग में विविध अभिलाषाओं के रूप में प्रकट होती है। इन अभिलाषाओं का आलम्बन एक ही है, इसीलिए यद्यपि ये नाना प्रकार की होती हैं, तथापि उनका समुदाय एकत्व विशिष्ट ही कहा जाएगा (तं तमात्माभिलाषं 2, 47)। एक ही समवस्थान में संचित इन अभिलाषाओं का सम्भोग (निर्वेश 2, 47 निर्वेक्ष्यावः की संजीवनी टीका) अत्यन्त सम्पन्न होता[1] है। उसके स्वरूप की कुछ कल्पना कालिदास के ही शब्दों से हम कर सकते हैं। विरह में यक्ष जिन सम्भोग-मुद्राओं के स्मरण से विह्वल हो रहा है, वे ही विप्रलम्भ से पूर्व उसके रतिजनित आनन्द को बढ़ाती थीं। यक्ष-पत्नी उसके कंठ में अपनी भुजलताओं का निभृत उपगूहन करके शयन में प्रवृत्त होती थी (त्वमपि शयने कंठलग्ना पुरा मे। निद्रां गत्वा, 2, 48)। यक्ष भी निर्दयाश्लेष में प्रवीण था (निर्दयाश्लेष हेतोः 2, 43)। प्रणय में कुपित भार्या के मान को विगलित करने के लिए वह चरणावपात रूप प्रीणन क्रिया में भी कुशल था (2, 42)। कल्प वृक्ष से चुवाया हुआ विभ्रमादेशदक्ष मधु भी दोनों पीते थे (2। 11, 32)। उनके इच्छानुकूल सम्भोग (सार्धमिच्छारतैः 2। 26; मत्संभोगः 2, 28), सुरत श्रम को दूर करनेवाले हस्तसंवाहन (2। 33), निर्दयाश्लेष, जायानुरंजनविधि और मधुपान विलास सब शापान्त की प्रतीक्षा कर रहे हैं। इनके संचय से आगे चलकर सम्भोग अत्यन्त सम्पन्न हो उठेगा। इनकी तात्कालिक उत्कंठाजनित क्रिया सन्देश[2] रूप है। इस प्रकार यहाँ उस काम-भाव का जिसके कारण यक्ष अत्यन्त अधीर है, उस विरह-प्रवास का जो शाप की विवशता से उसको अपनी पत्नी से पृथक् रखे हुए हैं तथा उस दशा के स्नेह और प्रेम का कुछ वर्णन किया गया है। आगे यक्ष और यक्षिणी के सन्देश और उनकी स्मर दशाओं की समीक्षा होगी।

1. भयेव्यलीकस्मरणद्यभावात् प्राप्त वैभवः।
प्रोषितागतयोर्यूनोर्भोगः सम्पन्न ईरितः॥

रसार्णवसुधाकर 2। 224 ॥

पूर्व परिचित समागमाभ्यास के कारण भय और घबराहट या पीड़ा से रहित होने से प्रवासान्त सम्भोग अत्यन्त सम्पन्न होता है।

2. 'संदेशस्तु प्रोषितस्य स्ववार्ता प्रेषणं भवेत्।'

यक्ष और यक्षिणी

यक्ष और उसकी पत्नी चक्रवाक-चक्रवाकी के समान परस्पर आसक्त थे। अपनी पत्नी का वर्णन करते समय यक्ष ने इस सम्बन्ध की ओर संकेत किया है–

दूरी भूते मयि सहचरे चक्रवाकीमिवैकां। 2। 20॥

अर्थात्, चक्रवाकी के समान वह मेरी पत्नी अकेली होगी, क्योंकि मैं उसका सहचर उससे बिछुड़ गया हूँ।

क्या संयोग में और क्या वियोग में सब प्रकार के प्रेम के उत्तम उपमान इस देश के कवि समय के अनुसार चक्रवाक मिथुन को लेते हैं। यह उपमा वर-वधू के प्रेम को प्रदर्शित करने के लिए वैदिक काल से चली आती है। विवाहित दम्पती के लिए आशीर्वाद प्रयुक्त करते समय अथर्ववेद में कहा गया है–

इहेमामिन्द्र संनुद चक्रवाकेव दम्पती।
प्रजयैनौ स्वस्तकौ विश्वमायुर्व्यश्नुताम् ॥

कांड 14। अनु. 2, म. 64।

अर्थात्, हे इन्द्र, तुम इन दोनों पति-पत्नी को इस लोक में चक्रवाक-चक्रवाकी के समान प्रेरित करो जिससे दोनों सन्तान से कल्याणवाले होकर पूर्ण आयु का भोग करें। इसे ही चक्रवाक संवनन कहा गया है (हिरण्य केशीगृह्य सूत्र, 1। 24। 6)। संयोग में जो प्रेम का आदर्श है वियोग में भी वही अक्षुण्ण बना रहता है। इसीलिए कालिदास ने दोनों पक्षों[1] में इस उपमान का अपने काव्यों में उपयोग किया है।

चक्रवाकी वियोग में सम्भवतः जानती है कि उसका सहचर सरोवर के अपर तट पर है। यक्ष भी अपने सन्देश में अपने स्थान का निर्देश करता है–

तामायुप्मन्मम च वचनादात्मनश्चोपकर्तुं।
ब्रूयादेवं तव सहचरो रामगिर्याश्रमस्थः ॥

अर्थात् हे आयुष्मान्, मेरी प्रार्थना के अनुरोध से तथा अपने को परोपकार द्वारा सम्मानित करने के लिए तुम मेरी पत्नी से कह देना कि तुम्हारा सहचर रामगिरि पर्वत

1. संयोगपक्ष, यथा रघुवंश में (3। 24) दिलीप और सुदक्षिणा का प्रेम। वियोगपक्ष, यथा मेघदूत (2। 20) और कुमारसम्भव 5। 26।

के आश्रम में ठहरा हुआ है और तुम्हारी कुशल पूछता है। यहाँ मेघ को 'आयुष्मन्' पद का सम्बोधन दिया गया है क्योंकि एक ओर वह यक्ष के अव्यापन्न जीवन का सन्देश ले जाता है तथा दूसरी ओर यक्षिणी से भी उसका पहला प्रश्न उसकी जीवित आयु के विषय में ही होगा, यथा–

अव्यापन्नः कुशलमबले पृच्छति त्वां वियुक्तः।
पूर्वाभाष्यं सुलभविपदां प्राणिनामेत देव ॥ 2 । 38 ॥

अर्थात्, यक्ष स्वयं कुशल से है और हे अबले, तुम्हारी कुशल पूछता है। जिन पर सहज विपत्ति पड़ी है उनका पहला प्रश्न ऐसा ही होता है।

वियोग में चकवा-चकई किस दशा को प्राप्त होते हैं? वे भी शापवश सुलभ-विपद हैं। वे एक दूसरे को सम्बोधन करके चिल्लाया करते हैं। 'परस्पराक्रन्दिनि चक्रवाकयोः पुरा वियुक्ते मिथुने कृपावती।'

(कुमारसम्भव 5 । 26)

विरहियों के इस परस्पराक्रन्दन से किसी समय पार्वती दयावती होती थीं। मेघदूत में मेघ को उसी अनुकम्पा का करनेवाला कहा गया है। (विधुर इति वा मय्यनुक्रोश बुद्ध्या 2 । 52)। सम्भव है चकवा-चकई इस क्रन्दन को, जिसे वे एक-दूसरे को लक्ष्य करके रात भर रटते रहते हैं, न सुनते हों, पर उनकी प्रतीति यही रहती है कि वे यदि एक-दूसरे को देखते नहीं तो सुनते अवश्य हैं। परन्तु यक्ष का विश्वास है कि राम-निर्यस्थ सहचर कितना भी उच्च स्वर से क्रन्दन करे वह अलकास्थित जाया को नहीं सुनाई दे सकता–

सोऽतिक्रान्तः श्रवण विषयं लोचनाभ्यामदृष्टः। 2 । 40 ॥

कहाँ वह पहली अनुरक्ति जिसके कारण शब्दों से कह सकने योग्य वार्ता को भी यक्ष कर्ण के समीप मुख ले जाकर कहता था, अर्थात् उसमें अन्तर की इतनी अधिक असहिष्णुता थी और कहाँ यह दशा जिसमें न वह आँखों से देखा जाता है और न कानों से सुन पड़ता है। इसलिए मेघदूत सन्देशवाहक की आवश्यकता हुई है (त्वामुत्कंठाविरचितपदं मन्मुखेनेदमाह) जो दोनों के बीच में पड़कर यक्ष के आक्रन्दन को लक्ष्य तक पहुँचा दे और फिर वहाँ से प्रतिसन्देश लाकर उसके जीवन की रक्षा कर सके (2 । 50)। विधि का विधान इस समय उन दोनों का बैरी ही रहा है। न्याय की दृष्टि से यह विधान चाहे सत्य की रक्षा ही कर रहा हो, परन्तु यक्ष और यक्षिणी को वही अपने मार्ग का कंटक दीखता है (विधिना वैरिणा रुद्धमार्गः 2 । 39)। वह दैव सांसारिक दृष्टि से अत्यन्त क्रूर है, क्योंकि वह किसी प्रकार के भौतिक संगम को सहन नहीं कर सकता (क्रूरस्तस्मिन्नपि न सहते संगमं नौ कृतान्तः)। इस प्रकार का कठोर नियन्त्रण जिनको विश्लेषित कर रहा है उन यक्ष-यक्षिणी की अवस्था का वर्णन उत्तर मेघ के सन्देश रूप में हुआ है।

यक्ष ने यक्षिणी को अपनी गृहिणी कहा है (मद्गोहिन्याः 2 । 14)। वह यक्ष-पत्नी अत्यन्त पतिव्रता है (एक पत्नी 1 । 10, जिसका एक ही पति हो)। जिनमें भर्ता के चित्त का अविकल प्रतिबिम्ब पड़ता है वे स्त्रियाँ पतिव्रता होती हैं–

भवन्त्यव्यभिचारिण्यो भर्तुरिष्टे पतिव्रताः। (कुमारसम्भव 6 । 86 ॥)

यक्ष भी जानता है कि यक्षिणी उसका दूसरा प्राण ही है, अर्थात् शरीरान्तर में संक्रमित उसका जीवन ही यक्षिणी है। इसका फल यह है कि यद्यपि दोनों एक दूसरे से बहुत दूर हैं, तथापि विरहजनित भाव दोनों में समान ही हैं। तथा–

आंगेनांगं प्रतनु तनुना गाढतप्तेन तप्तं,
सास्रेणाश्रुद्रुतमविरतोत्कंठमुत्कंठितेन।
उष्णोच्छ्वासंसमधिक तरोच्छ्वासिना दूरवर्ती,
संकल्पैस्तैर्विशति विधिना वैरिणां रुद्ध मार्गः ॥ 2 । 39 ॥

यक्ष अपनी पत्नी को सन्देश देता है कि वियोग में जो दशा तुम्हारी हुई होगी वही दशा मेरी हो गई है। तुम अत्यन्त कृश हो गई होगी, मैं भी कृश हूँ। तुम्हें सन्ताप होगा, मुझे भी विरह-ताप की विकलता है। तुम्हारे नेत्रों से अश्रुधारा गिरती होगी, मैं भी नयनसलिल से बार-बार अभिभूत होता हूँ। तुम्हें निरन्तर विरहौत्सुक्य ने दबाया होगा, मुझे भी सतत उत्कंठा रहती है। तुम गरम निःश्वास छोड़ती होगी, मैं भी उष्ण श्वास लेता हूँ। मैं दूरवर्ती हूँ, इसलिए इन्हीं संकल्पों द्वारा तुम्हारे साथ इस समय एकता का अनुभव कर रहा हूँ, मानो मेरे अंगों का तुम्हारे अंगों में संक्रमण हो रहा है। इस श्लोक का भाव कई अन्य श्लोकों की कुंजी है। विरह में दस प्रकार की काम-दशा नायक-नायिका को सताती है। उनमें से कई की ओर इस श्लोक में संकेत है। उनका विस्तृत विवेचन करने से पूर्व हमें यक्षिणी के सुन्दर स्वरूप को अच्छी तरह समझ लेना चाहिए–

तन्वी श्यामा शिखरिदशना पक्कबिम्बाधरोष्ठी,
मध्ये क्षामा चकितहरिणीप्रेक्षणा निम्ननाभिः।
श्रोणीभारादलसगमना स्तोकनम्रा स्तनाभ्यां,
या तत्र स्याद्युवति विषये सृष्टिराद्येव धातुः ॥ 2 । 10 ॥

यह कृशांगी है, उसकी दन्तपंक्ति अत्यन्त नुकीली है, उसके ओष्ठ लाल बिम्बाफल के सदृश हैं, उसकी गायत्रष्टि बीच में पतली है, उसके कटाक्ष चकित हरिणी के नेत्रों की स्पर्धा करते हैं, उसकी नाभि गम्भीर है, नितम्बभार से उसकी मन्थर गति है, और स्तनभार से वह आगे को झुकी रहती है–इन लक्षणों के एकत्र समवाय से ऐसा प्रतीत होता है मानो वह अलकापुरी की युवतियों में विधाता की प्रथम रचना है। उसके सौन्दर्य की इयत्ता नहीं है। अलका के सब ही यक्षों की गृहिणियाँ उत्तम हैं (उत्तमस्त्रीसहायाः 2 । 3)। पर उसी अलका में (तत्र) हमारी यक्षिणी प्रथम

स्थान की अधिकारिणी है। उसके अंगों में सौकुमार्य गुण भी हैं। उसको कवि ने बाला की पदवी (2।20) दी है। वह प्रथम यौवन का अतिक्रमण कर द्वितीय यौवन में पदार्पण[1] कर चुकी है। इस अवस्था में प्रायः बालाएँ मानिनी हुआ करती हैं, इसलिए यक्षिणी भी मानिनी है (2-35) और प्रणयकोप में दक्ष है। उसमें पद्मिनी के सब

1. आलंकारिकों ने स्त्रियों में यौवन की चार अवस्थाएँ मानी हैं। प्रथम यौवन में बालपन का चाञ्चल्य और यौवन चिह्नों का उद्गम रहता है। अंगनात्व का परिचय करानेवाले स्तन आदि व्यंजन अपना विस्तार करने लगते हैं जिससे स्त्री के चित्त में कुतूहल उत्पन्न होता है। द्वितीय यौवन में वे सब लक्षण उपचित हो जाते हैं जिनका कवि ने परिगणन किया है, यथा–

स्तनौ पीनौ तनुर्मध्यः पाणिपादस्य रक्तिमा।
नितम्बो विपुलो नाभिर्गभीरा जघनं घनम्॥
व्यक्ता रोमावली स्नैग्ध्यमंगकेशरदाक्षिणी।
द्वितीय यौवने तेन कलिता वामलोचना॥
सखीषु स्वाशयज्ञा तु स्निग्धा प्रायेण मानिनी।
न प्रसीदत्यनुनये सपत्नीष्वभ्यसूयिनी॥
नापराधान्विषहते प्रणयेर्ष्याकषायिता।

–रसार्णवसुधाकर।

तृतीय यौवन में नेत्रों में कुछ अस्निग्धता, कपोलों पर म्लान कान्ति, विच्छायता, खरस्पर्श, अंगों में कुछ श्लथता, अधर में मसृण राग, ये लक्षण प्रकट होते हैं। चतुर्थ यौवन में स्तन-नितम्बादि में जर्जरत्व आ जाता है, कुछ अनुत्साह और असमर्थता भी दृष्टिगोचर होती है। रूप गोस्वामी के अनुसार वय चार हैं जिनके नाम क्रमशः ये हैं–वयः, सन्धि, नव्य वय, व्यक्तवय, पूर्णवय। बाल और यौवन की सन्धि का ही नाम प्रथम यौवन है। नव्य वय का नाम द्वितीय यौवन है और व्यक्त तथा पूर्ण क्रमशः तृतीय और चतुर्थ यौवन की जगह है। भक्तिरसामृत ग्रन्थ का प्रमाण देते हुए उज्ज्वल नीलमणि के टीकाकार श्री जीव गोस्वामी ने लिखा है कि कैशोर का ही नाम यौवन अवस्था है। कैशोर का पूर्व भाग वयःसंधि का काल होता है जब बाल्य और योवन मिलते हैं। कैशोर का अपर भाग ही नव्यवय है, यही द्वितीय यौवन है। तीसरा भाग मध्य कैशोर और चौथा शेष कैशोर है। कालिदास ने यक्षिणी की जो विशेषताएँ यहाँ दी हैं वे ही कुमारसंभव में पार्वती के लिए भी कही हैं–नव्यवय यथा–

कुले प्रसूतिः प्रथमस्य वेधस्त्रिलोक सौन्दर्यमिवोदितं वपुः।
अमृग्यमैश्वर्य सुखं नवं वयस्तपःफलं स्यात्किमतः परं वद।5।41॥

बाला–

तदा प्रभृत्युन्मदना पितुर्गृहे ललाटिका चन्दनधूसरालका।
न जातु बाला लभते स्म निर्वृतिं तुषारसंघातशिलातलेष्वपि।5।55।

मानिनी–

इयं महेन्द्र प्रभृतीनधिश्रियश्चतुर्दिगीशानव मत्य मानिनी।
अरूपहार्य मदनस्य निग्रहात् पिनाकपाणिं पतिमाप्तुमिच्छति।5।53॥

लक्षण विद्यमान हैं। वह थोड़ा बोलती (परिमितकथा) और थोड़ा सोती (याममात्र) है। ऐसी पत्नी को पाकर जो सब प्रकार भर्ता की अनुकूलवर्तिनी है यक्ष का अपने-आपको सौभाग्यसम्पन्न मानना नितान्त स्वाभाविक है, पर उसके वर्णन का कारण सुभगंमन्यभाव नहीं है। वस्तुतः प्रथम विरह में (2-31) यक्षिणी की वैसी ही दशा हो गई होगी जैसा कि यक्ष ने अनुमान किया है। पति के विरह में किसी भी पतिव्रता की वैसी ही अवस्था होना स्वाभाविक है।

पतिव्रता स्त्री का जैसा वर्णन विरह में कालिदास ने किया है वह इस देश के घर-घर की वनितासमाज की सम्पत्ति है। वे भाव सर्वदा ही यहाँ के नारी-जीवन को पुष्ट करते आए हैं। विरह में यक्ष-पत्नी ने अपने आभूषण उतारकर रख दिए हैं (सा सन्यस्तामरणबला पेशलं धारयन्ती); उसने अंगराग लगाना और केशों का संस्कार करना छोड़ दिया है (शुद्धस्नानात्परुषमलकम्); उसके नेत्र रोते-रोते सूज गए हैं (प्रवलरुदितोच्छूननेत्र प्रियायाः), उनमें अंजन की चिकनाई नहीं रही है (अंजन स्नेहशून्यं); वह पृथ्वी पर सोती और रातो-रात जागती है (अवनिशयनां, तामेवोष्णैर्विरह महतीमश्रूभिर्यापयन्तीम्), उसके वस्त्र मलीन हैं और हाथों के नाखून बढ़ गए हैं; वह त्रिवेणी या पंचवेणी की रचना करके केश-कलाप में पत्रावली की योजना नहीं करती, वरन् उसने सब बालों को एक साथ बिना डोरे के ही लपेटकर वेणी बना ली है (एक वेणी 2। 29, या शिखादाम हित्वा) जो अत्यन्त रूखी और स्थान-स्थान पर ऊँची-नीची है (कठिनविषमां 2। 29)। ये सब चिह्न पतिव्रता स्त्रियों के हैं। यक्षिणी भी पतिव्रता स्त्रियों में गणनीय है।

अब कुछ उन स्मरदशाओं पर विचार करना चाहिए जिनका संकेत अंगेनांगं श्लोक में है। यक्ष विरह में अत्यन्त कृश हो गया है। इसका प्रमाण है उसका रिक्त प्रकोष्ठ जिसने सुवर्ण का वलय खिसककर नीचे आ गया है (कनक वलयभ्रंशरिक्त प्रकोष्ठः, 1-2)।

यक्षिणी भी मनोव्यथा से अत्यन्त कृश हो गई है।

आधिक्षामां विरहशयने संनिषण्णैकपार्श्वां,
प्राचीमूले तनुमिव कलामात्रशेषां हिमांशोः। 2। 26॥

वह ऐसी क्षीण है जैसे घटते-घटते चन्द्रमा की एक कला रह गई हो। यह कृशावस्था रूप व्याधि है जो विरह में नायक-नायिका को पीड़ित करती है। यक्ष की दूसरी दशा सन्ताप है। वह धनपति के क्रोध से सन्तप्त होकर मेघ से शरण माँगता है, उसके चित्त को तीव्र विरह व्यथा से कहीं शान्ति नहीं मिलती (2। 45), अतिशय ताप के कारण ही वह तुषराद्रि से आनेवाली अत्यन्त शीतल और हिमोत्कर पवनों का आलिंगन करता है (2। 44)। यक्षिणी के ओष्ठ भी अशिशिर निःश्वासों से विवर्ण हो गए हैं। यक्ष को बारम्बार अश्रुमोचन होता है (अस्रैस्तावन्मुहुरुपचितैर्दृष्टिरालुप्यते मे

2। 42)। यक्षिणी के नयनसलिल कभी उसकी वीणा के तारों को भिगो देते हैं और कभी नींद से झपकते हुए नेत्रों में भरकर निद्रा का मार्ग अवरुद्ध कर देते हैं। यक्ष अपनी विरह-दशा से वन देवताओं को अश्रुमोचन करता है (2। 43); उधर यक्षिणी भी दुःख भरे भाव से अपने शरीर को धारण करती हुई मेघ को रुलाएगी (2। 30)। यक्ष की उत्सुकता ने ही उसको चेतनाचेतन में कृपण बनाया है, मेघ को देखकर उसकी उत्कंठा सन्देश रूप में प्रकट हुई है (त्वामुत्कंठाविरचितपदं मन्मुखेनेदमाह। 2। 40)। यक्षिणी की उत्कंठा भी बहुत गाढ़ है (गाढोत्कंठा 2। 20), मेघ को देखकर उत्कंठा से उसका हृदय नए भावों से खिल जाएगा (त्वामुत्कंठोच्छ्वसितहृदया वीक्ष्य संभाव्य चैवम् 2। 37)। इस प्रकार औत्सुक्य नाम की विरह-दशा भी दोनों में समान है।

यक्षिणी को विषयों से द्वेष हो गया है। वह मधुपान नहीं करती। उसके नेत्र चन्द्र-ज्योत्स्ना को देखते हैं, पर अब उसमें पहले की-सी प्रीति नहीं टिकती। यह अरति बाह्य विषयों से इन्द्रियों को निर्व्यापार करके अन्दर ही अभिलाषाओं के प्रारम्भ करने में लगाती है। यक्षिणी को अभिलाष और चिन्ता[1] दोनों प्रकार की कामदशा ने अभिभूत कर रखा है। वह अपने चित्त में मिलनरात्रि के सम्भोग की अनेक प्रकार से कल्पना करके उसके आनन्द का आस्वादन कर रही है।–

मत्संगं वा हृदयनिहितारम्भमास्वादयन्ती। 2। 24॥

वह प्रियतम के गुण-कीर्तन के लिए अपने बनाए हुए रागों को गाना चाहती है, पर प्रयत्न करने पर उसकी स्मृति मूर्च्छावश उसका साथ नहीं देती।

मद्गोत्रांक विरचितपदं गेयमुद्गातुकामा।

..

भूयो भूयः स्वयमपि कृतां मूर्च्छनां विस्मरन्ती 2। 23।

ये गुण-कीर्तन और मूर्च्छा नाम की अवस्थाएँ हैं। वह उन्निद्र रहकर जग्रतावस्था में रात बिताती है। कभी अश्रुविमोचन द्वारा ह्री-त्याग का परिचय देती है। इस प्रकार उसकी विकलता का अन्त नहीं है। पर इस प्रकार का शोकमय जीवन बड़ा दुर्भर होता है। इसलिए कवि ने उसके लिए कुछ विनोदों की कल्पना की है। प्रायः वे विनोद जो यक्ष-पत्नी में पाए जाते हैं विरह में सभी रमणियों के मन-बहलाव के लिए होते हैं। कभी वे अपने कान्त के चित्र लेखन में व्यस्त होती हैं। यक्ष कहता है कि मेरी पत्नी भी विरह में क्षीण हुई मेरी आकृति लिखती होगी। यक्षिणी के मन में यह विश्वास दृढ़ है कि विरह में यक्ष की दशा अत्यन्त शोचनीय हो गई है। इसलिए आठ महीने तक पति के दर्शन न पाने पर भी वह केवल मनोभावों की कल्पना से यक्ष के सादृश्य का अनुमान कर लेती है (मत्सादृश्यं विरहतनु वा भावगम्यं लिखन्ती)।

---

1. संगमेच्छा अभिलाषः। दर्शनसम्भोगयोः प्रकार भावना चिन्ता।

कभी वह देवी और देवताओं के आराधन में लगी होती है। कभी पास पिंजड़े में बैठी मैना से बात करती है। यक्षिणी स्वयं यज्ञ की प्रियतमा है, इसलिए वह उसका दिन-रात स्मरण करती है। इसी हेतु को वह सारिका में आरोपित करके पूछती है, "हे मेरी रसिक सखी (रसिके)! तुम भी तो मेरे स्वामी को अतीव प्रिय थीं, इसलिए क्या कभी तुम्हें भी वे याद आते हैं?" यहाँ करुण रस के पूर ने यक्षिणी के हृदय से निकलकर समीपस्थ सारिका को भी उसी भाव से आप्लावित कर लिया है। कभी वह वीणा लेकर यक्ष के गुण गाने बैठती है, परन्तु उसके नयन-सलिल इसमें बाधक होते हैं और कभी उसकी स्मृति ही जवाब दे देती है। फिर सोचने लगती है कि स्वामी को गए हुए कितने मास व्यतीत हुए होंगे; अभी विरह की अवधि कितनी और शेष है? उसके पास एक-एक दिन की गणना (दिवसगणनातत्परां 1-10), पर तो भी इस मास और दिवस की गणना को नेत्रों के गोचरीभूत करने के लिए देहली पर पूजार्थ चढ़ाए हुए पुष्पों को फिर गिन-गिनकर रखती है। यह विनोद-सामग्री चाहे थोड़ी देर तक ही आमोद प्रदान करती हो, पर एक बार तो विरहिणी अबला बड़ी उत्सुकता के साथ इसमें प्रवृत्त होती है। ये विनोद दिन के लिए हैं। दिन में गृहिणी स्त्रियाँ काम-काज में लगी रहती हैं, इसलिए उन धन्धों में उन्हें विरह-जनित अभाव इतना नहीं खटकता। परन्तु रात्रि में मैना भी सो जाती है, देहली के कपाट बन्द हो जाते हैं, देवी-देवताओं की पूजा समाप्त हो जाती है, तूलिका के काले केश अन्धकार में चित्र लिखने से विरत हो जाते हैं; इसलिए यक्ष अनुमान करता है कि रात्रि के समय उसकी पत्नी का शोक बहुत बढ़ जाता होगा। क्योंकि रात के समय निर्विनोद मन केवल प्रियतम-स्मरण में ही निरत होगा, इसलिए उसमें विरह की अनुभव-मात्रा भी बहुत बढ़ जाएगी, इससे विरही के दूत को रात में ही सन्देश देना उचित है। यक्ष का परामर्श है कि मेघ रात्रि के समय ही उसके भवन के गवाक्ष में स्थित होकर उसके सन्देश को यक्षिणी के पास पहुँचावे। वह सन्देश यक्ष-पत्नी को अत्यन्त सुखावह होगा--

मत्संदेशैः सुखयितुमलं पश्य साध्वीं निशीथे।
तामुन्निद्रामवनिशयनां सौधवातायनस्थः॥ (2। 25)

गुरुतर शोक से जिसकी रात्रि अत्यन्त महती हो गई है, उसकी यही कामना है कि वह रात्रि किस प्रकार क्षण के समान व्यतीत हो। इसका उपाय केवल स्वामी का संसर्ग है जिसको पाकर कभी वह यह भी न जानती थी कि समय कहाँ गया। यक्ष उस संसर्ग-सुख को अपने सन्देश द्वारा अपनी पत्नी को रात्रि में देना चाहता है। कान्त की सन्देशवार्ता उसके प्रत्यक्ष संगम के समान ही है, इसलिए रात्रि को सन्देशहारी मेघ की भेंट यक्षिणी को उस सुख का अनुभव कराएगी जिससे रात्रि का दुर्घट समय-भार किसी प्रकार शीघ्र ही हल्का हो। इसलिए भेंट का समय रात्रि कहा गया

है (पश्य साध्वीं निशीथे)। यक्षिणी मेघ को विरह-शय्या पर एक करवट से सोई हुई दिखाई देगी (विरहशयने संनिषण्णैकपार्श्वां, 2। 26)। उसके विरह में गाढ़ मनोव्यथा की व्यंजना है, पर उतावलापन नहीं है। शाप ने जिस विरह की अवधि स्थापित कर दी है (विरह दिवस स्थापितस्यवधेः 2। 24), उसको जिस किसी प्रकार व्यतीत करने में ही मनस्विनी स्त्रियों की परीक्षा है। उन्मत्त प्रलाप से कोई सृष्टि का कार्य असम्भव नहीं बना सकता। जो नियम सबका विधान करता है उसी से हमें सुख और दुःख दोनों में सन्तोष ग्रहण करना योग्य है। यक्ष के सन्देश का वह भाग सुवर्णाक्षरों में लिखने योग्य है। वस्तुतः समय के भूत से भविष्य पर्यन्त विस्तार पर बड़े-बड़े अव्यक्त अक्षरों में यही खुदा हुआ है। विपन्न जन ही अपने हृदय को शान्ति देने के लिए उसे पढ़ा करते हैं, या ज्ञानी लोग सांसारिक सुख की निस्सारता को समझने के लिए उसके अक्षरों को बाँचकर शिक्षा लेते हैं। वह नियम क्या है–

नन्वात्मानं बहुविगणयन्नात्मनैवावलम्बे,
तत्कल्याणि त्वमपि नितरां मा गमः कातरत्वम्।
कस्यैकान्तं सुखमुपनतं दुःखमेकान्ततो वा?
नीचैर्गच्छत्युपरि च दशा चक्रनेमि क्रमेण॥ 2। 56॥

इसका हिन्दी अनुवाद जो राजा लक्ष्मण सिंह ने किया है उससे सचमुच हमारी भाषा एक शाश्वत नियम को इतने सरस अक्षरों में कहने से गौरवान्वित हुई है। यथा–

मैं अपनो तन राखि रह्यो करिके अभिलाष हिए बिच भारी,
भामिनी तू हु धरै किन धीरज जाए मरी मत सोच की मारी।
काहू के दुःख सदा न रह्यो न रह्यो सुख काहु के नित्त अगारी,
चक्रनिमी सम दोऊ फिरैं तर ऊपर आपनि-आपनि बारी॥

जिस देश में नियति, भाग्य और कर्म की इतनी समीक्षा हुई हो, वहीं इस नियम की शरण लेकर वियोगग्रस्त चित्त को धैर्य देने की बात कही जा सकती है। जो यक्ष दयिता जीवितालम्बनार्थी होकर सन्देश-कर्म में प्रवृत्त होता है वह स्वयं जीवन धारण कर सकेगा, इसमें क्या प्रमाण है? इसी प्रमाण को बताने के लिए इस श्लोक की सृष्टि हुई है। यक्ष कहता है कि नाना प्रकार की विगणनाओं, विविध संकल्पों (2-39), तर्कणाओं (2-31), अनेक अभिलाषाओं (2-47) और मनोभावों से मैं अपने जीवन को अवलम्बन दे रहा हूँ। जिस प्रकार शिव का अवलम्बन कैलास और विष्णु का अवलम्बन शेषनाग है, उसी प्रकार यक्ष के जीवन के अवलम्बन विविध मनोभिलाष हैं। यदि इन विगणनाओं का आश्रय उसे न मिलता तो अपने कुन्द-पुष्प सदृश कोमल जीवन को वह कैसे धारण कर पाता? उस वियोग में जहाँ अपना विधाता वाम हो गया हो (विधिना वैरिणा रुद्धमार्गः), जहाँ स्वामी के शाप से अपनी महिमा अस्त हो

गई हो (अस्तं गमित महिमा), जहाँ अपनी इन्द्रियाँ तक वैकल्य को प्राप्त हो गई हों, कौन धीरज बँधा सकता है? वहाँ गीता का यही उपदेश काम देता है–

उद्धरेदात्मनात्मानं

अर्थात्, आत्मा को ही आत्मा का उद्धार करना चाहिए। यक्ष को धैर्य देने के लिए किसी बाह्य पदार्थ की अपेक्षा नहीं है, वह अपने अन्तःकरण में ही ऐसा परिवर्तन चाहता है जो किसी दूसरे विप्लवकारी भाव को जगने ही न दे। इसीलिए ऐसे चित्त को जिसकी प्रार्थना सर्वथा दुर्लभ है, वह अपनी आत्म-शक्ति से ही अवलम्बन दे रहा है। कालिदास जिस साधना के माननेवाले हैं उसमें सर्वत्र आत्मा ही आत्मा का कल्याण करती है। हम योग और अनुभव से जिस वस्तु का प्रत्यक्ष करना चाहते हैं वह हमारी आत्मा ही है जो अज्ञानवश इस शरीर में खोई हुई है। कुमारसम्भव में इसी 'आत्मानमात्मनैवावलम्बे' वाले भाव को और स्पष्ट रीति से कहा गया है–

यमक्षरं क्षेत्रविदो विदुस्तमात्मानमात्मन्यवलोकयन्तम्। 3। 50॥

अर्थात्, शिवजी उस आत्मा को, जिसे क्षेत्रज्ञ लोग अक्षर ब्रह्म के नाम से पुकारते हैं, आत्मतत्त्व में ही देख रहे थे।[1] रामगिरि के आश्रमों में रहनेवाला यक्ष भी अपनी चेतना को अत्यन्त विस्तृत और जाग्रत् करके आत्मा द्वारा ही आत्मा को अवलम्बन दे रहा है। एक ही आत्मा अद्वैत रूप से यक्ष और यक्षिणी दोनों में व्याप्त है; कवि के शब्दों में यक्ष-पत्नी का ही द्वितीय प्राण है। शापभार लेकर यक्ष के रामगिरि पर्वत पर आ बसने से उस अनन्त सौन्दर्यमयी पत्नी की कथा हमारे लिए कुछ वाणी और श्रवण के विषय में गोचर हो सकती है, अन्यथा अलका में रहनेवाली उस सौन्दर्य-प्रतिमा का वृत्तान्त मर्त्यलोकवासी जन क्या जान पाते? यक्ष की आत्मा में जो कार्य हो रहा है, उसकी प्रतिध्वनि का एक ही समान व्यवस्थित दूसरी आत्मा में सुनाई देना अवश्यम्भावी है–

तत्कल्याणि त्वमपि नितरां मा गमः कातरत्वम्।

इसका तत् शब्द इसी अद्वैतघटित नियम की ओर संकेत करता है। यक्ष का जीवन कुशलपूर्वक है, इसी कारण यक्ष-पत्नी भी कल्याणी है। यक्षिणी का जो सौभाग्य-वैभव है वही यक्ष के जीवन धारण करने का कारण है।[2] इस प्रकार परस्पर

---

1. और भी–
योगिनो यं विचिन्वन्ति क्षेत्राभ्यन्तरवर्तिनम्।
अनावृत्तिमयं यस्य पदमाहुर्मनीषिणः॥ 6। 77 कुमारः।
2. हे कल्याणि सुभगे, त्वत्सौभाग्येनैव जीवामीति भावः
अर्थात् हे सौभाग्यवती, तुम्हारे सौभाग्यबल से ही मैं जीता हूँ।
–मल्लिनाथ

आत्मा का आत्मा में प्रतिबिम्ब पड़ रहा है। पत्नी के बल पर पति का अपने-आपको सुभग समझना (सुभगंमन्यभाव) और पति के आश्रय से पत्नी की कल्याणमयी पदवी—ये दोनों प्रेम की एकरूपता के द्योतक हैं। इसी कारण विरह में जो भाव यक्ष-पत्नी के हृदय में उपनत होते हैं उन सबसे यक्ष भी उपपन्न होता है।

गुणपताका का उद्धरण देकर मल्लिनाथ ने विरही जनों के लिए चार प्रकार के विनोदस्थान कल्पित किए हैं, यथा—

वियोगावस्थासु प्रियजनसदृशानुभवनं ततश्चित्र कर्म स्वप्नसमये दर्शनमपि।
तदंग स्पृष्टानामुपनतवतां दर्शनमपि प्रतीकारोऽनंग व्यथितमनसां कोऽपि गदितः॥

विरह में मन्मथक्लिष्ट मन को शान्ति देने के लिए विरही स्त्री-पुरुष कभी प्रिय की सदृश वस्तु के दर्शन करते हैं, कभी एक-दूसरे का चित्र खींचते हैं, कभी निद्रा लेकर स्वप्न में प्रिय के दर्शन करते हैं और कभी प्रियतम की स्पृष्ट वस्तुओं का स्पर्श करके सुख का अनुभव करते हैं। विप्रवास में साक्षाद्दर्शन तो नितान्त असम्भव होता है, अतएव उसके प्रतिनिधिभूत चित्रादि दर्शनों से ही काम निकाला जाता है। यक्ष-यक्षिणी का प्रेम चित्रादि दर्शन और गुण-श्रवण से पूर्वानुराग की भाँति उत्पन्न नहीं होता, वह सम्भोग-अवस्था में अत्यन्त प्ररूढ़ हो चुका है और विप्रकृष्ट दशा में सादृश्य-दर्शन, प्रतिकृति लेखन, स्वप्नादि द्वारा स्फुट होकर स्थायीभाव की पुष्टि कर रहा है। सम्भोग शृंगार में प्रियतम का दर्शन तुरन्त रति की पुष्टि करता है। वियोग अवस्था में यक्ष ने जिन्हें साक्षाद्दर्शन का प्रतिनिधि बनाया है उन सादृश्य चित्रादि से भी वह तुरन्त रति का सुख अनुभव करना चाहता है। उसकी हार्दिक इच्छा यही है कि जहाँ भी पत्नी के दर्शन हों, चित्र में या स्वप्न में, सदृशवस्तु में या तदंगस्पृष्ट वस्तु में, सर्वत्र ही आलिंगन का अनुभव किया जाए। यहाँ तक कि जब वह स्वयं अपनी पत्नी को स्वप्न में दिखाई पड़े, तब वह भी उसके साथ अशिथिल परिरम्भ में व्यापृत हो। यथा—

माभूदस्याः प्रणयिनि मयि स्वप्नलब्धे कथंचि
त्सद्यः कंठच्युतभुजलता ग्रन्थि गाढोपगूढम्॥ 2। 34॥

अर्थात्, जिस यक्षिणी को स्वप्नज सम्भोग की उत्कट अभिलाषा होने पर भी निद्रा नहीं आती क्योंकि नेत्र अश्रुपूर से आप्लुत रहते हैं, उसको यदि किसी प्रकार निद्रा आ भी जाए तो मेघ को उचित है कि वह एक पहर तक उसके प्रबोध की प्रतीक्षा करे। अन्यथा अकालप्रयुक्त स्तनित वचनों से यक्षिणी की निद्रा भंग होकर कथंचित् स्वप्न में मिले हुए स्वामी के कंठ के भुजलतोपगूहन का सुख क्षणमात्र में ही विलीन हो जाने का भय है। जिसके हृदय में अपनी भार्या के आनन्द हेतु भी ऐसी सुकुमार आकांक्षाएँ हैं, उसकी स्वयं सम्भोग-प्राप्ति के प्रयत्न में असफल होने पर कैसी विह्वल दशा होगी? दोनों के भाग्य में रोना ही रोना लिखा है। यक्षिणी वीणा लेकर बैठे तो उसके नेत्र तुरन्त बड़े-बड़े आँसू टपकाने लगते हैं; यक्ष चित्रलेखन में प्रवृत्त

हो तो अश्रुधारा से उसकी दृष्टि कुंठित हो जाती है। दिन और रात में सदा ही उष्णोच्छ्वास छोड़ना और उष्ण नेत्रजल पीना यही वियुक्त प्राणियों के लिए स्रष्टा की सृजन-प्रवृत्ति है। सदृश वस्तुओं में यक्ष के नेत्र अपनी प्रिया की रूप-राशि को खोजते फिरते हैं। यथा–

श्यामास्वंगं चकितहरिणीप्रेक्षणे दृष्टिपातं,
वक्त्रच्छायां शशिनि शिखिनां बर्हभारेषु केशान्।
उत्पश्यामि प्रतनुषु नदी वीचिषु भ्रूविलासान्,
हन्तैकस्मिन्क्वचिदपि न ते चंडि सादृश्यमस्ति॥ 2-41॥

अर्थात्, प्रियंगु लताओं में उस भामिनी के तनु की सुघराई है, चकित हरिणी के कटाक्षों में चंचल अपांगों की समता है, चन्द्रमा के बिम्ब में मुख की आप्यायित उज्ज्वलता है, मयूरों के पिच्छभार में केश-कलापों की घटा है और नदियों की चंचल तरंगों में भ्रू-विक्षेपों की बंकिम गति है। इस प्रकार उसके प्रत्येक अंग के वैभव की सुरक्षा के लिए प्रकृति में पृथक्-पृथक् स्थान कल्पित हैं। परन्तु एक स्थान में इन सौन्दर्य-राशियों का समवाय कहीं देखने को नहीं मिलता। इसीलिए यक्ष की आलिंगन-कामना मन की मन में ही रह जाती है। यक्ष-पत्नी को विधाता ने अलका की समस्त सुरसुन्दरियों के आदि में रचा था। उसकी निर्माण-सामग्री में से ही कुछ अवशिष्ट भाग श्यामालता, चन्द्रमा, हरिणी और मयूरों के भाग्य में आ गया है। उसको एक बार रचकर उसकी प्रतिकृति रचने की चेष्टा विधाता ने कभी की ही नहीं। अतएव यदि अलका की परिधि से बाहर बसे हुए इस संसार की किसी एक ही वस्तु में उस बाला के समग्र सादृश्य के दर्शन हमें न हों तो इस उपालम्भ का भागी कौन है? यह स्पष्ट है कि इस अभाव के लिए ब्रह्मा दोषी नहीं है। ब्रह्मा के लिए तो यह परम कल्याण का चिह्न है कि अपनी प्रथम रचना में उसने जिस अपरिमेय कौशल का परिचय दिया, उसकी प्रतिमूर्ति रचने की चेष्टा करके वह फिर आत्मविडम्बन और परिहास दोष का भागी नहीं बना। अपनी कमनीय सृष्टि को अद्वितीय रखने की इच्छा किस शिल्पी को नहीं होती? प्रायः शिल्पी के प्रथम निर्माण में प्रयत्नातिशय होने के कारण उसकी आद्यकृति अतिशय सौन्दर्यवाली होती है और फिर उत्तरोत्तर साधन सामग्री के अपचयोन्मुखी होने से पहले जैसा निर्माण-सौष्ठव नहीं आता। जो विश्व का स्रष्टा होने के कारण शिल्प-कौशल का परम अधिष्ठाता है, उससे अपने शास्त्र के इस सामान्यातिसामान्य नियम का भी विघात क्यों होने लगा। यही कारण है जिससे विवश होकर यक्ष को कहना पड़ा–

हन्तैकस्मिन्क्वचिदपि न ते चंडि सादृश्यमस्ति

अर्थात्, एक स्थान में फिर तुम्हारा सादृश्य इस संसार में मुझे कहीं देखने को न मिला। वस्तुतः अपने उपालम्भ का लक्ष्य यक्ष स्वयं ही है। उसी का क्षीणपुण्य उसको

अलका के बाहर रामगिरि पर ले आया है। अपने ही प्रमाद से वह अनन्त सौन्दर्य के सुख से वंचित हुआ है। उसके दर्शन पाने की जिस चेष्टा में वह निरत होता है उसी में निष्फलता उसके सामने मार्ग रोककर खड़ी हो जाती है। जब यक्ष को अपनी पत्नी का समग्र उपमान एकत्र नहीं मिला, तब वह चित्र में उसकी प्रतिकृति लिखने लगा—

त्वामालिख्य प्रणयकुपितां धातुरागैः शिलाया
मात्मानं ते चरणपतितं यावदिच्छामि कर्तुम्।
अस्रैस्तावन्मुहुरूपचितैर्दृष्टिरालुप्यते मे,
क्रूरस्तस्मिन्नपि न सहते संगमं नौ कृतान्तः ॥ 2 । 42 ॥

अर्थात्, प्रणय के कोपवाली तुम्हारी आकृति को अपने सामने गेरू आदि रंजक द्रव्यों से शिलापट्ट पर बनाकर जब मैं चाहता हूँ कि अपनी प्रतिकृति को भी तुम्हारे चरणों में लिखूँ, तभी आँसुओं से मेरे नेत्र रुँध जाते हैं। विधाता कितना क्रूर है जो चित्र में भी हमारे संगम को नहीं सह सकता?

अत्यन्त विषाद से आत्मविवशता की अपनी दशा को कुछ न कहकर यक्ष विधि को उपालम्भ देता है। वस्तुतः उसके मार्ग में विधाता को व्यवधान देने की आवश्यकता नहीं, आत्मकृत दोष से ही वह चित्र-दर्शन से वंचित रहता है। ब्रह्मा ने उसे उत्कृष्ट कोटि की सौभाग्य-लक्ष्मी प्रदान करके उपकृत किया था, पर अपने प्रमाद से ही वह उसे खो देता है। इसमें विधि-विधान को दोष देने का कोई अवसर नहीं। फिर अपनी भाव-विभोर अवस्था में यदि वह रूप का प्रत्यक्ष करनेवाली चक्षु इन्द्रिय को भी अक्षम बना दे तो इसका उत्तरदायित्व उसके अतिरिक्त और किस पर है? पर इस संगम के न मिल सकने से यक्ष की वास्तविक हानि नहीं है। उलटे, उसके प्रेम की व्यंजना और तीव्र हो जाती है और अधिकाधिक रसपोष की प्राप्ति से उसका कल्याण ही होता है। विरह-अवस्था में समागम-अभिलाषाओं का किसी रूप में भी पूर्ण न होना अच्छा ही है। अभुक्त रहने से ही वे बराबर गुणित होती जाती हैं और विरहान्त में संचित होकर मिलती हैं। कवि ने स्वयं ही यह नियम बताया है—

अभोगात्स्नेहा इष्टे वस्तुन्युपचितरसाः

अर्थात्, भोग न पाने से स्नेहों की रसवृद्धि होती है। जो अभिलाषा उत्पन्न होते ही अपने भोग से संयुक्त हो जाती है वह अल्पायु होने से पूर्ण रस का संचय नहीं पाती। कालपक्व होने से अभिलाषाएँ भी सार-पुष्ट हो जाती हैं। किसी चेतन वस्तु का जीवन जितना अधिक होता है उतना ही वह बाह्य रसों को अपने अन्दर खींचकर उन्हें शरीर का एकावयव बनाकर आत्मवृद्धि करती है। जीवन और सत्ता का यही नियम अभिलाषा के विषय में भी घटता है। अभिलाषा अधिक समय तक अभिलाषा के ही रूप में बनी रहने से रसवती हो जाती है। उसका अपना रूप तभी बना रह सकता

है जब वह अभुक्त रहे। भोग ही मृत्यु और भोगविरह ही अमृत है। यक्ष के स्नेह और उसकी अभिलाषाएँ विरह में भी इसी भोगविहीन दशा में हैं, इसी से वे बराबर पुष्ट होती जाती हैं।

विरह का तीसरा विनोद स्वप्नदर्शन है। यक्ष-पत्नी और यक्ष दोनों को स्वप्न में एक दूसरे के दर्शन होते हैं। यक्षिणी के लिए लिखा है–

मत्संभोगः कथमुपनयेत्स्वप्नजोऽपीति निद्रा।
माकाङ्क्षन्तीं नयनसलिलोत्पीड रुद्धावकाशाम्॥ 2। 28॥

अर्थात्, प्रत्यक्ष में न सही स्वप्न में ही किसी प्रकार का पति का सम्भोग प्राप्त हो जाए इसीलिए बारम्बार वह उन नेत्रों में निद्रा चाहती है जिनमें निद्रा का स्थान आँसुओं से रुँधा हुआ है। जब उसको निद्रा मिल जाती है तब स्वप्नलब्ध गाढ़ालिंगन भी प्राप्त होता है (2। 34)। दिन-रात जिस वस्तु की चिन्ता की जाती है सुषुप्ति-अवस्था में भी उसी के दर्शन होते हैं। जब स्त्री स्वप्न में प्रियतम को देखती है तब शरीरस्थ रस में बाढ़ आने से उसे पुलकावली होती है, और उस प्रकल्पित जगत् में जिसकी विधात्री वह स्वयं है, पुरुष की ओर सन्निकृष्ट होकर वह सम्भोग-सुख का अनुभव करती है। उस उपगूहन में प्रणयी के साथ जब उसका चित्त निर्भर रसयुक्त होता है तभी वह चेतना लाभ कर पुनः जाग्रत् अवस्था में आती है। जितना ही अधिक उद्‌दाम यौवन होगा, चित्त को रस-निर्भरता की चरम अवस्था तक पहुँचने के लिए उतने ही अधिक समय की अपेक्षा होगी और फलतः आश्लेषयुक्त भी उतनी ही देर तक तृप्ति का लाभ करता रहेगा। सुख की पराकाष्ठा के बाद स्वयं ही जाग्रत् अवस्था में आना स्वाभाविक क्रिया है, पर कारणान्तर से निद्रा का भंग हो जाना उस सुख का अप्राकृतिक विच्छेद है, जो मानसिक व्यथा को उत्पन्न करनेवाला है। इसीलिए यक्ष ने मेघ को परामर्श दिया है कि यदि वह यक्षिणी को सोती हुई (लब्धनिद्रासुखा) पावे तो पहर भर के लिए अपनी गर्जना बन्द रखे (स्तनित विमुख) जिससे उसकी निद्रा अकाल में भंग न हो और आलिंगन-सुख स्वयं परिपक्व होकर सावसान होना चाहिए। वह समय से पहले ही शिथिल (उच्छिन्न) न हो–

माभूदस्याः प्रणयिनि मयि स्वप्नलब्धे कथंचि।
त्सद्यः कंठच्युतभुजलताग्रन्थि गाढोपगूढम्॥ 2। 34॥

उद्‌दाम नर-नारियों के रतिसुख की मर्यादा एक याम है,[1] जैसा कि याममात्र सहस्व अर्थात् एक पहर तक प्रतीक्षा करना इन पदों से ज्ञात होता है।

---

1. मल्लिनाथ ने इस विषय का उपयुक्त उद्धरण रतिसर्वस्व ग्रन्थ से दिया है। यथा–
एकाधारावधिर्यामो रतस्य परमो मतः।
चंडशक्तिमतोर्यूनोरद्‌भुतक्रमवर्तिनोः॥
शक्तयोरेकवारसुरतस्य यामावधिकत्वात्स्वप्नेऽपि तथा भवितव्यमित्यभिप्रायः।–मल्लिनाथ

स्वप्न में जो मानसिक विक्रिया के कारण शरीर मथा जाता है उससे जाग्रत् दशा के समान ही रति-ग्लानि होती है। इस प्रकार स्वप्न-शास्त्र की सूक्ष्म अभिज्ञता का परिचय कालिदास ने इस प्रसंग के दो श्लोकों में (2-34, 35) दिया है। दूसरा श्लोक उसी सुरतजनित अंगखेद को व्यंजित मानकर उसका उपचार बताता है,

तामुत्थाप्य स्वजलकणिका शीतलेना निलेन।
प्रत्याश्वस्तां समभिनवैर्जालकैर्मालतीनाम् ॥ 1 । 35 ।

यक्ष मेघ से कहता है कि तुम अपने तुषारों से ठंडी हुई पवन द्वारा सोती हुई मेरी भार्या को पहले जगाना और फिर जब मालती के नए खिले हुए पुष्पों की सुवास से वह सुस्थित (प्रत्याश्वस्ता) हो, तब उससे सन्देश कहना। यहाँ जिस शीतल और सुगन्धित पवन रूप उपचार-सामग्री का वर्णन है उसे कालिदास ने अन्यत्र ऐसे ही प्रसंग में स्पष्टाक्षरों में कहा है। जैसे उज्जयिनी में शिप्रा के तुषारों से सम्पृक्त और विकसित कमलों के परिमल से सुगन्धित वायु को स्त्रियों की सुरतग्लानि हरने का काम सौंपा गया है, वैसे ही यक्ष-पत्नी के लिए भी शीतल और सुगन्धित उपचार-पदार्थों की कल्पना की गई है। अतः यद्यपि याममात्र स्वप्न के बाद अतिवेल सुख से तृप्त हुई यक्ष-पत्नी की ग्लानि का स्पष्ट उल्लेख नहीं है तो भी ध्वनि से वह अर्थ आक्षिप्त हो जाता है।

यक्षिणी के स्वप्न-दर्शन में रति-पुष्टि का वर्णन हुआ है। पर यक्ष के स्वप्न में अलब्धरति से भावी शृंगार के लिए सदाशाओं का क्षेत्र तैयार किया गया है। जिस प्रकार यक्ष-स्त्री कथंचित् अपने पति से स्वप्न में मिल जाती है। वैसे ही यक्ष भी कथमपि ही अपनी भार्या को प्राप्त करता है। जब रोते-रोते बहुत देर हो जाती है और नयनसलिल हारकर कुछ देर के लिए रुद्ध-प्रवाह हो जाता है, तब किसी-न-किसी तरह नींद आती ही है। उसी निद्रा की अवस्था में यक्ष को स्वप्न-संदर्शन होता है। यथा–

मामाकाशप्रणिहितभुजं निर्दयाश्लेषहेतो
लंब्धायास्ते कथमपि मया स्वप्नसंदर्शनेषु।
पश्यन्तीनां न खलु बहुशो न स्थलीदेवतानां,
मुक्तास्थूलास्तरुकिसलयेष्वश्रुलेशाः पतन्ति ॥ 2 । 43

अर्थात्, जब किसी प्रकार स्वप्न में तुमसे भेंट हो जाती है तब तुम्हें अंक में भरकर निर्भर आलिंगन करने के लिए मैं अपनी भुजाएँ आकाश में फैलाता हूँ। इस प्रकार उन्हें शून्य में फैली हुई देखकर अभिप्राय को समझनेवाली वनदेवियाँ करुणा से भीजकर घने आँसुओं को बहाती हैं। वे ही अश्रु-बिन्दु नए तरु-पल्लवों पर मोती के सदृश दिखाई पड़ते हैं।

वनदेवियाँ तक जिसके दुःख से द्रवित होती हैं, वनस्थली को भी जिसने अपने समान शोकवाली बनाया है, वह यक्ष हम सबकी सत्कामनाओं का पात्र है। जिसकी दशा पर सब ही आर्द्र होते हैं उसने मानो दंड का प्रत्यादेश करनेवाला अनुकम्पापत्र

प्राप्त कर लिया। यद्यपि वह शाप की अवधि के शेष दिन भी काटेगा ही, पर अब उसकी महिमा अस्तंगमित नहीं, वह हम सबसे सम्भावित है। वह प्रेम की कसौटी पर कसा हुआ कंचन है जो रक्त-वर्ण होकर संसार के सन्मुख खड़ा है। उसने प्रीति की थी; वह प्रीति इतनी निमग्न दशा को पहुँची कि उसे भर्तृनियोग का भी ध्यान नहीं रहा। प्रीति करना ही उसका अपराध हुआ और इसी कारण उसे सुख से हाथ धोना पड़ा। ठीक है, प्रेम करके कौन सुखी हो सका है? पर यह श्रेय है कि बिछोह-दुःख की अवस्था में ही प्रेम-जगत् का रहस्य उसे प्रकट होता है। उसको प्राप्त कर वियोगी तप्त स्वर्ण के समान प्रायश्चित्तीय दोष से निखर जाता है। इस कारुण्य भरे विलाप से यक्ष सब प्राणियों की सत्कामनाओं को अपनी ओर आकृष्ट करता है। दैवी नियन्त्रण के विषय में तो हम जान नहीं सकते, पर सुख-दुःख की चक्रनेमि पर सवार जितना प्राणि-जगत् है उसमें कोई ऐसा नहीं जिसकी सहानुभूति वियोग-व्यथाओं से अशरण बने हुए यक्ष के प्रति न हो।

रामगिरि पर जो सनसनाती हुई हवा चलती है वह मानो यक्ष के लिए प्रिया के जीवन का सन्देश लाती है। यद्यपि वह दयिता को प्राणावलम्बन देने की इच्छा से मेघ को दूत बनाकर भेज रहा है, पर तो भी वह सन्देशवार्ता में ही यह सूचित कर देना चाहता है कि वह जाया को अभी तक अव्यापन्न समझ रहा है। अहोरात्र बहते हुए समीरों में उसकी यही भावना रहती है कि वे उसकी गुणवती प्रिया का स्पर्श-सुख लेकर आ रहे हैं। वायुतत्त्व के ही परमाणु त्वचा में रहते हैं जिससे त्वचा स्पर्शनेन्द्रिय कहलाती है। संयुक्त रहकर यक्ष-यक्षिणी जिस स्पर्श-सुख का अनुभव करते, वियोग में भी मानो स्पर्श को अधिष्ठात्री वायु उन्हें उसको प्रत्यक्ष[1] करना चाहती है। वस्तुतः उत्तर से आनेवाली पवनों में इस प्रकार की अपनी भावना ही यक्ष के सुखानुभव का कारण है। जितनी प्रबल उसकी कल्पना होगी, सुख की तन्मयता भी उतनी ही अधिक होगी। दक्षिण-रुख बहती हुई कौन-सी हवा यक्षिणी के गात्र-संस्पर्श-सुख से सम्पृक्त है, इसके लिए कोई प्रमाण नहीं है। यक्ष केवल हिमालय की वायु को पहचान सकता है, उन तुषाराद्रिवातों में फिर अधिक विवेचन नहीं कर सकता। उन सबका आलिंगन करने की आवश्यकता इसीलिए है क्योंकि उसको सदा सन्देह रहता है, 'शायद यह झोंका प्रिया के गात को छूकर आया है, क्या जाने वह उसकी देहली पर से ही फिर आया हो और वह बाद वाला स्पर्श-सुख को पा सका हो।' यह सन्देह ही उसके विनोद

1. वायु को कालिदास ने ही प्रत्यक्ष-मूर्ति कहा है। यथा शकुन्तला का मंगल श्लोक—यया प्राणिनः प्राणवन्तः। प्रत्यक्षामिः प्रपन्नस्तनुभिः। इस पर राघवभट्ट ने लिखा है—अत्र वायोर्भट्टनये गुरुनये च स्पार्शनप्रत्यक्षत्वात्प्रत्यक्षाभिरित्युक्तिः, अर्थात् कुमारिल और प्रभाकर दोनों के मत से वायु का स्पर्श प्रत्यक्ष होता है। इन्द्रिय और अर्थ के सन्निकर्ष से जन्य ज्ञान ही प्रत्यक्ष है।

को बढ़ाता है। हिमालय के अनिल-प्रवाह को जानने की क्या युक्ति है, इसका उत्तर इसी श्लोक में है–

> **भित्वा सद्यः किसलयपुटान् देवदारुद्रुमाणां,**
> **ये तत्क्षीरस्रु तिसुरभयो दक्षिणेन प्रवृत्ताः।**
> **आलिंग्यन्ते गुणवति मया ते तुषाराद्रिवाताः।**
> **पूर्व स्पृष्टं यदि किल भवेदंगमेभिस्तवेति ॥ 2 । 44 ॥**

हिमालय के ही एक प्रदेश में बसी हुई अलका से जो पवन चलती है वह हिम-सीकर से अत्यन्त शीतल होनी चाहिए। हिमालय पर देवदारु के वृक्ष हैं, इसलिए उन जंगलों में होकर आनेवाली वायु निश्चय उस सुगन्ध से युक्त होगी, क्योंकि पवन का नाम ही गन्धवाह है। देवदारु के वृक्ष हिमवत् प्रदेश के अतिरिक्त अन्यत्र नहीं होते, इसलिए देवदारु की सुगन्धि अकाट्य रीति से पवन के स्थान का निर्देश करती है। इस प्रकार घ्राण से भी इसके जानने में सहायता मिलती है। वह पवन देवदारुओं के साथ संघर्ष करके आती है। उनके पर्णसम्पुट, जो अभी नए ही हैं, प्रातःकाल पवन की सरल गति से खुलते हैं; फिर उनकी खंडित त्वचा से जो दूध रिसता है उससे वायु सुगन्धित होती है। उस सुगन्धि को रामगिरि तक लानेवाली पवन हिमालय से कुछ ही पूर्व चलती होगी; इससे मानो उसने बीच में अन्य किसी का व्यवधान नहीं सहा, अर्थात् उस वायु का स्पर्श यक्ष की समझ में उसे अछूता ही प्राप्त होता है।[1] (सद्य इत्यनेन अयातयामत्वात्स्पर्शस्य अनन्तरितत्वं द्योत्यते पूर्ण सरस्वती)। यक्ष और यक्षिणी की समान वियोग-दशा और प्रेम का वर्णन यहाँ किया गया है। कालिदास को शाप-प्रवास बहुत प्रिय है। विक्रमोर्वशीय और शाकुन्तल में भी उनके नाटक का आधार शाप ही है। शकुन्तला ऋषि के आश्रम में संवर्द्धित पवित्रता की मूर्ति है। उसको विधाता ने अक्षय यौवन की निधि सौंपी है। इसलिए उस स्वर्गीय बाला पर सांसारिक भावों का प्रहार होता है। शकुन्तला उससे परास्त हो जाती है। कवि का प्रयोजन इस घटना को घटित करने में अत्यन्त उच्च है। वह शकुन्तला को संसार के लिए उपयोगी बनाना चाहता है। पर अध्यात्म दृष्टि से वह ऋषि के आश्रम की इस बालिका के विद्रोह का मर्षण नहीं कर सकता। इसीलिए वह दुर्वासा रूप में शाप का अवतार कराता है। उस तपश्चर्या से वह मानो शकुन्तला के पाप का प्रायश्चित कराकर उसे अध्यात्म और संसार दोनों की सौभाग्य-लक्ष्मी से सम्पन्न कर देता है। मेघदूत का यक्ष प्रेम के कारण भर्ता की शापरूपी प्रतारणा लेकर हमारे सामने आता है। इस अवस्था में उसके द्वारा प्रेम की उत्कट मीमांसा होती है। कष्ट सहनरूपी

---

1. वाल्मीकि रामायण से इसी भाव का श्लोक टीकाकारों ने उद्धृत किया है–

> वाहि वात यतः कांता तां स्पृष्ट्वा मामपि स्पृश।
> त्वयि मे गात्रसंस्पर्शश्चन्द्रे दृष्टिसमागमः॥

साधना से अपने दोष का परिहार करके वह पुनः उस प्रेम का अमृत-फल भोग सकने की योग्यता प्राप्त करता है। यदि यक्ष ने प्रेम न किया होता तो न उसको शाप ही होता और न उसका जीवन मानस-मेघदूत से रसवन्त और पवित्र बन पाता। अपनी सौन्दर्य-राशि से विश्लेषित सभी जन सदा उस स्थान पर अपने मन का मेघदूत भेजने की कल्पना किया करते हैं जहाँ उनके प्रेम की निधि है। जो अवस्था प्रेम की है वही आनन्द की है। जब चेतन-अचेतन के ज्ञान का लोप होकर हम सभी को चेतन जानने लगते हैं, तभी हम उपनिषद् में प्रतिपादित प्रेम अथवा आनन्द के रहस्य को समझकर ईप्सित स्थान में मनोदूत भेजने को विकल हो उठते हैं। वह रहस्य क्या है, न वा अरे पत्युः कामाय पतिः प्रियो भवत्यात्मनस्तु कामाय पतिः प्रियो भवति, न वा अरे जायायै कामाय जाया प्रिया भवत्यात्मनस्तु कामाय जाया प्रिया भवति, अर्थात् पति की स्थूल देह या प्रियतमा की स्थूल देह के लिए पति और पत्नी प्रिय नहीं लगते, वे तो आत्मा के लिए प्रिय लगते हैं, क्योंकि प्रेम और उससे जनित आनन्द का केन्द्र आत्मा है। उसके साथ शाप-वश हमारा वियोग हुआ है। उसके समीप अपनी जागी हुई चेतना के मनोदूत भेजने में ही कल्याण है।

अलका और उज्जयिनी

अलकापुरी कैलास के उत्संग में बसी हुई है। वहाँ राजराज कुबेर राज्य करते हैं। कुबेर के अनुचर यक्ष हैं जिनमें काम-रस ओत-प्रोत भरा रहता है। समीप में ही मानसरोवर है जहाँ कमल खिलते हैं। यक्षों के घरों में अनन्त धन-राशियाँ हैं जिनके कारण वे आर्थिक चिन्ता से मुक्त होकर विहार और निर्वेश को ही जीवन का लक्ष्य समझते हैं। ऐसी महासमृद्धिमयी स्वर्गीय पुरी के एक घर में प्रोषित यक्ष की गृहिणी है जिसके मद-विलुलित उपांगों में वह अपनी समस्त सुखाशाओं को पीछे छोड़ आया है।

स्वर्ग के इस छोर पर हमारे संसार में श्रीविशाला उज्जयिनीपुरी है। अलका के उच्च धामों तक जिनकी गति नहीं है, वे इस विशालापुरी के ही सौधों में विलास कर सकते हैं। अलका (स्मृत्युपलब्ध) अनुमानगम्य है, उज्जयिनी प्रत्यक्ष का विषय है। यद्यपि हम अध्यात्म की तरंग के आवेश में उत्तर मार्ग पर बहे जाते हैं और आशा रखते हैं कि किसी दिन उत्तम ज्योति अलका के दर्शन करेंगे, पर अध्रुव के निषेषण में प्रत्यक्ष ध्रुव वस्तु को छोड़ जाना कहाँ की बुद्धिमत्ता है। जो वैभव अलका में है, उसी का प्रतिबिम्ब किसी-न-किसी रूप में अवन्ती में भी पाया जाता है। कालिदास ने अपने वर्णनों से ही यह बात प्रमाणित कर दी है कि सचमुच उज्जयिनी स्वर्ग का ही एक कान्तिमत् टुकड़ा है–

स्वल्पीभूते सुचरित फले स्वर्गिणां गां गतानां।
शेषैः पुण्यैर्हृतमिव दिवः कान्तिमत्खंडमेकम् ॥ 1 । 30 ॥

अर्थात्, जब स्वर्ग में बसनेवाले जीवों को अपने पुण्यफलों का उपभोग कर चुकने पर पृथिवी पर आना पड़ा तब उन्होंने सोचा कि लाओ अपने बचे हुए सुकर्मों का पावना चुकता करने के लिए स्वर्ग का ही एक टुकड़ा तोड़कर साथ लेते चलें। वही कान्तिमत् खंड सम्पत्तिशाली उज्जयिनीपुरी है।

अलका में मेघ, विद्युत्, पूर्णचन्द्र, गन्धवाही पवन, खग, मृग, उपवन, वसन्त, वावड़ी, ललित वनितादि अनेक उद्‌दीपन-सामग्री हैं। अवन्ती यद्यपि सर्वांश में अलका की तुलना नहीं कर सकती तथापि वहाँ भी जीवन-विहार के अमित साधन प्रस्तुत हैं। अवन्ती के ऊँचे-ऊँचे महल हैं; (सौधोत्संग 1 । 27)। वहाँ के हर्म्यों में

कुसुम-धूलि उड़ती है; उसके भवनों की वलभियों में रात्रि को पारावत शान्ति से सोते हैं। अलका के प्रासाद भी सप्तभूमिक हैं (उच्चैर्विमाना 1।63); उनके अग्रशिखर आकाश को चूमनेवाले हैं (अभ्रलिहाग्राः 2।1)। उज्जयिनी के सदनों में ललित-वनिताओं के अलक्तक-राग से अंकित पद-चिह्न ऐसे शोभित होते हैं, मानो उनमें सद्मों की गृहलक्ष्मी ही साक्षात् झिलमिलाती हो (1।32)। अलका के देवगृहों में भी सुखलक्ष्मी सुभग-वनिताओं के रूप में निवास करती है (2।1)। उज्जयिनी की रमणियाँ अपने चंचल लोचनों से विद्युत् की चमक के सदृश चितवन चलाती हैं (1।27); अलका में शिव का काम समीप जानकर कामदेव अपना चाप चढ़ाने से डरता है। वहाँ चतुर वनिताओं के भ्रूविलास और तिरछे कटाक्षरूपी अमोघास्त्रों से ही कामीजन चूर-चूर हो जाते हैं। स्वयं काम भी एक बार जिसे देखकर ठिठक जाता है, चटुल स्त्रियाँ उसी लक्ष्य को कुशल धानुष्क की तरह अपांग बाणों से ढहा देती हैं। अलका में ऐसी ही कुशाग्र कामिनियों का वास है। उनको विभ्रम की शिक्षा देनेवाला[1] रतिफल नामक मधु है जो कि कल्पवृक्ष से चुआकर बनाया जाता है (मधुनयनयोर्विभ्रमादेशदक्षं, 2।11; आसेवन्ते मधु रतिफलं कल्पवृक्षप्रसूतं।2।3) जिस समय वाद्यभांडों की मन्द-मन्द हुडुक् ध्वनि आहत् होती है, उस समय स्फटिक शिलाओं से निर्मित हर्म्यस्थलों पर बैठे हुए यक्ष वरवर्णिनी स्त्रियों के साथ आपानभूमि का विलास लूटते हैं। जो कभी क्षय को प्राप्त नहीं होतीं ऐसी निधियाँ जिनके घरों में हैं, वे कामी यक्ष वारांगनाओं को साथ ले कुबेर के वैभ्राज नामक उपवन में विहार करते हैं (2।8)। अलका धनपति की नगरी है। वहाँ की पहली विशेषता चरमकोटि का अर्थस्वातन्त्र्य है। उस पुरी का नाम ही वस्वोकसारा[2] है अर्थात् जिसके भवनों में वसु भरे हुए हैं। जगत् की संस्कृति के पनपने का एक बड़ा रहस्य अक्षय्यान्तर्भवननिधि शब्द में है। इस लोक के समस्त काम तब ही होते हैं जब कि मनुष्य धनोपार्जन की चिन्ता से मुक्त हो। संस्कृत में एक कहावत है—सर्वारम्भास्तंडुलप्रस्थमूलाः, अर्थात्, भारी-भारी सम्भार बाँधने की सूझ तभी होती है जब मनुष्य के पल्ले में पाव-भर चावल बँधे हों। इसी को कुछ लोग यों कहते हैं कि मनुष्य जाति बुद्धि के बल नहीं चलती, बल्कि पेट के बल रेंगती है। प्राचीन यूनान ने क्रीतदासों को अपने लिए धनोपार्जन का काम सौंपकर आर्थिक चिन्ता से मुक्ति पाई थी और इस प्रकार उन्हें जो विपुल अवकाश मिला उसका उपयोग उन्होंने कला-साहित्य के संवर्धन में किया। प्राचीन भारतवर्ष के

---

1. वियोग में इसी मधु-पान के छूट जाने से यक्ष अनुमान करता है कि यक्षिणी अपना भ्रूविलास भूल गई होगी—प्रत्यादेशादपि च मधुनो विस्मृतभ्रूविलासम् (2।32)।
2. वस्वोकसारा, वसुधारा, वसुभारा, वसुसारा ये नाम भी हैं [वसु (धन)+ओकस् (घर)+आंङ् +रा (आदान)] प्रासादा यत्र सौवर्णा वसोर्धारा च यत्र सा। गन्धर्वाप्सरसो यत्र तत्र यान्ति सहस्रदाः॥ कुमारसम्भव में कालिदास ने अलका को 'वसतिं वसुसंपदां' कहा है (6।37)।

इतिहास में ब्राह्मणों ने यह स्वतन्त्रता अपने त्याग और तपोबल से प्राप्त की, धनार्जन की वृत्ति को ही उन्होंने ब्राह्मण के कर्मों से निकाल दिया। यदि वह सामाजिक व्यवस्था यहाँ न होती तो जीवनपर्यन्त अल्प लाभ से ही सन्तुश्ट रहकर विद्या और कला की उपासना करनेवाले विद्वानों का अस्तित्व हमें अपने यहाँ देखने को न मिलता। अस्तु, अलका में हमें काम-प्रधान जीवन की कल्पना करनी है, उसके लिए अर्थ नामक पुरुषार्थ से वहाँ के यक्षों को छुट्‌टी मिलनी चाहिए। इससे कवि ने कहा है–

अक्षय्यान्तर्भवननिधयः...कामिनो निर्विशन्ति ॥ 2 । 8 ॥

अर्थात्, जिनका क्षीण होना अशक्य है ऐसी निधियाँ वहाँ संचित हैं। इसी पर मल्लिनाथ ने बहुत उपयुक्त लिखा है–

यथेच्छाभोगसंभावनार्थमिदं विशेषणम् ।

अलका अनन्त सम्पत्ति की पुरी है, फिर भी उसमें कल्पवृक्ष है। ऐसे देश के वासी जहाँ अमरता नित्य निवास करती है, जहाँ नवों निधियों का कोई पूछनेवाला नहीं, कल्पवृक्ष से किस सुख और अभ्युदय की कामना करने जाएँ? कवि की कल्पना के लिए भी यह परीक्षा का स्थान है कि वह अलका-सदृश निज-निर्मित लोक में कल्पवृक्ष से क्या काम ले। अन्ततः उसने कल्पवृक्ष के लिए एक उपयोग ढूँढ़ा–

एकः सूते सकलमबला मंडन कल्पवृक्षः ।

अर्थात्, अलका में एक कल्पवृक्ष ही अबलाओं के प्रसाधन की समस्त सामग्री पूरी कर देता है। अमर सौन्दर्य के देश में स्त्रियों को कोई कामना होती है तो वह केवल मंडन-सामग्री की। जैसा मंडन वे चाहती हैं, कल्पवृक्ष उन्हें दे देता है। यही कल्पतरु की सार्थकता है। कामिनियों को सुभगंकरण के लिए अन्यत्र नहीं जाना पड़ता। देववृक्ष उनके सौन्दर्य की वृद्धि के लिए अपना शरीर तक समर्पण कर देता है।

अलका और उज्जयिनी की और भी अनेक समानताएँ हैं। उज्जयिनी की अभिसारिकाओं का वर्णन पहले हो चुका है। घनी अँधेरी में बिजली चमकाकर मेघ उनको मार्ग दिखाता है। वे योषिताएँ अत्यन्त डरपोक हैं, बिजली की कड़क और बादल की गरज से वे सहम जाती हैं। अलका की कामिनियाँ रात्रि को अभिसार करते समय बड़े वेग चलती हैं, शीघ्रता में उनके पैर डगमग पड़ते हैं, इस कारण उनके कानों में खोंसे हुए सुवर्ण-कमल खिसक पड़ते हैं, कहीं केशपाश में गूँथे हुए मन्दार पुष्प और मौक्तिक जाल गिर जाते हैं, कहीं किसी के उरोजों की ठेस से टूटा हुआ हार गिर पड़ा है, तो कहीं किसी का कर्णफूल या कानों का पत्ता ही गिर गया है; ये चिह्न प्रातःकाल के समय अभिसारिकाओं के मार्ग की सूचना देते हैं। अलका में अप्सरारूपी

पण्य स्त्रियाँ हैं जो अनेक देवयोनियों से सम्मान पाती हैं। उज्जयिनी में भी उनके समकक्ष गणिकाएँ हैं जो वकणियोंत पाद-ध्वनि से महाकाल के मन्दिर में चामर-नृत्य करती हैं।

पशुपति की पूजा का विधान दोनों जगह समान है। उज्जयिनी में सायंकाल आरती के समय नित्य ढोल बजाए जाते हैं; अलका में संगीत के लिए मुरजों की ध्वनि होती है। अलका में वे सुन्दरी बालाएँ, जिनके लिए देव भी ललचाते हैं, सुवर्ण की बालू में मणि लुकाकर गुप्तमणि नामक खेल खेलती हैं। कुमारियों की लीला के इस चारु विक्रीड़न में कितना उद्दीपन है, इसे अमरगण ही जानते हैं। उज्जयिनी में युवतियाँ गन्धवती के नीर में जलक्रीड़ा करती हैं। उनके अंगराग की सुगन्धि से कषायित पवन कमलों का आमोद ग्रहण करती हुई महाकाल के मन्दिर की ओर जाकर उसके सहन में लगे हुए उद्यानों को झकझोरती है। गुप्तमणिरूप दैशिक क्रीड़ा और युवती-जल-क्रीड़ा में निस्सन्देह इस लोक में रहनेवाले जलक्रीड़ा को ही देखने के लिए अधिक लालायित होंगे।

अलका में सुरत-खिन्न अबलाओं की श्रान्ति हरने की सामग्री चन्द्रकान्त मणियाँ हैं। रात्रि के समय जब पूर्ण चन्द्र तन्तुजालों से छत में लटकाई हुई मणियों को अपनी किरणों से छूते हैं तब वे द्रवित होकर रस-स्रवण करने लगती हैं। जो स्त्रियाँ प्रियतम के निधुवन से निष्प्राणता रूप ग्लानि का अनुभव कर रही हैं, उनके उस अनुत्साह को दूर करनेवाली चन्द्रकान्त मणियाँ हैं। कला, सम्पत्ति और शृंगार का अत्यन्त विलक्षण समवाय उन भवनों में है। उज्जयिनी में भी रमणियों को इस अनुत्साह रूप अनुभाव की बाधा होती है, पर उनके लिए कवि ने एक प्राकृतिक उद्दीपन की कल्पना की है। प्रातःकाल खिलनेवाले कमलों से सुगन्धित होकर जो शिप्रा की हवा चलती है, वही रतिश्रान्त कामिनियों की ग्लानि हरती है।

अलका और उज्जयिनी दोनों जगह भवनों में गवाक्ष हैं। उज्जयिनी में इन जाल-मार्गों में स्त्रियों का केश संस्कार धूप निकलता है; वही ऊँचे चढ़कर मेघ के गात्र को पुष्ट करता है। इस प्रकार जो काम अभिलाषाएँ केशों को सुवासित करनेवाली नारियों के हृदयों में होती हैं वे ही धूप रूप में काम-पुरुष मेघ के समीप जाती हैं। मेघ यदि स्त्रियों के साथ यह उपकार करता है कि उसके सन्नद्ध होने पर पथिक जन अपनी प्रियाओं से मिल जाते हैं, तो वे पतिसंयुक्त युवतियाँ भी उसके उपकार का बदला किसी-न-किसी रूप में चुका देती हैं। मेघ उनके शरीर की रक्षा करता है, वे मेघ के वपु को उपचित करती हैं। अलका में भी जाल-मार्गों से धुआँ निकलता है और वह भी मेघों की ही रक्षा करने के काम में आता है। पहाड़ पर मेघ घरों में घुसकर वहाँ की वस्तुओं को भिगो देते हैं, यह साधारण बात है। अलका में भी वे भवनों में घुसकर वहाँ की भीतों पर खिंची हुई चित्रकारी को बिगाड़ देते हैं। इस अपराध

से डरे हुए मेघ भागना चाहते हैं, उनको रास्ता मिलता है जाल-मार्गों से। पर अपराधी सूरत छिपाकर भागना चाहता है जिससे कोई उसे जान न पावे। धुआँ इसमें मेघों की सहायता करता है। वे जर्जर होकर धुएँ की तरह ही गवाक्षों से निकलते हैं मानो धूम के भ्रम से लोग उन्हें नहीं पहचान पाते।

अलका में घर-घर मोर पले हुए हैं जिन्हें गृहस्वामिनी स्त्रियाँ नचाती हैं; उज्जयिनी के भवनों के नीलकंठों को वर्षा का सन्देशवाही मेघ नचानेवाला है। अलका का ही सुरम्य संस्करण अवन्ती है। जो लोग अलका के लिए प्रस्थान कर चुके हैं उन्होंने उत्तर दिशा पकड़ी है। वे चित्रकूट से उठकर कैलास के उत्संग में बसी हुई अलका को अपना मनोदूत भेजते हैं। यह परम श्रेयस्कर लक्ष्य है। पर कवि की वाणी की ध्वनि यह भी है कि अलका के इस ओर की उज्जयिनी हाथ में आया हुआ प्रत्यक्ष स्वर्ग है।

शिव का स्वरूप

पंडितों की दृष्टि में मेघदूत-काव्य का सन्दर्भ कुछ भी हो, स्वयं कालिदास ने मेघदूत में बड़े कौशल से शिव के स्वरूप का सन्निवेश कर दिया है। उज्जयिनी में महाकाल शिव के पुण्यधाम का वर्णन है। शिव के गणों का, उनके नीलकंठ गुण का, शिवजी के नृत्य का तथा उसके आरम्भ में गजासुर की कृत्ति के परिधान का उल्लेख है (मे. 1। 40)। शंकर को शूली कहकर उनके त्रिशूल की ओर भी संकेत है। चंडी, भवानी और गौरी के नाम भी हैं। शिवजी के अट्टहास का (मे. 1। 62), उनकी जटाओं में कल्लोल करती हुई जह्नु तनया का तथा पार्वती के साथ गंगा के सपत्नी-भाव का भी वर्णन है (मे. 1। 54)। शंभु के भुजंगों का, पार्वती के साथ उनके विहार का (मे. 1। 64), कुबेर के साथ उनकी मैत्री का, किन्नरियों द्वारा उनके यशोगान का, त्रिपुर की विजय का एवं उनके वृषभ का भी वर्णन है। शिवजी त्रिनयन हैं (मे.1। 56), उनके ललाट पर द्वितीया के चन्द्रमा की कला है (मे. 1। 59), मदन का वे दहन कर चुके हैं, इसलिए जहाँ शिव का निवास है वहाँ कामदेव जाने से डरता है। देवांगनाओं द्वारा दर्पण के समान काम में आनेवाले रजतगिरि कैलास के उत्संग में तो अलकापुरी ही बसी हुई है। शिवजी पशुपति हैं (मे. 1। 60), उनके चरणन्यास की परिक्रमा और दर्शन करके श्रद्धालु जन स्थिर पद अर्थात् अनावृत्तिभय मोक्ष (कुमार सं. 677) पाने में समर्थ होते हैं जो शिव के प्रथम आदि गणों का स्थान है (मे. 1। 59)।

स्वामिकार्तिकेय और उनके जन्म का भी उल्लेख कवि ने किया है। कार्तिकेय स्कंद क्या हैं? शिवजी का जो सूर्य से भी अधिक प्रभावशाली तेज है वही अग्नि के मुख में संचित होकर कुमार के रूप में प्रकट हुआ है (अत्यादित्यं हुतवहमुखे संभृतं तद्धि तेजः, मे. 1। 47)। कुमार का निवास स्थान देवगिरि है, मेघ को वहाँ जाकर पुष्पाकार जलबिन्दु बरसाने का आदेश है, क्योंकि स्कंद का जन्म देवासुर-संग्राम में देवसेना की रक्षा के लिए हुआ था, इसलिए वे पूजा की अंजलि के अधिकारी हैं। कालिदास के स्कंद के मयूर का भी स्मरण किया है। पुत्र के अतिशय प्रेम के कारण भवानी पार्वती कुमार के वाहन मयूर के गिरे हुए पंख को कान का अलंकार बनाकर पहनती हैं। उस मयूर को नृत्य द्वारा आनन्दित करने का भी मेघ को परामर्श है। इस

प्रकार अनेक प्रकार से वृषराज-केतन शिव के स्वरूप का निर्देश कालिदास ने मेघदूत में किया है। इस स्वरूप पर विस्तृत विचार करने की आवश्यकता है।

कवि के अनुसार मेघ कामरूप पुरुष है और हर ने अपने कोपानल से काम को भस्म कर दिया था, इसलिए भी शिव और वृषात्मक मेघ का घनिष्ठ सम्बन्ध है। वस्तुतः कालिदास का सम्पूर्ण दार्शनिक विज्ञान शिव के स्वरूप के पीछे छिपा हुआ है। शिव, पार्वती और कुमार कौन हैं, इस पर सूक्ष्म विचार कर लेने से हम केवल कालिदास के ही नहीं, बरन् अन्य भारतीय साहित्य के सिद्धान्तों को भी सहानुभूति के साथ सम्झ सकेंगे। कालिदास उत्कृष्ट कोटि के अद्वैतवाद को माननेवाले थे। वेदान्त-प्रतिपादित ब्रह्म को ही वे शिव कहते हैं। ब्रह्म की शिव संज्ञा वेदों में भी कई स्थलों पर आई है–

नमः शम्भवाय च मयोभवाय च नमः शंकराय च
मयस्कराय च नमः शिवाय च शिवतराय च॥

–यजुः 1।6।41॥

यहाँ शिव के शम्भु, शंकर, मयस्कर, मयोभव नाम आए हैं। कालिदास ने शिव की अखंड सत्ता का बराबर गुणगान किया है। जो ब्रह्म सब लोकों का अधिष्ठाता है, जिसकी आत्मशक्ति अपने गुणों से युक्त होकर प्रकृति की रचना और उसके विसर्जन का कार्य करती रहती है, वही अव्ययात्मा, अज, स्वयम्भू, अष्टमूर्ति (रघुवंश 2।35) भूतपति महेश हैं। जिन अष्ट स्वरूपों की स्तुति कालिदास ने शकुन्तला के मंगलश्लोक में की है, वे गीता में भी हैं–

भूमिरापोऽनलो वायुः खं मनो बुद्धिरेव च।
अहंकार इतीयं मे भिन्ना प्रकृतिरष्टधा॥ 7।4॥

अर्थात्, पृथ्वी, जल, अग्नि, वायु, आकाश, मन, बुद्धि और अहंकार, इन आठ रूपों में मेरी प्रकृति विभाजित है। कवि ने स्वयम्भू, विष्णु और शिव, इस त्रिमूर्ति के अद्वैत भाव का भी प्रतिपादन किया है। ब्रह्म का वर्णन करते समय उन्होंने स्पष्ट कहा है कि वे शिव, ब्रह्मा और विष्णु में कोई भेद नहीं मानते (कुमारसंभव 2।4)।

कालिदास के दार्शनिक मत में एक अखंड शुद्ध अद्वैत ब्रह्म ही परम तत्त्व है। उनकी त्रिदेव स्तुतियाँ उपनिषदों के समान ब्रह्म का सरस और निर्भीक प्रतिपादन करनेवाली हैं। रघुवंश के दशम सर्ग में (16 से 32 तक) क्षीरसागर-स्थित अवाङ् मनस-गोचर शेषासीन विष्णु भगवान् को प्रणाम करके देवलोक उनकी स्तुति करते हैं।

शिव, विष्णु और ब्रह्मा के जो पृथक्-पृथक् वर्णन कालिदास ने किए हैं उनमें भी अन्योन्य-संक्रमित भाव और पद हैं। शिव का अद्वैत स्वरूप कुमारसंभव के अनेक श्लोकों में आया है–

कलितान्योन्यसामर्थ्यैः पृथिव्यादिभिरात्मभिः।
येनेदं ध्रियते विश्वं धुर्येर्यानमिवाध्वनि॥ कुमारसंभव 6। 76॥

शिव विश्वगुरु (कु. 6। 83), विश्वात्म (कु. 6। 88), त्रैलोक्य-वन्द्य (कु. 7। 54) और तमोविकार से अनपहत (कु. 7। 48) है। वह शिव किसी की स्तुति नहीं करता, उसकी सब स्तुति करते हैं; वह किसी की वन्दना नहीं करता, उसकी सब वन्दना करते हैं (कु. 6। 83); वह जगत् का अध्यक्ष और मनोरथों का अविषय है (कु. 6। 17)। वाणी, मन और बुद्धि की वहाँ पहुँच नहीं है, उसको तत्त्वतः कौन जान सकता है?

किं येन सृजसि व्यक्तमुत येन बिभर्षि तत्।
अथ विश्वस्य संहर्ता भागः कतम एष ते॥ कु. सं. 6। 32॥

ब्रह्म के अद्वैत का प्रतिपादन करके कालिदास आगे बढ़ते है। जो अनन्त पुरुष लोक-लोकान्तरों का अधिष्ठाता है, वही हमारे आत्म-तत्त्व में प्रतिष्ठित है। गीता में जिसे अक्षर कहा है (अक्षरं परमं ब्रह्म, गी. 8। 3) उसमें और हृदय-देश में स्थित आत्मेश्वर में कोई भेद नहीं है। गीता क्षेत्र-क्षेत्रज्ञ विचार कालिदास को मान्य है–

इदं शरीरं कौन्तेय क्षेत्रमित्यभिधीयते।
एतद्यो वेत्ति तं प्राहुः क्षेत्रज्ञ इति तद्विदः॥

–गीता, 13। 1॥

क्षेत्रज्ञं चापि मां विद्धि सर्व क्षेत्रेषु भारत।
क्षेत्र-क्षेत्रज्ञयोर्ज्ञानं यत्तज्ज्ञानं मतं मम॥ 2॥

हे अर्जुन! इसी शरीर को क्षेत्र कहते हैं। इस क्षेत्र को जो जानता है उसे इस शास्त्र को जाननेवाले क्षेत्रज्ञ कहते हैं। हे भारत! सब क्षेत्रों में क्षेत्रज्ञ मुझे ही समझो। क्षेत्र और क्षेत्रज्ञ का जो ज्ञान है वही मेरा ज्ञान माना गया है। इस प्रकार गीता के अक्षर, क्षेत्रज्ञ, तद्विद् आदि शब्द कालिदास ने ले लिये हैं–

यमक्षरं क्षेत्रविदो विदुस्तमात्मानमात्मान्यवलोकयन्तम्।

कुमार. 3। 50॥

योगिनो यं विचिन्वन्ति क्षेत्राभ्यन्तरवर्तिनम्।
अनावृत्तिभयं यस्य पदामहुर्मनीषिणाः॥

कुमार., 6। 77॥

कालिदास ने उसी योगसाधना-मार्ग का वर्णन किया है जिसका प्रतिपादन गीता में है–

'योगाभ्यासी पुरुष ऐसे शुद्ध आसन पर अपना स्थिर आसन लगाए जो न बहुत ऊँचा हो न नीचा। उस पर पहले दर्भ और फिर मृगछाला और वस्त्र बिछाए। वहाँ चित्त और इन्द्रियों का व्यापार रोककर तथा मन को एकाग्र करके आत्मशुद्धि के लिए आसन पर बैठकर योग का अभ्यास करे।

कार्य अर्थात् पीठ, मस्तक और ग्रीवा को सम करके स्थिर होता हुआ, दिशाओं को न देखे और नासिका के अग्र भाग पर दृष्टि जमावे वायुरहित स्थान में रखे हुए दीपक की ज्योति जैसे निश्चल होती है, वही उपमा चित्त को संयत करके योगाभ्यास करनेवाले योगी की होती है। योगानुष्ठान से निरुद्ध हुआ चित्त स्वयं आत्मा को देखकर आत्मा में ही सन्तुष्ट हो रहता है।

इसकी तुलना कुमारसम्भव (3। 44-50) से करनी चाहिए–

स देवदारुद्रुमवेदिकायां शार्दू लचर्मव्यवधानवत्याम्।
आसीनमासन्नशरीरपातस्त्रियम्बकं संयमिनं ददर्श॥
पर्यंकबन्धस्थिरपूर्वकायमृज्वायतं सन्नमितोभयांसम्।
उत्तानपाणिद्वयसन्निवेशात् प्रफुल्लराजीवमिवांकमध्ये॥
भुजंगमोन्नद्धजटाकलापं कर्णावसक्तं द्विगुणाक्षसूत्रम्।
कंठप्रभा-संग-विशेषनीलां कृष्णत्वयं ग्रंथिमतीं दधानम्॥
किंचित्प्रकाशस्तिमितोग्रतारैर्भ्रू विक्रियासां विरतप्रसंगैः।
नेत्रैरविस्पन्दितपक्ष्ममालैर्लक्ष्यीकृतघ्राणमधोमयूखैः॥
अवृष्टिसंरम्भमिवाम्बुवाहमपामिवाधारमनुत्तरंगम्।
अन्तश्चराणां मरुतां निरोधान्निर्वातनिष्कम्पमिव प्रदीपम्॥
कपालनेत्रान्तरलब्धमार्गैर्ज्योतिः प्ररोहैरुदितैः शिरस्तः।
मृणालसूत्राधिकसौकुमार्यां बालस्य लक्ष्मीं ग्लपयंतमिंदोः॥
मनो नवद्वारनिषिद्धवृत्ति हृदि व्यवस्थाप्य समाधिवश्यम्।
यमक्षरं क्षेत्रविदो विदुस्तमात्मानमात्मन्यवलोक यन्तम्॥

"आसन्न-मृत्यु काम ने देवदारुओं के अधोभाग में बनी हुई वेदी पर बाघम्बर बिछाकर बैठे हुए समाधिनिष्ठ शिव को देखा। वे वीरासन से शरीर के ऊर्ध्व भाग को निश्चल करके मेरुदंड सीधा ताने हुए थे। उनके दोनों स्कन्द-प्रदेश कुछ आगे को झुके हुए थे। हथेली के ऊपर रखी हुई हथेली को प्रफुल्ल कमल के समान अंक में धारण किए हुए थे। भुजंगों से लिपटी हुई जटाओंवाले, कानों से लटकती हुई दुहरी रुद्राक्ष मालाओंवाले, नीलकंठ की प्रभा के मिलने से विवृद्ध कान्तिवाली कृष्ण मृगछाला गले में गाँठ लगाकर पहने हुए शंकरजी, नीचे छूटती हुई प्रकाश की किरणोंवाले उन नेत्रों से नासिका के अग्रभाग को देख रहे थे, जिन मन्द प्रकाश से युक्त नेत्रों की उग्र पुतलियाँ निश्चल थीं, जो भ्रूविक्षेप में अनासक्त थे, तथा जिनका निमेषोन्मेष कार्य भी बन्द था। वृष्टि-संक्षोभ से रहित मेघ के समान तथा तरंगरहित ताल के समान प्राणापानादि शरीरस्थ वायुओं का निरोध करके वे निष्कम्प प्रदीप की भाँति स्थित थे। कपालस्थ तृतीय नेत्र के भीतर से बाहर निकलती हुई तेज की किरणें कमल से भी अधिक कोमल इन्दु की कान्ति को फीकी कर रही थीं। इस प्रकार

प्रणिधान से वश में किए हुए मन को समस्त इन्द्रियों की वृत्तियों से हटाकर, हृदय-देश में अधिष्ठित करके उस परमात्म-तत्त्व को आत्मा में ही प्रत्यक्ष कर रहे थे, जिसे क्षेत्रविद् लोग कूटस्थ[1] ब्रह्म कहते हैं।

शिव, विष्णु और ब्रह्मा का अद्वैतभाव, शिव और कूटस्थ आत्मा का तादात्म्य और योगद्वारा उस अक्षर ब्रह्म का साक्षात्कार ही कालिदास का दार्शनिक मत है।

शिव के द्वारा मदन-दहन का रहस्य

शिव जिस समय आत्म-प्रत्यक्ष करना चाहते हैं, उस समय काम उनके मार्ग में विघ्न करता है। उस काम को वे अपने वश में करते हैं। बोधिलाभ करने से पूर्व भगवान् बुद्ध को भी मार-विजय करनी पड़ी थी। काम और शिव का सम्बन्ध अत्यन्त घनिष्ठ हैं। काम की संज्ञा वृष है; वृष नाम मेघ का है। मेघ ही वृषा इन्द्र का कामरूप पुरुष है, अर्थात् वृष, काम और मेघ एक ही तत्त्व के नामान्तर हैं। जिस मेघ को दूत कल्पित करके यक्ष अपने कामोद्गारों का प्रकाश करता है, उसको बारम्बार परामर्श है कि वह शिव को प्रसन्न करे, भक्ति से नम्र होकर हरचरणन्यास की परिक्रमा करे, तथा अपना स्निग्ध गम्भीर घोष, पशुपति के संगीत-साज के काम में लावे। काम का निग्रह करनेवाले शिव, काम से किस प्रकार प्रसन्न हो सकते हैं, इसका उत्तर शिव-पार्वती का विवाह है। पार्वती सुषुम्णा नाड़ी का नाम है। मेरुदंड हिमालय है, इसी के भीतर सुषुम्णा है। इस मेरुदंड में छः चक्र और तैंतीस पर्व या अस्थिपोर हैं। ये पोर एक-दूसरे से सटे रहते हैं। मेरु ही पर्वत है (पर्वाणि सन्त्यस्य)। उस पर्वत के भीतर रहनेवाली सुषुम्णा पर्वतराज की पुत्री पार्वती हैं। अस्थि-पोरों के भीतर एक छिद्र है, पर्वों के परस्पर मिलने से वह रन्ध्र दीर्घ-नलिकाकार हो जाता है। इसी के भीतर सुषुम्णा नाड़ी है। यह नाड़ी मस्तिष्क से होती हुई पृष्ठ-वंश में अनुस्यूत होकर सबसे नीचे के मूलाधार चक्र तक आ जाती है। पर्वास्थि के भीतर पहले श्वेत, फिर विभूति वर्ण का भूरा मज्जामय पदार्थ भरा रहता है जो मस्तिष्क के कोषों में भी पाया जाता है। इसी चित्रासंज्ञक सुषुम्णा के भीतर एक सूक्ष्म विवर है जो नीचे से ऊपर तक आयत रहता है। सुषुम्णा के बाईं ओर इडा और दक्षिण ओर पिंगला नाम की नाड़ियाँ हैं जो सुषुम्णा से सम्बद्ध रहती हैं और सहस्र जाल से फैलती हुई अन्त में कपालस्थ आज्ञाचक्र में सुषुम्णा से मिल जाती हैं। ये नाड़ियाँ सब प्राण की वाहिका हैं और प्राण ही जीवन-तत्त्व है।

---

1. द्वाविमौ पुरुषौ लोके क्षरश्चाक्षर एव च।
   क्षरः सर्वाणि भूतानि कूटस्थोऽक्षर उच्यते॥ गी 15।16॥

भौतिक पक्ष में इस प्राण के आधार ये सब नाड़ी-जाल और षट् चक्र हैं। नाड़ियों की सूक्ष्मता की कोई सीमा नहीं है। उनकी संख्या योग-शास्त्र के अनुसार बहत्तर करोड़ है। वस्तुतः आधुनिक शरीर-शास्त्री के लिए भी समस्त नाड़ी-संख्या का निर्धारण कठिन है। इन सबमें मुख्य सुषुम्णा ही है। स्थूल शरीर-विज्ञान जीवन-तत्त्व के भौतिक आधार का ही परिचय पा सका है; उसका भोगायतन (फिजियोलोजिकल) रूप प्रयोग-साध्य है। परन्तु योग-विद्या मानसिक पक्ष में भी प्राण की गति का निर्देश और सूक्ष्म परिचय कराती है। इसीलिए भौतिक प्रयोग से जिस वस्तु का ज्ञान नहीं हो पाता, ध्यान में उन्हीं शारीरिक रहस्यों का मानसिक क्रियाओं के साथ प्रत्यक्ष हो जाता है। तन्त्र-ग्रन्थों में इसके दो प्रकार से वर्णन मिलते हैं। कहीं तो भोगायतन-पक्ष में शरीर संघटन में जीवन-तत्त्व का अधिष्ठान समझाने के लिए सुषुम्णा आदि संज्ञाओं से काम लिया जाता है और कहीं उस वर्णन को आध्यात्मिक स्वरूप देकर शिव, पार्वती, कुमार, प्रमथ आदि संज्ञाएँ कल्पित करके योग-प्रत्यक्ष को शब्दों द्वारा प्रकट किया जाता है। षट् चक्रों का स्थान और क्रम इस प्रकार है–

1. मूलाधार (कौक्सीजियल रीजन)–इसका संयोग गुददा से है। इसमें चार पर्व (वर्टिब्री) हैं जो ऊपर के पर्वों की अपेक्षा छोटे और अपूर्ण दशा में हैं। ये चारों पृथक्-पृथक् स्फुट स्वरूप के न होकर एक ही एकांकी अस्थि-से प्रतीत होते हैं जिसे अंग्रेज़ी में कौक्सिक्स कहते हैं। कीक अस्थि भी यही ज्ञात होती है। कुंडलिनी शक्ति यहीं निवास करती हैं। शिव-पार्वती के विवाह में कुंडलिनी को जगाकर ही ब्रह्मांड या मस्तिष्क में ले जाते हैं। इसी को योग की परिभाषा में सर्पिणी कहते हैं क्योंकि यह सर्पिणी की भाँति कुंडल मारकर सोई रहती है। मूलाधार में पृथ्वी तत्त्व का स्थान है।
2. स्वाधिष्ठान (सेक्रल रीजन)–इसका अधिष्ठान लिंग में है। इसमें पाँच पर्व हैं। ये पाँचों भी एक ही अस्थि में जुड़े रहते हैं जिसे अंग्रेज़ी में सेक्रम कहते हैं। इन्हीं दोनों अस्थियों के नौ पर्वों को निकालकर आधुनिक शरीर-शास्त्री मेरुदंड में 24 अस्थिपोरों की गणना करते हैं। पर भारतीयों ने इस शक्ति को तैंतीस पर्वों से ही युक्त माना है। स्वाधिष्ठान-चक्र में जल-तत्त्व का अधिष्ठान है।
3. मणिपूर (लम्बर रीजन)–इसका स्थान नाभि है और मेरुदंड के इस भाग में पाँच पर्व हैं। तेज इसका तत्त्व है। इन तीन चक्रों का भेद कर लेने पर योगी विराट् भाव से युक्त हो जाता है; उसकी मोह-निद्रा टूट जाती है।
4. अनाहत (डोर्सल रीजन)–मेरुदंड में बारह पर्वोंवाला यह चक्र हृदय में स्थित है। यहाँ वायु-तत्त्व का स्थान है।

5. विशुद्धि-चक्र (सर्विकल रीजन)—इसमें सात पर्व हैं और यह ग्रीवा में स्थित है। यहीं से आकाशगुणक शब्द का जन्म होता है। इसका भेद करने पर योगी को आकाश तत्त्व पर विजय प्राप्त हो जाती है।
6. आज्ञाचक्र—मस्तिष्क प्रदेश के भ्रूमध्य या त्रिकुटी में योगी इसका स्थान मानते हैं। यहाँ सुषुम्णा का अन्त हो जाता है। यहाँ मन, बुद्धि और अहंकार का निवास है। इसी स्थान पर ज्ञानचक्षु है जो तृतीय नेत्र है। यहीं शिव का वास है।

जब योगी पाँच चक्रों को सिद्ध कर लेता है, तब उसे काम-बाधा नहीं सता सकती। शिव के लिए कालिदास ने कहा है–'अरूपहार्यं मदनस्य निग्रहात', अर्थात् मदन के निग्रह के कारण रूप या सौन्दर्य उनके चित्त को नहीं हर सकता। पहले शिव ने मदन को भस्म कर डाला है (भस्मावशेषं मदनं चकार); तभी वे पार्वती के साथ विवाह करके षडानन कुमार को जन्म देते हैं। आज्ञा-चक्र से ऊपर सहस्रदल कमल (सेरेब्रल रीजन) है जहाँ पर साक्षात् शिव निवास करते हैं।

कुमार का जन्म शिव के स्कन्दित तेज से होता है। यह तेज पार्वती रूपी सुषुम्णा में[1] निक्षिप्त होकर क्रमशः छहों[2] चक्रों के द्वारा पुष्ट और लालित होता हुआ स्कन्द को जन्म देता है जो इसी कारण छः माताओं के पुत्र या षाण्मातुर कहे गए हैं। कालिदास ने मेघदूत में स्कन्द के जन्म का रहस्य सूत्र रूप में लिख दिया है–

तत्र स्कन्दं नियतवसतिं पुष्पमेघीकृतात्मा
पुष्पासारैः स्नपयतु भवान्व्योमगंगाजलार्द्रैः।
रक्षाहेतोर्नवशशिभृता वासवीनां चमूना-
मत्यादित्यं हुतवहमुखे संभृतं तद्धि तेजः ॥ 1 । 47 ॥

वहाँ देवगिरि पर बसनेवाले कुमार को अपना अभ्र-पुष्पात्मक रूप बनाकर आकाशगंगा से सींची हुई पुष्पवृष्टि से स्नान कराना। देव सेना की रक्षा के हेतु पावक के मुख में संचित सूर्य से भी अधिक प्रभावशाली शिव का तेज ही कुमार है–

अत्यादित्यं हुतवहमुखे सम्भृतं तद्धि तेजः।

---

1. सुसुम्न। सुम्न=आनन्द। षुञ् अभिषवे धातु से सुम्न बनता है। षट्चक्र भेद के पश्चात् स्कन्द जन्म लेता है। लोक में स्कन्द का सम्बन्ध छः की संख्या से है–षडानन, स्कन्द-षष्ठी। आज्ञाचक्र का जो चित्र श्री आर्थर एवेलन ने दिया है उसमें कुमार षडानन दिखाए गए हैं।
2. षट्चक्र सुषुम्णा नाड़ी में ही रहते हैं। शरीर-विज्ञान में सुषुम्णा के पाँच स्वाभाविक विकास हो गए हैं, छठा सबसे ऊपर है जहाँ सुषुम्णा (स्पाइनल कॉर्ड), क्रौंच रन्ध्र (मैगनम फोरामेन, अर्थात् बड़े छेद) में होती हुई मस्तिष्क या ब्रह्मांड में फैल जाती है। इन पाँच चक्रों की शक्तिप्रवाहिनी नाड़ियों का सम्बन्ध क्रमशः गुदा, लिंग, नाभि, हृदय और कंठ से है। उदाहरण के लिए मणिपूर चक्र नाभि देश का नियन्त्रण करता है, पर उसका स्थान सुषुम्णा में ही है। इसी प्रकार अन्यत्र चक्रों के विषय में भी है।

यही स्कन्द की परिभाषा है। हुतवह अर्थात् अग्नि नाम सुषुम्णा के मुख में सूर्य से भी अधिक प्रकाशित शिव का तेज ही स्कन्द है। कोषों में स्कन्द की पत्नी का नाम देवसेना है। इन्द्रियों की सात्त्विक और तामसिक वृत्तियों का द्वन्द्व देवासुर-संग्राम है। जब सतोगुणी इन्द्रियाँ काम से हारने लगती हैं, तब वे समाधि में बैठे हुए शिव से प्रार्थना करती हैं कि वे उन्हें एक सेनापति दें। देवों ने भी यही कहा है–

तदिच्छामो विभो स्रष्टुं सेन्यान्यं तस्य शान्तये। कुमार. 2 । 51 ॥

अर्थात् उस असुर को परास्त करने के लिए हम लोग एक सेनापति चाहते हैं। शिवजी ने मदन को भस्म किया, तदुपरान्त उमा की तपस्या से सुषुम्णा नाड़ी द्वारा योग की साधना से शिव और पार्वती का विवाह हुआ; अर्थात् व्यक्ति की चिदात्मक शक्ति जो अधोमुखी थी वह अन्तर्मुखी होकर सहस्रदल में स्थित पर-बिन्दु शिव से संयुक्त हो जाती है, फिर विषयों से उसे कोई भय नहीं रहता। जो इन्द्रियाँ और सबों को मथ देती हैं, वे ही प्रमथों के रूप में शिव के पार्पद (परिषंदि साधु) होकर रहती हैं। 'अत्यादित्यं हुतवह मुखे संभृतं तद्धि तेजः' को समझने के लिए तीनों नाड़ियों के नाम जान लेने चाहिए। सुषुम्णा–वह्निस्वरूपा, सरस्वती, लोहित-वर्णा। इडा–चन्द्र-स्वरूपा, गंगा, सतोगुणी, अमृत-विग्रहा, पीत-वर्णा। पिंगला–सूर्य-स्वरूपा, तैजसवर्णा, रौद्रात्मिका वज्रिणी, यमुना, राजसी।

सुषुम्णा का नाम वह्नि या हुतवह है। इसी में अपना तेज हवन करने से शिव यज्वा कहलाते हैं। साधना में पुरुष का तेज इसी वह्नि के मुख में संचित होता रहता हैं और जब छहों चक्रों का भेदन पूरा हो जाता है तभी उस कुमार का जन्म होता है जिसकी अध्यक्षता में देवसेना कभी नहीं हारती। पुराणों के अनुसार कुमार वे हैं जो आजन्म ब्रह्मचारी हैं।

सहस्रारदल में जो शिव हैं वे ही अक्षर तत्त्व हैं। वही समस्त ब्रह्मांड की चित्-शक्ति है। मूलाधार चक्र में शक्तिपीठ है जहाँ व्यक्ति की शक्ति निवास करती है। शक्ति के तीन कोण कहे गए हैं–इच्छा, ज्ञान और क्रिया। इन्हीं का नाम त्रिपुर है। इसके मध्य में बसनेवाली शक्ति त्रिपुरसुन्दरी कही गई है। इसी त्रिपुर या त्रिकोण में कुंडली मारकर शान्त बसने वाली शक्ति की शब्दगत कल्पना सर्पिणी की है। इसी से शिव के शरीर में भुजंग लिपटे रहते हैं और शिव को अहिवलय धारण करनेवाला कहा गया है। कालिदास ने कहा है–

हित्वा तस्मिन् भुजग-वलयं शम्भुना दत्तहस्ता।
क्रीडाशैले यदि च विचरेत् पादचारेण गौरी ॥ मेघ. 1 । 64 ॥

मूलाधार में यह सर्पिणी शिवरूप ज्योति के चारों ओर लिपटी रहती है, परन्तु आज्ञा-चक्र में पहुँचकर जब शिव-पार्वती का संयोग हो जाता है तब यह कुंडलिनी पूरी खुल जाती है, मानो शिवजी अपने सर्प-वलय को त्याग देते हैं। जहाँ तक शरीरशास्त्र से प्रत्यक्ष करने का विषय है वहाँ तक इस प्रकार त्रिकोणात्मिका शक्ति के रूप को

शल्यशास्त्र के द्वारा हम नहीं देख सकते। मानस-प्रत्यक्ष से सम्बन्ध रखनेवाली वस्तु यन्त्र द्वारा कैसे जानी जा सकती है? इसका दर्शन योगपक्ष में ध्यान[1] द्वारा ही हो सकता है। ज्योति या तेजः स्फुलिंग के आकार का शिवलिंग इसी का प्रतीक है। शिव इसी शक्ति के त्रिकोण या त्रिपुर की विजय करते हैं, इससे उनकी संज्ञा त्रिपुर-विजयी है। मेरुदंडरूपी पर्वत के सिरे पर उसी के एक प्रदेश का नाम कैलास है। मेरुदंड का ऊर्ध्व सिरा ही कैलास है जहाँ आज्ञाचक्र है। यहाँ कैलास पर ही अलकापुरी है। कालिदास कहते हैं कि यहाँ कामदेव अपने चाप पर शर नहीं चढ़ाता–

मत्वा देवं धनपतिसखं यत्र साक्षाद्वसन्तं।
प्रायश्चापं न वहति भयान्मन्मथः षट्पदज्यम् ॥ मे. 2 । 14 ॥

अर्थात्, कैलास के उत्संग में बसी हुई अलका में शिव का साक्षात् निवास जानकर बाहर से काम को अपना भौंरों की डोरीवाला धनुष काम में लाने का साहस नहीं होता। ठीक भी है, आज्ञा-चक्र तक सिद्धि-प्राप्त योगी को कामबाधा नहीं सता सकती। इसीलिए यहाँ हिमालय में ही किन्नरियाँ मिलकर त्रिपुर-विजय के गीत गाती हैं–

संसक्ताभिस्त्रिपुरविजयो गीयते किन्नरीभिः । मे. 1 । 60 ॥

वहीं धनपति का यश किन्नर गाते हैं क्योंकि शिव और धनपति में सख्य-भाव है–

उद्गायद्भिः धनपतियशः किन्नरैर्यत्र सार्धम् ॥ मे. 2 । 10 ॥

धनपति कुबेर का अनुचर यक्ष अवसर पाते ही अपने कामरूप पुरुष को शिव की उपासना करने का आदेश देता है। पार्वती की संज्ञा गुहा, स्कन्द की गुह और यक्षों की गुह्यक है। इससे भी इनके परस्पर सम्बन्ध का संकेत मिलता है। यक्ष काम की मूर्ति है। उसके नेत्रों से ही कामदेव टपका करता है। इस प्रकार काम से भरा हुआ पुरुष अवश्य ही गुह्यक या रक्षा करने योग्य है। वह अपनी रक्षा के लिए उस देव की शरण में जाता है जिसने काम को भस्म कर दिया है तथा फिर जिसके अनंगजित् रूप से सेनानी गुह का जन्म हुआ।[2] शिवजी पिनाकपाणि हैं–

अरूप-हार्यं मदनस्य निग्रहात्
पिनाकपाणिं पतिमाप्तुमिच्छति ॥ कुमार. 5 । 53 ॥

---

1. केन्द्रस्थ नाड़ी-जाल की रचना अत्यन्त जटिल है। उन तन्तु-समूह, घटिका-बिन्दुओं और प्रतन्तुओं में घटित होनेवाले संवेदनात्मक तथा संकल्पात्मक कार्य का ठीक-ठीक पता आज तक नहीं लग सका है। कुछ आश्चर्य नहीं यदि भारतीय योगी ध्यान में इसका प्रत्यक्ष कर सके हों। यह भी स्मरण रखना चाहिए कि चेतना का जो भौतिक आधार है वह उसके बहुत थोड़े अंश या स्वरूप का परिचय कराता है। कुछ लोग भोगायतन पक्ष में चेतना का आधार न पाकर उसकी सत्ता को ही सन्दिग्ध मान बैठते हैं। चेतना (चिदात्मक शक्ति) मनोविज्ञान से सम्बन्ध रखती है, भौतिक रचना में उसका अपूर्ण आभास मिलता है; इसलिए भौतिक रचना को उसका प्रमाण-दंड नहीं मान सकते।
2. गूहति रक्षति देवसेनामिति गुहः। इः कामः अक्षिषु यस्य स यक्षः (भानुजी दीक्षित), अर्थात् देव सेना की जो रक्षा करता है, वह गुह है और जिसकी आँखों में काम भरा रहता है वह यक्ष है।

पिनाक को शिव का धनुष कहते हैं। निरुक्त में पिनाक के अर्थ हैं–

रम्भः पिनाकमिति दंडस्य ॥ नैगम कांड 3 । 4 ॥

अर्थात्, रम्भ और पिनाक दंड के नाम हैं। वहीं यह भी लिखा है–

कृतिवासाः पिनाक हस्तोऽवततधन्वेत्यपि निगमो भवति।

पिनाक नाम मेरुदंड का ही है। यही शिव का धनुष है। इस दंडाकार धनुष की दो कोटियाँ–सिरे–हैं। नीची कोटि मूलाधार चक्र में है। वहाँ जो कुंडलिनी पड़ी है, उसी को पिनाक की प्रत्यंचा कल्पित करके उसके दूसरे सिरे को शिव आज्ञा-चक्र में ले जाते हैं। यही धनुष की प्रत्यंचा चढ़ाना या अवततधन्वा होना है। प्रायः धनुषों की प्रत्यंचा खुली रहती है और वे दंडाकार होते हैं। जो पुरुष धनुष पर चिल्ला (डोरी) चढ़ा सकता है, वही उस धनुष का स्वामी माना जाता है। पिनाक को सबसे प्रथम शिव ने अधिज्य किया, इसलिए वे ही उस धनुष के स्वामी हैं।

शिवजी की संज्ञा खंडपरशु है–

भूतेशः खंडपरशुर्गिरीशो गिरोशो। मृडः।–अमरकोष॥

और यही संज्ञा भृगुपति की भी है। भृगुपति की संज्ञा क्रौंचदारण कालिदास ने ही दी है–हंसद्वारं भृगुपतियशोवर्त्य यत्क्रौंचरन्ध्रम् (मे., 1 । 61)। क्रौंचदारण संज्ञा स्वामी कार्तिकेय[1] की भी है। इस प्रकार शिव, भृगुपति और कुमार का सम्बन्ध भी स्थापित होता है। शिव और कुमार में कोई भेद नहीं है क्योंकि शिव का ही तेज कुमार है। यह भी प्रसिद्ध है कि कुमार की उत्पत्ति में किसी स्त्री के गर्भ की आवश्यकता नहीं हुई। वस्तुतः कालिदास ने कुमार को अग्नि के मुख में सम्भृत तेज[2] लिखा है। फिर जो पिनाक शिव के पास है, वही अजगव नामक शिव-धनु परशुराम के पास भी था। इस प्रकार इन तीनों में सम्बन्ध प्रतीत होता है। योग की साधना में षट्चक्र के भेदन के समय प्राण को जिस रन्ध्र में से निकलकर शिव तक पहुँचना है, वही क्रौंचरन्ध्र का दारण है। कपालस्थ जिस रन्ध्र में होकर सुषुम्ना मस्तिष्क में प्रवेश करती है वह द्वार ही यह क्रौंचरन्ध्र है। सुषुम्णा (स्पाइनल कॉर्ड) श्वेत और विभूति वर्ण पदार्थ की चित्रिणी या चितकबरी नाड़ी है। वह मूलाधार चक्र से आगे चार अंकों में होती हुई विशुद्धि-चक्र (सर्विकल रीजन) को पार कर मस्तिष्क में फैल जाती है। सर्विकल रीजन के प्रथम अस्थि-पर्व को अंग्रेजी में एटलस कहा जाता है, जो अपने ऊपर आकाश या द्युलोक को उठाए हुए था। यहीं से सुषुम्णा नाड़ी स्पाइनल बल्ब में होकर मस्तिष्क में जाती है। इसलिए क्रौंच पर्वत ही स्पाइनल बल्ब है जिसे मेडूला

---

1. षाण्मातुरः शक्तिधरः कुमारः क्रौंचदारणः। अमरकोष।
   कैलासे धनदावासे कौंचः क्रौंचोऽभिधीयते। बृहद्धारावली।
2. तेजो हि साक्षाद् भगवतो हरस्यैव मुर्त्यन्तरमित्यर्थः। (मल्लिनाथ)
   अर्थात् वह तेज शंकर का साक्षात् मूर्त्यन्तर ही है।

औबलौंगाटा भी कहते हैं। इसी में क्रौंचरन्ध्र या गड़ा छेद है जिसे अंग्रेजी में मैगनम फोरामेन कहते हैं। इसी विवर में तिर्यगायाम के साथ अर्थात् तिरछी झुककर सुषुम्णा प्रवेश करती है। कुंडलिनी शक्ति जिस समय मूलाधार से जागकर शिव नामक आशा-चक्र में जाती है, उसे भी इसी द्वार से होकर जाना पड़ता है। इस नन्ध्र का धारण करना भृगुपति के लिए बड़ा यशस्वी कार्य है, इसी से कालिदास ने इसे भृगुपतियशोवर्त्म (मे., 1 । 61) कहा है। प्रालेयाद्रि या हिमाद्रि अर्थात् पर्ववान् पृष्ठवंश के उपान्तर में ही यह क्रौंचद्वार बताया गया है। भृगुपति शिव का नामान्तर है। क्रौंच-दारण, खंड-परशु, कुमार, भृगुपति और शिव ये एक ही चैतन्य के नामान्तर हैं जो विशेष गुणों के कारण कल्पित किए गए हैं।

क्रौंचतट से तुरन्त आगे शुभ्र कैलास ही खड़ा है (मे., 1 । 62)। योग की परिभाषा में विशुद्धि-चक्र के अनन्तर आज्ञा-चक्र है जहाँ शिवरूप ज्योति का प्रकाश है। मूलाधार-चक्र से योग-साधना के लिए जिस नृत्य का आरम्भ होता है उसकी सिद्धि होने पर शिवजी वज्र-अट्टहास करते हैं। वही मानो शुभ्र कैलास के रूप में घनीभूत हो गया है–

राशीभूतः प्रतिदिनमिव त्र्यम्बकस्याट्टहासः ॥ मे. 1 । 62 ॥

इसी कैलास का नाम रजतगिरि है। यहाँ एक मणि-तट है। उस पर शिवजी गौरी के साथ आरोहण करना चाहते हैं। मेघ को चाहिए कि वह स्तम्भितान्तर्जलौघः (अपने जलीय तत्त्व को भीतर रोक रखनेवाला) बनकर अपने शरीर की सीढ़ी बनाकर शिव को वहाँ आरोहण करने में सहायता दे।

इस मणितट[1] का योग-ग्रन्थों में विशद वर्णन है। पादुका-पंचक नामक तन्त्र-योग के ग्रन्थ में मणिपीठ की बड़ी महिमा कही गई है। मस्तिष्क में जो परम चिन्मय सहस्र-दल कमल है उसमें अकथ त्रिकोण है। उस त्रिकोण में मणि-पीठ है, उस पर शुभ्र रजताद्रि के समान अनन्त गुरु शिव सुशोभित हैं। अथवा प्रकृति-पुरुष के संयोग रूप शिव-गौरी विराजते हैं। मेघदूत में कामरूप पुरुष को स्तम्भित करके शिव उस मणितट पर चढ़ते हैं। इस मणितट की प्रभा तडिच्छवि को लजानेवाली है (पटुतडित्-कडारिम-स्पर्द्धमान मणिपाटलप्रभम्)। कालिदास ने न केवल क्रौंचरन्ध्र के पश्चात् कैलास का ही वर्णन आवश्यक समझा, वरन् वहाँ के मणितट का भी नाम लिखा है। इससे उनकी योग-परिभाषा का संकेत स्पष्ट सिद्ध है–

भंगी भक्त्या विरचितवपुः स्तम्भितान्तर्जलौघः।
सोपानत्वं कुरु मणितटारोहणायाग्रयायी ॥ मे. 1 । 64 ॥

---

1. बौद्धों का महामन्त्र–ओम् मणिपद्मे हुं–इसी मणि की ओर संकेत करता है। काशी (ज्ञान की पुरी, शिव के धाम) में मणिकर्णिका घाट है जहाँ नहाने से अथवा प्राण त्यागने से मोक्ष होता है। मणिकर्णिका–सहस्रदल कमल की कर्णिका।

अर्थात्, हे मेघ ! तू आगे बढ़कर अपना जल अपने भीतर रोककर शिव के मणितट पर चढ़ने के लिए सोपान बन जाना। इन वर्णनों में कवि ने काव्य के साथ-साथ योगशास्त्र के उच्च अनुभवों का भी गूढ़ समन्वय किया है।

मल्लिनाथ ने कीड़ाशैल (मेघ., 1। 60) का अर्थ बताते हुए शम्भु-रहस्य का अवतरण देकर लिखा है–

कैलासः कनकाद्रिश्च मन्दरो गन्धमादनः।
क्रीड़ार्थ निर्मिताः शंभोर्देवैः क्रीडाद्रयोऽभवन् ॥

देवताओं ने शम्भु की क्रीड़ा के लिए कैलास (रजताद्रि), कनकाद्रि (मेरु, सुमेरु, हेमगिरि, महा-रजतगिरि), मन्दर और गन्ध-मादन पर्वत बनाए थे, इसलिए ये सब क्रीड़ाशैल कहलाते हैं।

मेरु पर्वत या मेरुदंड और उसी के समीप स्थित क्रीड़ाशैल कैलास का परस्पर सम्बन्ध स्पष्ट प्रतीत होता है। कैलास की व्युत्पत्ति ही क्रीड़ा-स्थान है–केलीनां समूहः कैलम् (तस्य समूहः इत्यण्), तेन आस्यतेऽत्र (आस्-बैठना) इतिह कैलासः (भानुजी दीक्षित), अर्थात् शिव की क्रीड़ाओं का स्थान कैलास है। यहीं कुबेर रहते हैं, यहीं यक्ष, गन्धर्व, किन्नर, सिद्ध और चारणों के मिथुन विहार करते हैं, यहीं ध्यानावस्थित होकर योगी शंकर तप करते हैं और फिर पार्वती-शक्ति से विवाह करके क्रीड़ा करते हैं। वस्तुतः यहाँ एक ही मेरुदंड को पर्वत कल्पित करके उसके भिन्न-भिन्न नाम दिए गए हैं। इस मेरुदंड का जो भाग मूलाधार-चक्र में स्थित है उसका नाम चित्रकूट है क्योंकि चित्रा नाम सुषुम्णा या कुंडलिनी[1] का है, और यह चित्रिणी मूलाधार-चक्र के आधार पर ठहरी हुई है। चित्रा का कूट ही चित्रकूट है। यही रामगिरि है क्योंकि शिव धनु को शिव की भाँति राम ने भी अधिज्य किया था। यहीं से काम-पुरुष उठकर कैलास की गोद में बसी अलका को जाता है। मेरुदंड की एक कोटि पर शिव और दूसरी पर राम हैं इन्हीं के बीच में यह अजगव धनुष तना हुआ या अवतत है। कुंडली के विवर को सहस्रार पद्म ढके हुए हैं। कुण्डली के विवर (स्पाइनल कॉलम के अन्तर्गत स्पाइनल केनाल) से तात्पर्य उस मार्ग से है जिसके द्वारा मूलाधार में शिव-तेज के चारों ओर प्रसुप्त कुंडलिनी प्रबद्ध होकर ऊपर चढ़ती हुई शिव से मिल जाती है। चित्रिणी के भीतर ही यह मार्ग है। चित्रिणी उस नलिका को समझना चाहिए जिसके भीतर यह विवर है। जिस प्रकार कमल अपनी नाल के सिरे पर शोभित होता है, वैसे ही चित्रिणी और सहस्रदल तथा द्वादशदल कमल का सम्बन्ध है। चित्रिणी या कुंडलिनी परम चैतन्य ज्योति है। यही वह स्पन्दनात्मक शक्ति है जिससे

---

1. भूरे और श्वेत दो वर्णों के संयोग के कारण कुंडलिनी को ललिता या चित्रा नाम दिया गया है। ग्रे मैटर और व्हाइट मैटर के मिलने से चित्र वर्ण बनता है–देखिए आर्थर एवलेन कृत 'सर्पेंट पावर' का पादुका-पंचक; भाग 1, पृष्ठ 165।

सब रचना होती है। इसी की इच्छा, ज्ञान और मायामयी त्रिगुणात्मिका मूर्ति जीवों (पशुओं) में सत्त्व, रज और तम रूप में प्रकट होती है। उसी के संकोच और प्रकर्ष के स्फुरण से क्रीड़ा-शरीर बनता है। ऋग्वेद में इसी अदिति शक्ति के आठ पुत्र बताए गए हैं। शैव दर्शन में भी शिव की आठ मूर्तियाँ प्रसिद्ध हैं।[1] योग-साधना में सप्तर्षि (पंचेन्द्रियाँ, मन, बुद्धि) कुंडलिनी-रूपिणी उमा और शिव के बीच में पड़कर उनका विवाह-सम्बन्ध स्थिर करते हैं। जब शिव का पार्वती के साथ विवाह रचाया जाता है तब ये सातों ऋषि विवाह-यज्ञ के अध्वर्यु बनते हैं। इस यज्ञ में यदि इनकी अनुमति और शुभाशीर्वाद होगा तभी यह सफल हो सकता है। शिवजी कहते हैं–

विवाह-यज्ञे विततेऽत्र यूयमध्वर्यवः पूर्ववृता मयेति ॥ कुमार. 7 । 47 ॥

अर्थात्, विवाह-यज्ञ का वितान होने पर पहले ही मैंने आप लोगों को अपना अध्वर्यु बना लिया था।

मेघदूत में शिव के वाहन वृष का (1 । 56) और कुमार के वाहन मयूर का (1 । 48) भी उल्लेख है। वृष या इन्द्र, इन्द्रियों की शक्ति का कारण है। पाणिनि भी इन्द्रिय-शक्ति की व्युत्पत्ति इन्द्र से ही करते हैं[2] (5 । 2 । 9 । 3)। वृष, इन्द्र और काम का घनिष्ठ सम्बन्ध है। शिवजी जिस समय तीसरे नेत्र से उत्पन्न अग्नि से काम को भस्म कर देते हैं तब मानो वे वृष (काम) पर आरोहण करते हैं। इस वृष पर आरोहण करने के लिए वे कुम्भोदर सिंह की सहायता लेते हैं, यथा–

कैलासगौरं वृषमारुरुक्षो पादार्पणानुग्रहपूतपृष्ठं।
अवेहि मां किंकरमष्टमूर्तेः कुम्भोदरं नाम निकुम्भ-मित्रम् ॥

–रघु. 2 । 35 ॥

कैलास के सदृश वृष पर आरोहण करने की इच्छा से जिसकी पीठ पर पैर रखकर शिव चढ़ते हैं वह मैं अष्टमूर्ति शिव का किंकर कुम्भोदर नाम का सिंह हूँ। काम-शक्ति का वर्णन गीता में भी यही है–

महाशनो महापाप्मा विद्धयेनमिह वैरिणम् । 3 । 37 ॥

कामदेव बड़े भोगवाला है। काम और रसना का सदा साथ है, क्योंकि जो जलतत्त्व स्वाधिष्ठान-चक्र का अधिष्ठाता है, वही जिह्वा में बसता है। वृष पर चढ़ने के लिए कुम्भोदर की पीठ पर पैर रखना आवश्यक है। स्कन्द का वाहन मयूर है। हम बता चुके हैं कि स्कन्द का सम्बन्ध छः की संख्या से है, उसका वाहन मयूर भी षड्ज स्वर

---

1. श्री चित्तिशक्तिरेव पारमेश्वरी ज्ञान-क्रिया-माया-शक्तित्रितयतया श्रीसदाशिवादिपदे स्फुरित्वा संकोचप्रकर्षात्सत्त्वरजस्तमोरुपं क्रीडा शरीरं श्रयति (स्पन्द-निर्णय पृ., 37)। सुप्रबुद्ध योगी अपनी चित् शक्ति के स्फार से ही सब जगत् को अधिष्ठित जानता है (प्रत्यभिज्ञशास्त्र)।
2. इन्द्रियमिन्द्रलिंगमिन्द्रदृष्टमिन्द्रसृष्टमिन्द्रजुष्टमिन्द्रदत्तमिति वा।

(अष्टाध्यायी, 5.2 । 93)

संवादी[1] है। सर्परूप कुंडलिनी का स्वाभाविक वैर मयूर से है। परन्तु शिव की साधना से जन्मे हुए कुमार का वाहन होकर मयूर, कुंडलिनी-रूपी रूर्पिणी का मित्र हो जाता है। शिव के कुटुम्ब में साँप और मोर वैर त्यागकर बसते हैं। तात्पर्य यह है कि पहले मनुष्य कुंडलिनी के यथार्थ स्वरूप को न जानकर उसे विनाशकारी मार्ग में लगाता है पर 'कुमार' स्कन्द के जन्म के पश्चात् वह अपने षट्चक्रों के संयमपूर्ण विनियोग को जान जाता है। काम का सम्बन्ध रेत से है, काम का निवास स्वाधिष्ठान-चक्र में है। इसी चक्र में जल का निवास है, जैसा कहा है–आपः रेतो भूत्वा शिश्नम् प्राविशन् (ऐतरेय उ. 1। 2। 4)। आयुर्वेद के मत से भी वीर्य का जलतत्त्व से सम्बन्ध है। निरुक्त में तथा संस्कृत साहित्य में भी जल के ही विष और अमृत दो नाम हैं। शरीरस्थ रेत, हिरण्य के समान भास्वर तेजवाला है। जिस समय दैवी वृत्तियाँ आसुरी वृत्तियों से दबी रहती हैं, उस समय रेत, विष स्वरूप होकर सब इन्द्रियों के तेज को जीर्ण कर देता है। उस विष को सहने, पचाने और धारण करने की शक्ति किसी इन्द्रियाधिष्ठाता देवता में नहीं है। जब तक शिव विष को नहीं पीते तब तक इन्द्रियरूपी देवता उसकी लपटों से झुलसे हुए रहते हैं। गोसाईं जी ने ठीक कहा है–

जरत सकल सुरवृन्द, विषम गरल जेहि पान किय ॥

शिव ही योग-समाधि के कारण उस विष का पान कर सकते हैं। पाँचों चक्रों को भेदकर जब पहले शिव इस रेत के दुर्विषह्य तेज को विशुद्धि-चक्र अर्थात् कंठ में स्थापित कर लेते हैं, तभी सब देवता अमृत का भाग पाते हैं। शिव के विषपान के पश्चात् वही रेत अमृत रूप होकर इन्द्रियों के आत्म-तेज का संवर्द्धन करता है। शिव का विषपान प्रकारान्तर से योग-साधना के फल का वर्णन है।

यक्ष ने मेघ से एक काम और लिया है–

नृत्यारम्भे हर पशुपतेरार्द्रनागाजिनेच्छा।
शान्तोद्वेगस्तिमितनयनं दृष्टभक्तिर्भवान्या ॥ मे. 1। 36 ॥

हे मेघ! सायंकाल के समय नवीन जपा-पुष्प की लाली के सदृश रक्तिमा से सम्पन्न अपने मंडल को शिव की भुजाओं पर इस प्रकार तान देना कि अपने नाच के आरम्भ में उन्हें गजासुर की गीली खाल की इच्छा न रहे। उस तेरी शिव-भक्ति को उस समय पार्वती भी निश्चल नयन होकर देखेंगी।

संक्षेप में तन्त्रानुसार इसका अर्थ यह है कि जिस मूलाधार चक्र का पृथ्वी तत्त्व है उसमें सप्तप्राणरूपी सप्तशुंड युक्त गजाकार ज्योति है जिसकी पीठ पर शिव-तेज के चारों ओर वलित कुंडलिनी स्थित रहती है। जिस समय योग-साधन की इच्छा से (नृत्यारम्भे) शिवजी इस चक्र को भेदते हैं, तब इस गज की मानो मृत्यु हो जाती है।

---

1. षड्ज संवादिनीः केका द्विषा भिन्ना शिखंडिभिः। रघुं 1। 39
षड्जं मयूरो वदति इति मातंगः ॥

जिस व्यक्ति ने काम को वश में नहीं किया है ऐसा कोई व्यक्ति इस गज को परास्त नहीं कर सकता।

आज्ञा-चक्र में प्रणव का प्रत्यक्ष होता है। वहाँ ही चन्द्राकार ज्योति का दर्शन होता है। यहीं सूर्य, चन्द्र और अग्नि के तीन बिन्दु हैं जिनके नामान्तर शिव, विष्णु और ब्रह्मा तन्त्र-ग्रन्थों में प्रसिद्ध हैं। यहाँ साधक को चन्द्र की किरणों से टपकनेवाली सुधा के आस्वाद का आनन्द मिलता है। इसीलिए शिवजी नवशशिभृत (मेघ. 1 । 47) और इन्दुशेखर (कुमार. 5 । 78) हैं। योगशास्त्र में शिव के रूप का बड़ा विस्तार दिया गया है। शिवपुराण, स्कन्दपुराण[1] तथा तन्त्रों ने इसे बढ़ाकर कथाओं के रूप में प्रकट किया है। कालिदास का यह कहना बहुत ठीक है–

न सन्ति याथार्थ्यविदः पिनाकिनः ॥ कु. 5 । 77 ॥
न विश्वमूर्तेरवधार्यते वपुः ॥ कु. 5 । 78 ॥

शिव के स्वरूप का ठीक-ठीक निर्धारण कौन व्यक्ति कर सकता हैं? पाशुपतशास्त्र[2] में शिव, विष्णु और ब्रह्मा के अद्वैत को मानक जीवात्मा के साथ परम चित् शक्ति का तादात्म्य दिखाया है। वह चित्-शक्ति-रूप परमहंस शिव सहस्रार-पद्म में प्रतिष्ठित है। उस पर-बिन्दु तक पहुँचने का मार्ग योग-साधना द्वारा कुंडलिनी को जगाकर ब्रह्मांड में ले जाना है। जब तक वृषकेतु, वृषांचन, शिव-रूप आत्मा के दर्शन नहीं होते, तब तक काम-बाधा चित्त-वृत्तियों को अधोमुखी रखती है। वृषपति शिव की साधना और भक्ति (मेघ. 1 । 59) प्राप्त करना प्रत्येक कामरूप पुरुष के लिए अत्यन्त आवश्यक है। कालिदास के अनुसार योग के द्वारा परमात्म-संज्ञक परम-ज्योति का दर्शन करना ही जीवन की परम सिद्धि है–

योगोत्स चान्तः परमात्मसंज्ञं
दृष्ट्वा परं ज्योतिरुपारराम ॥ कुमार. 3 । 58 ॥

शिव के स्वरूप का यथार्थ ज्ञान ही कालिदास के दर्शन और साधन का ज्ञान है।

---

1. इसकी कथा स्कन्द महापुराणान्तर्गत काशीखंड के 68वें अध्याय में दी हुई है। गजासुर ने ब्रह्मा से वर पाया था कि कन्दर्प-वशीभूत किसी व्यक्ति के हाथ उसकी मृत्यु न होगी। पार्वती ने जिस समय महादेव से रत्नेश्वर लिंग (मणिपीठाधिपति शिव) का माहात्म्य सुना उसी समय गजासुर अपने बलवीर्य में उन्मत्त होकर प्रमथों को निपीड़न करके शिव की ओर झपटा। कंदर्पहारी महादेव ने पास आने पर उसे त्रिशूल से छेदकर शून्य में टाँग दिया। महादेव जी के मस्तक पर उसने अपना शरीर छत्र की भाँति फैला लिया था। जब उसने शिव की बहुत स्तुति की तब शिव ने वर देना चाहा। गजासुर ने कहा कि आप मेरे शरीर का चमड़ा पहन लीजिए। इसी से शिवजी कृत्तिवास कहलाए।
2. जीव कार्य है, इसका नाम पशु है। ईश्वर कारण है, वही पशुपति है। पशुपति में चित्त की समाधि ही योग है। भस्म, विभूनि, स्नान आदि तपश्चर्या-विधि है। मोक्ष इसका प्रयोजन है। उस मोक्ष का फल दुःख का अन्त है। यही संक्षेप में पाशुपत-शास्त्र है।

मेघदूत मूल और गद्यानुवाद

पूर्वमेघ

1

कोई यक्ष था। वह अपने काम में असावधान हुआ तो यक्षपति ने उसे शाप दिया कि वर्ष-भर पत्नी का भारी विरह सहो। इससे उसकी महिमा ढल गई।

उसने रामगिरि के आश्रमों में बस्ती बनाई जहाँ घने छायादार पेड़ थे और जहाँ सीता जी के स्नानों द्वारा पवित्र हुए जल-कुंड भरे थे।

कश्चित्कान्ताविरहगुरुणा स्वाधिकारात्प्रमतः
शापेनास्तङ्गमितमहिमा वर्षभोग्येण भर्तुः।
यक्षश्चक्रे जनकतनयास्नानपुण्योदकेषु
स्निग्धच्छायातरुषु वसतिं रामगिर्याश्रमेषु॥

2

स्त्री के विछोह में कामी यक्ष ने उस पर्वत पर कई मास बिता दिए। उसकी कलाई सुनहले कंगन के खिसक जाने से सूनी दीखने लगी।

आषाढ़ गास के पहले दिन पहाड़ की चोटी पर झुके हुए मेघ को उसने देखा तो ऐसा जान पड़ा जैसे ढूसा मारने में मगन कोई हाथी हो।

तस्मिन्नद्रो कतिचिदबलाविप्रयुक्तः स कामी
नीत्वा मासान्कनकवलयभ्रंशरिक्त प्रकोष्ठः
आषाढस्य प्रथमदिवसे मेघमाश्लिष्टसानु
वप्रक्रीडापरिणतगजप्रेक्षणीयं ददर्श ॥

3

यक्षपति का वह अनुचर कामोत्कंठा जगानेवाले मेघ के सामने किसी तरह ठहरकर, आँसुओं को भीतर ही रोके हुए देर तक सोचता रहा।

मेघ को देखकर प्रिया के पास में सुखी जन का चित्त भी और तरह का हो जाता है; कंठालिंगन के लिए भटकते हुए विरही जन का तो कहना ही क्या?

तस्य स्थित्वा कथमपि पुरः कौतुकाधानहेतो-
रन्तर्वाष्पश्चिरमनुचरो राजराजस्य दध्यौ।
मेघालोके भवति सुखिनोऽप्यन्यथावृत्ति चेतः
कण्ठाश्लेषप्रणयिनि जने किं पुनर्दूरसंस्थे॥

4

जब सावन पास आ गया, तब निज प्रिया के प्राणों को सहारा देने की इच्छा से उसने मेघ द्वारा अपना कुशल-सन्देश भेजना चाहा।

फिर, टटके खिले कुटज के फूलों का अर्घ्य देकर उसने गद्‌गद हो प्रीति-भरे वचनों से उसका स्वागत किया।

प्रत्यासन्ने नभसि दयिताजीवितालम्बनार्थी
जीमूतेन स्वकुशलमयीं हारयिष्यन्प्रवृत्तिम्।
स प्रत्यग्रैः कुटजकुसुमैः कल्पितार्घाय तस्मै
प्रीतः प्रीतिप्रमुखवचनं स्वागतं व्याजहार॥

5

धुएँ, पानी, धूप और हवा का जमघट बादल कहाँ? कहाँ सन्देश की वे बातें जिन्हें चोखी इन्द्रियोंवाले प्राणी ही पहुँचा पाते हैं?

उत्कंठावश इस पर ध्यान न देते हुए यक्ष ने मेघ से ही याचना की।

जो काम के सताए हुए हैं, वे जैसे चेतन के समीप वैसे ही अचेतन के समीप भी, स्वभाव से दीन हो जाते हैं।

धूमज्योतिः सलिलमरुतां संनिपातः क्व मेघः
संदेशार्थाः क्व पटुकरणैः प्राणिभिः प्रापणीयाः।
इत्यौत्सुक्यादपरिगणयन्गुह्यकस्तं ययाचे
कामार्ता हि प्रकृतिकृपणाश्चेतनाचेतनेषु ॥

6

पुष्कर और आवर्तक नामवाले मेघों के लोक-प्रसिद्ध वंश में तुम जन्मे हो। तुम्हें मैं इन्द्र का कामरूपी मुख्य अधिकारी जानता हूँ। विधिवश, अपनी प्रिया से दूर पड़ा हुआ मैं इसी कारण तुम्हारे पास याचक बना हूँ।

गुणीजन से याचना करना अच्छा है, चाहे वह निष्फल ही रहे। अधम से माँगना अच्छा नहीं, चाहे सफल भी हो।

जातं वंशे भुवनविदिते पुष्करावर्तकानां
जानामि त्वां प्रकृतिपुरुषं कामरूपं मघोनः।
तेनार्थित्वं त्वयि विधिवशाद्दूरबन्धुर्गतोऽहं
याञ्चा मोघा वरमधिगुणे नाधमे लब्धकामा ॥

7

जो सन्तप्त हैं, हे मेघ! तुम उनके रक्षक हो। इसलिए कुबेर के क्रोधवश विरही बने हुए मेरे सन्देश को प्रिया के पास पहुँचाओ।

यक्षपतियों की अलका नामक प्रसिद्ध पुरी में तुम्हें जाना है, जहाँ बाहरी उद्यान में बैठे हुए शिव के मस्तक से छिटकती हुई चाँदनी उसके भवनों को धवलित करती है।

संतप्तानां त्वमसि शरणं तत्पयोद! प्रियायाः
संदेशं मे हर धनपतिक्रोधविश्लेषितस्य।
गन्तव्या ते वसतिरलका नाम यक्षेश्वराणां
बाह्योद्यानस्थितहरशिरश्चन्द्रिकाधौतहर्म्या ॥

8

जब तुम आकाश में उमड़ते हुए उठोगे तो प्रवासी पथिकों की स्त्रियाँ मुँह पर लटकते हुए घुँघराले बालों को ऊपर फेंककर इस आशा से तुम्हारी ओर टकटकी लगाएँगी कि अब प्रियतम अवश्य आते होंगे।

तुम्हारे घुमड़ने पर कौन-सा जन विरह में व्याकुल अपनी पत्नी के प्रति उदासीन रह सकता है, यदि उसका जीवन मेरी तरह पराधीन नहीं है?

त्वामारूढं पवनपदवीमुद्गृहीतालकान्ताः
प्रेक्षिष्यन्ते पथिकवनिताः प्रत्ययादाश्वसन्त्यः।
कः संनद्धे विरहविधुरां त्वय्युपेक्षेत जायां
न स्यादन्योऽप्यहमिव जनो यः पराधीनवृत्तिः॥

9

अनुकूल वायु तुम्हें धीमे-धीमे चला रही है। गर्व-भरा यह पपीहा तुम्हारे बाएँ आकर मीठी रटन लगा रहा है।

गर्भाधान का उत्सव मनाने की अभ्यासी बगुलियाँ आकाश में पंक्तियाँ बाँध-बाँधकर नयनों को सुभग लगनेवाले तुम्हारे समीप अवश्य पहुँचेंगी।

मन्दं मन्दं नुदति पवनश्चानुकूलो यथा त्वां
वामश्चायं नदति मधुरं चाकतस्ते सगन्धः।
गर्भाधानक्षणपरिचयान्नूनमाबद्धमालाः
सेविष्यन्ते नयनसुभगं खे भवन्तं बलाकाः॥

10

विरह के दिन गिनने में संलग्न, और मेरी बाट देखते हुए जीवित, अपनी उस पतिव्रता भौजाई को, हे मेघ, रुके बिना पहुँचकर तुम अवश्य देखना।

नारियों के फूल की तरह सुकुमार प्रेम-भरे हृदय को आशा का बन्धन विरह में टूटकर अकस्मात् बिखर जाने से प्रायः रोके रहता है।

तां चावश्यं दिवसगणनातत्परामेकपत्नी-
पव्यापन्नामविहतगतिर्द्रक्ष्यसि भ्रातृजायाम्।
आशाबन्धः कुसुमसदृशं प्रायशो ह्यङ्गनानां
सद्यःपाति प्रणयि हृदयं विप्रयोगे रुणद्धि॥

11

जिसके प्रभाव से पृथ्वी खुम्भी की टोपियों का फुटाव लेती और हरी होती है, तुम्हारे उस सुहावने गर्जन को जब कमलवनों में राजहंस सुनेंगे, तब मानसरोवर जाने की उत्कंठा से अपनी चोंच में मृणाल के अग्रखंड का पथ-भोजन लेकर वे कैलास तक के लिए आकाश में तुम्हारे साथी बन जाएँगे।

कर्तुं यच्च प्रभवति महीमुच्छिलीन्ध्रामवन्ध्यां
तच्छ्रुत्वा ते श्रवणसुभगं गर्जितं मानसोत्काः।
आकैलासाद्बिसकिसलयच्छेदपाथेयवन्तः
सैपत्स्यन्ते नभसि भवती राजहंसाः सहायाः॥

12

अब अपने प्यारे सखा इस ऊँचे पर्वत से गले मिलकर विदा लो जिसकी ढालू चट्टानों पर लोगों से वन्दनीय रघुपति के चरणों की छाप लगी है; और जो समय-समय पर तुम्हारा सम्पर्क मिलने के कारण लम्बे विरह के तप्त आँसू बहाकर अपना स्नेह प्रकट करता रहता है।

आपृच्छस्व प्रियसखममुं तुङ्गमालिङ्ग्य शैलं
वन्द्यैः पुंसां रघुपतिपदैरङ्कितं मेखलासु।
काले काले भवति भवतो यस्य संयोगमेत्य
स्नेहव्यक्तिश्चिरविरहजं मुञ्चतो वाष्पमुष्णम् ॥

13

हे मेघ, पहले तो अपनी यात्रा के लिए अनुकूल मार्ग मेरे शब्दों में सुनो—थक-थककर जिन पर्वतों के शिखरों पर पैर टेकते हुए, और बार-बार तनक्षीण होकर जिन सोतों का हलका जल पीते हुए तुम जाओगे। पीछे, मेरा वह सन्देश सुनना जो कानों से पीने योग्य है।

मार्गं तावच्छृणु कथयतस्त्वत्प्रयाणानुरूपं
संदेशं मे तदनु जलद! श्रोष्यसि श्रोत्रपेयम्।
खिन्नः खिन्नः शिखरिषु पदं न्यस्यन्तासि यत्र
क्षीणः क्षीणः परिलघु पयः स्रोतसां चोपभुज्य॥

14

क्या वायु कहीं पर्वत की चोटी ही उड़ाये लिये जाती है, इस आशंका से भोली बालाएँ ऊपर मुँह करके तुम्हारा पराक्रम चकित हो-होकर देखेंगी।

इस स्थान से जहाँ बेंत के हरे पेड़ हैं, तुम आकाश में उड़ते हुए मार्ग में अड़े दिग्गजों के स्थूल शुंडों का आघात बचाते हुए उत्तर की ओर मुँह करके जाना।

अद्रेः शृंगं हरति पवनः किंस्विदित्युन्मुखीभि-
दृष्टोत्साहश्चकितचकितं मुग्धसिद्धाङ्गनाभिः।
स्थानादस्मात्सरसनिचुलादुत्पतोदङ्मुखः खं
दिङ्नागानां पथि परिहरन्स्थूलहस्तावलेपान् ॥

15

चम-चम करते रत्नों की झिलमिल ज्योति-सा जो सामने दीखता है, इन्द्र का वह धनुखंड बाँबी की चोटी से निकल रहा है।

उससे तुम्हारा साँवला शरीर और भी अधिक खिल उठेगा, जैसे झलकती हुई मोरशिखा से गोपाल वेशधारी कृष्ण का शरीर सज गया था।

रत्नच्छायाव्यतिकर इव प्रेक्ष्यमेतत्पुरस्ता-
द्वल्मीकाग्रात्प्रभवति धनुःखण्डमाखण्डलस्य।
येन श्यामं वपुरतितरां कान्तिमापत्स्यते ते
बर्हेणेव स्फुरितरुचिना गोपवेषस्य विष्णोः॥

16

खेती का फल तुम्हारे अधीन है—इस उमंग से ग्राम-बधूटियाँ भौंहें चलाने में भोले, पर प्रेम से गीले अपने नेत्रों में तुम्हें भर लेंगी।

माल क्षेत्र के ऊपर इस प्रकार उमड़-घुमड़कर बरसना कि हल से तत्काल खुरची हुई भूमि गन्धवती हो उठे। फिर कुछ देर बाद चटक-गति से पुनः उत्तर की ओर चल पड़ना।

त्वय्यायत्त कृषिफलमिति भ्रूविलासानभिज्ञैः
प्रीतिस्निग्धैर्जनपदवधूलोचनैः पीयमानः।
सद्यःसीरोत्कषणमुरभि क्षेत्रमारुह्य मालं
किंचित्पश्चाद्व्रज लघुगतिर्भूय एवोत्तरेण ॥

17

वन में लगी हुई अग्नि को अपनी मूसलाधार वृष्टि से बुझानेवाले, रास्ते की थकान से चूर, तुम जैसे उपकारी मित्र को आम्रकूट पर्वत सादर सिर-माथे पर रखेगा।

क्षुद्रजन भी मित्र के अपने पास आश्रय के लिए आने पर पहले उपकार की बात सोचकर मुँह नहीं मोड़ते। जो उच्च हैं, उनका तो कहना ही क्या?

त्वामासारप्रशमितवनोपप्लवं साधु मूर्ध्ना,
वक्ष्यत्यध्वश्रमपरिगतं सानुमानाम्रकूटः।
न क्षुद्रोऽपि प्रथमसुकृतापेक्षया संश्रयाय
प्राप्ते मित्रे भवति विमुखः किं पुनर्यस्तथोच्चैः॥

18

पके फलों से दिपते हुए जंगली आम जिसके चारों ओर लगे हैं, उस पर्वत की चोटी पर जब तुम चिकनी वेणी की तरह काले रंग से घिर आओगे, तो उसकी शोभा देव-दम्पतियों के देखने योग्य ऐसी होगी जैसे बीच में साँवला और सब ओर से पीला पृथिवी का स्तन उठा हुआ हो।

छन्नोपान्तः परिणतफलद्योतिभिः काननाम्रै-
स्त्वय्यरूढे शिखरमचलः स्निग्धवेणीसवर्णे।
नूनं यास्यत्यमरमिथुनप्रेक्षणीयामवस्थां
मध्ये श्मामः स्तन इव भुवः शेषविस्तारपाण्डुः॥

19

उस पर्वत पर जहाँ कुंजों में वनचरों की वधुओं ने रमण किया है, घड़ी-भर विश्राम ले लेना। फिर जल बरसाने से हलके हुए, और भी चटक चाल से अगला मार्ग तय करना।

विन्ध्य पर्वत के ढलानों में ऊँचे-नीचे ढोकों पर बिखरी हुई नर्मदा तुम्हें ऐसी दिखाई देगी जैसे हाथी के अंगों पर भाँति-भाँति के कटावों से शोभा-रचना की गई हो।

स्थित्वा तस्मिन्वनचरवधूभुक्तकुञ्जे मुहूर्तं
तोयोत्सर्गं द्रुततरगतिस्तत्परं वर्त्म तीर्णः।
रेवां द्रक्ष्यस्युपलविषमे विन्ध्यपादे विशीर्णां
भक्तिच्छेदैरिव विरचितां भूतिमंगे गजस्य॥

20

जब तुम वृष्टि द्वारा अपना जल बाहर उँड़ेल चुको तो नर्मदा के उस जल का पान कर आगे बढ़ना जो जंगली हाथियों के तीते महकते मद से भावित है और जो जामुनों के कुंजों में रुक-रुककर बहता है।

हे घन, भीतर से तुम ठोस होगे तो हवा तुम्हें न उड़ा सकेगी, क्योंकि जो रीते हैं वे हलके, और जो भरे-पूरे हैं वे भारी-भरकम होते हैं।

तस्यास्तिक्तैर्वननगजमदैर्वासितं वान्तवृष्टि-
जम्बूकुञ्जप्रतिहतरयं तोयमादाय गच्छेः।
अन्तःसारं घन! तुलयितुं नानिलः शक्ष्यति त्वां
रिक्तः सर्वो भवति हि लघुः पूर्णता गौरवाय॥

21

हे मेघ, जल की बूँदें बरसाते हुए तुम्हारे जाने का जो मार्ग है, उस पर कहीं तो भौंरे अधखिले केसरोंवाले हरे-पीले कदम्बों को देखते हुए, कहीं हिरन कछारों में भुँई-केलियों के पहले फुटाव की कलियों को टूँगते हुए, और कहीं हाथी जंगलों में धरती की उठती हुई उग्र गन्ध को सूँघते हुए मार्ग की सूचना देते मिलेंगे।

नीपं दृष्ट्वा हरितकपिशं केसरैरर्धरूढै-
रुाविर्भूतप्रथममुकुलाः कन्दलीश्चानुकच्छम्।
जग्ध्वारण्येष्वधिकसुरभिं गन्धमाघ्राय चोर्व्याः
सारंगास्ते जललवमुचः सूचयिष्यन्ति मार्गम्॥

22

हे मित्र, मेरे प्रिय कार्य के लिए तुम जल्दी भी जाना चाहो, तो भी कुटज के फूलों से महकती हुई चोटियों पर मुझे तुम्हारा अटकाव दिखाई पड़ रहा है।

सफेद डोरे खिंचे हुए नेत्रों में जल भरकर जब मोर अपनी केकावाणी से तुम्हारा स्वागत करने लगेंगे, तब जैसे भी हो, जल्दी जाने का प्रयत्न करना।

उत्पश्यामि द्रुतमपि सखे! मत्प्रियार्थं यियासोः
कालक्षेपं ककुभसुरभौ पर्वते पर्वते ते।
शुक्लापांगैः सजलनयनैः स्वागतीकृत्य केकाः
प्रत्युद्यातः कथमपि भववान्गन्तुमाशु व्यवस्येत्॥

23

हे मेघ, तुम निकट आए कि दशार्ण देश में उपवनों की कटीली रौंसों पर केतकी के पौधों की नुकीली बालों से हरियाली छा जाएगी; घरों में आ-आकर रामग्रास खानेवाले कौवों द्वारा घोंसले रखने से गाँवों के वृक्षों पर चहल-पहल दिखाई देने लगेगी; और पके फलों से काले भौंराले जामुन के वन सुहावने लगने लगेंगे। तब हंस वहाँ कुछ ही दिनों के मेहमान रह जाएँगे।

पाण्डुच्छायोपवनवृतयः केतकैः सूचिभिन्नै-
नीडारम्भैर्गृ हबलिभुजामाकुलग्रामचैत्याः।
त्वय्यासन्ने परिणतफलश्यामजम्बूवनान्ताः
संपत्स्यन्ते कतिपयदिनस्थायिहंसा दशार्णाः॥

24

उस देश की दिगन्तों में विख्यात विदिशा नाम की राजधानी में पहुँचने पर तुम्हें अपने रसिकपने का फल तुरन्त मिलेगा—वहाँ तट के पास मठारते हुए तुम वेत्रवती के तरंगित जल का ऐसे पान करोगे जैसे उसका भ्रू-चंचल मुख हो।

तेषां दिक्षु प्रथितविदिशालक्षणां राजधानीं
गत्वा सद्यः फलमविकलं कामुकत्वस्य लब्धा।
तीरोपान्तस्तनितसुभगं पास्यसि स्वादु यस्मा-
त्सभ्रूभंगं मुखमिव पयो वेत्रवत्याश्चलोर्मि ॥

25

विश्राम के लिए वहाँ 'निचले' पर्वत पर बसेरा करना जो तुम्हारा सम्पर्क पाकर खिले फूलोंवाले कदम्बों से पुलकित-सा लगेगा। उसकी पथरीली कन्दराओं से उठती हुई गणिकाओं के भोग की रत-गन्ध पुरवासियों के उत्कट यौवन की सूचना देती है।

नीचैराख्यं गिरिमधिवसेस्तत्र विश्रामहेतो-
स्त्वसंपर्कात्पुलकितमिव प्रौढपुष्पैः कदम्बैः।
यः पण्यस्त्रीरतिपरिमलोद्गारिभिर्नागराणा-
मुद्दामानि प्रथयति शिलावेश्मभिर्यौं वनानि ॥

26

विश्राम कर लेने पर, वन-नदियों के किनारों पर लगी हुई जूही के उद्यानों में कलियों को नए जल की बूँदों से सींचना; और जिनके कपोलों पर कानों के कमल पसीना पोंछने की बाधा से कुम्हला गए हैं, ऐसी फूल चुननेवाली स्त्रियों के मुखों पर तनिक छाँह करते हुए पुनः आगे चल पड़ना।

विश्रान्तः सन्ब्रज वननदीतीरजालानि सिञ्च-
न्नुद्यानानां नवजलकणैर्यू थिकाजालकानि।
गण्डस्वेदापनयनरुजा क्लान्तकर्णोत्पलानां
छायादानात्क्षणपरिचितः पुष्पलावीमुखानाम्॥

27

यद्यपि उत्तर दिशा की ओर जानेवाले तुम्हें मार्ग का घुमाव पड़ेगा, फिर भी उज्जयिनी के महलों की ऊँची अटारियों की गोद में बिलसने से विमुख न होना। बिजली चमकने से चकाचौंध हुई वहाँ की नागरी स्त्रियों के नेत्रों की चंचल चितवनों का सुख तुमने न लूटा तो समझना कि ठगे गए।

वक्रः पन्था यदपि भवतः प्रस्थितस्योत्तराशां
सौधोत्संगप्रणयविमुखो मा स्म भूरुज्जयिन्याः।
विद्युद्दामस्फुरित चकितैस्तत्र पौरांगनानां
लोलापांगैर्यदि न रमसे लोचनैर्वञ्चितोऽसि॥

28

लहरों के थपेड़ों से किलकारी भरते हुए हंसों की पंक्तिरूपी करधनी झंकारती हुई, अटपट बहाव से चाल की मस्ती प्रकट करती हुई, और भँवररूपी नाभि उघाड़कर दिखाती हुई निर्विन्ध्या से मार्ग में मिलकर उसका रस भीतर लेते हुए छकना।

प्रियतम से स्त्री की पहली प्रार्थना शृंगार-चेष्टाओं द्वारा ही कही जाती है।

वीचिक्षोभस्तनितविहगश्रेणिकाञ्चीगुणायाः
संसर्पन्त्याः स्खलितसुभगं दर्शितावर्तनाभेः।
निर्विन्ध्यायाः पथि भव रसाभ्यन्तरः सन्निपत्य
स्त्रीणामाद्यं प्रणयवचनं विभ्रमो हि प्रियेषु॥

29

जिसकी पतली जलधारा वेणी बनी हुई है, और तट के वृक्षों से झड़े हुए पुराने पत्तों से जो पीली पड़ी हुई है, अपनी विरह दशा से भी जो प्रवास में गए तुम्हारे सौभाग्य को प्रकट करती है, हे सुभग, उस निर्विन्ध्या की कृशता जिस उपाय से दूर हो वैसा अवश्य करना।

वेणीभूतप्रतनुसलिलासावतीतस्य सिन्धुः
पाण्डुच्छाया तटरुहतरुभ्रंशिभिर्जीर्णपर्णैः।
सौभाग्यं ते सुभग! विरहावस्थया व्यञ्जयन्ती
कार्श्यं येन त्यजति विधिना स त्वयैवोपपाद्यः॥

30

गाँवों के बड़े-बूढ़े जहाँ उदयन की कथाओं में प्रवीण हैं, उस अवन्ति देश में पहुँचकर, पहले कही हुई विशाल वैभववाली उज्जयिनी पुरी को जाना।

सुकर्मों के फल छीजने पर जब स्वर्ग के प्राणी धरती पर बसने आते हैं, तब बचे हुए पुण्य-फलों से साथ में लाया हुआ स्वर्ग का ही जगमगाता हुआ टुकड़ा मानो उज्जयिनी है।

प्राप्यावन्तीनुदयनकथाकोविदग्रामवृद्धा-
न्पूर्वोद्दिष्टामनुसर पुरीं श्री विशालां विशालाम्।
स्वल्पीभूते सुचरितफले स्वर्गिणां गां गतानां
शेषैः पुण्यैर्हृतमिव दिवः कान्तिमत्खण्डमेकम् ॥

31

जहाँ प्रातःकाल शिप्रा का पवन खिले कमलों की भीनी गन्ध से महमहाता हुआ, सारसों की स्पष्ट मधुर बोली में चटकारी भरता हुआ, अंगों को सुखद स्पर्श देकर, प्रार्थना के चटोरे प्रियतम की भाँति स्त्रियों के रतिजनित खेद को दूर करता है।

दीर्घीकुर्वन्पटु मदकलं कूजितं सारसानां
प्रत्यूषेषु स्फुटितकमलामोदमैत्रीकषायः।
यत्र स्त्रीणां हरति सुरतग्लानिमंगानुकूलः
शिप्रावातः प्रियतम इव प्रार्थनाचाटुकारः॥

32

उज्जयिनी में स्त्रियों के केश सुवासित करनेवाली धूप गवाक्ष जालों से बाहर उठती हुई तुम्हारे गात्र को पुष्ट करेगी, और घरों के पालतू मोर भाईचारे के प्रेम से तुम्हें नृत्य का उपहार भेंट करेंगे। वहाँ फूलों से सुरभित महलों में सुन्दर स्त्रियों के महावर लगे चरणों की छाप देखते हुए तुम मार्ग की थकान मिटाना।

जालोद्गीर्णैरुपचितवपुः केशसंस्कारधूपै-
बर्न्धुप्रीत्या भवनशिखिभिर्दत्तनृत्योपहारः।
हर्म्येष्वस्याः कुसुमसुरभिष्वध्वखेदं नयेथा
लक्ष्मीं पश्यंल्ललितवनितापादरागाङ्कितेषु॥

33

अपने स्वामी के नीले कंठ से मिलती हुई शोभा के कारण शिव के गण आदर के साथ तुम्हारी ओर देखेंगे। वहाँ त्रिभुवनपति चंडीश्वर के पवित्र धाम में तुम जाना। उसके उपवन के कमलों के पराग से सुगन्धित, एवं जलक्रीड़ा करती हुई युवतियों के स्नानीय द्रव्यों से सुरभित गन्धवती की हवाएँ झकोर रही होंगी।

भर्तुः कण्ठच्छविरिति गणैः सादरं वीक्ष्यमाणः
पुण्यं यायास्त्रिभुवनगुरोर्धाम चण्डीश्वरस्य।
धूतोद्यानं कुवलयरजोगन्धिभिर्गन्धवत्या-
स्तोयक्रीडानिरतयुवतिस्नानतिक्तै मरुद्भिः॥

34

हे जलधर, यदि महाकाल के मन्दिर में समय से पहले तुम पहुँच जाओ, तो तब तक वहाँ ठहर जाना जब तक सूर्य आँख से ओझल न हो जाए।

शिव की सन्ध्याकालीन आरती के समय नगाड़े जैसी मधुर ध्वनि करते हुए तुम्हें अपने धीर-गम्भीर गर्जनों का पूरा फल प्राप्त होगा।

अप्यन्यस्मिञ्जलधर! महाकालमासाद्य काले
स्थातव्यं ते नयनविषयं यावदत्येति भानुः।
कुर्वन्संध्याबलिपटहतां शूलिनः श्लाघनीया-
मामन्द्राणां फलमविकलं लप्स्यते गर्जितानाम्॥

35

वहाँ प्रदोष-नृत्य के समय पैरों की ठुमकन से जिनकी कटिकिंकिणी बज उठती है, और रत्नों की चमक से झिलमिल मूठोंवाली चौरियाँ डुलाने से जिनके हाथ थक जाते हैं, ऐसी वेश्याओं के ऊपर जब तुम सावन के बुन्दाकड़े बरसाकर उनके नखक्षतों को सुख दोगे, तब वे भी भौंरों-सी चंचल पुतलियों से तुम्हारे ऊपर अपने लम्बे चितवन चलाएँगी।

पादन्यासक्वणितरशनास्तत्र लीलावधूतै
रत्नच्छायाखचितवलिभिश्चामरैः क्लान्तहस्ताः।
वेश्यास्त्वत्तो नखपदसुखान्प्राप्य वर्षाग्रबिन्दू-
नामोक्ष्यन्ते त्वयि मधुकरश्रेणिदीर्घान्कटाक्षान्॥

36

आरती के पश्चात् आरम्भ होनेवाले शिव के तांडव-नृत्य में तुम, तुरत के खिले जपा पुष्पों की भाँति फूली हुई सन्ध्या की ललाई लिये हुए शरीर से, वहाँ शिव के ऊँचे उठे भुजमंडल रूपी वन-खंड को घेरकर छा जाना।

इससे एक ओर तो पशुपति शिव रक्त से भीगा हुआ गजासुरचर्म ओढ़ने की इच्छा से विरत होंगे; दूसरी ओर पार्वती जी उस ग्लानि के मिट जाने से एकटक नेत्रों से तुम्हारी भक्ति की ओर ध्यान देंगी।

पश्चादुच्चैर्भुजतरुवनं मण्डलेनाभिलीनः
सान्ध्यं तेजः प्रतिनवजपापुष्परक्तं दधानः।
नृत्यारम्भे हर पशुपतेरार्द्र नागाजिनेच्छां
शान्तोद्वेगस्तिमितनयनं दृष्टभक्तिर्भवान्या॥

37

वहाँ उज्जयिनी में रात के समय प्रियतम के भवनों को जाती हुई अभिसारिकाओं को जब घुप्प अँधेरे के कारण राज-मार्ग पर कुछ न सूझता हो, तब कसौटी पर कसी कंचन-रेखा की तरह चमकती हुई बिजली से तुम उनके मार्ग में उजाला कर देना। वृष्टि और गर्जन करते हुए घेरना मत, क्योंकि वे बेचारी डरपोक होती हैं।

गच्छन्तीनां रमणवसतिं योषितां तत्र नक्तं
रुद्धालोके नरपतिपथे सूचिभेद्यैस्तमोभिः।
सौदामन्या कनकनिकषस्निग्धया दर्शयोर्वी
तोयोत्सर्गस्तनितमुखरो मा स्म भूर्विक्लवास्ताः॥

38

देर तक बिलसने से जब तुम्हारी बिजली रूपी प्रियतमा थक जाए, तो तुम वह रात्रि किसी महल की अटारी में जहाँ कबूतर सोते हों बिताना। फिर सूर्योदय होने पर शेष रहा मार्ग भी तय करना। मित्रों का प्रयोजन पूरा करने के लिए जो किसी काम को ओढ़ लेते हैं, वे फिर उसमें ढील नहीं करते।

तां कस्यांचिद्भवनवलभौ सुप्तपारावतायां
नीत्वा रात्रिं चिरविलसिनात्खिन्नविद्युत्कलत्रः।
दृष्टे सूर्ये पुनरपि भवान्वाहयेदध्वशेषं
मन्दायन्ते न खलु सुहृदामभ्युपेतार्थकृत्याः॥

39

रात्रि में बिछोह सहनेवाली खंडिता नायिकाओं के आँसू सूर्योदय की बेला में उनके प्रियतम पोंछा करते हैं, इसलिए तुम शीघ्र सूर्य का मार्ग छोड़कर हट जाना, क्योंकि सूर्य भी कमलिनी के पंकजमुख से ओसरूपी आँसू पोंछने के लिए लौटे होंगे। तुम्हारे द्वारा हाथ रोके जाने पर उनका रोष बढ़ेगा।

तस्मिन्काले नयनसलिलं योषितां खण्डिताना
शान्तिं नेयं प्रणयिभिरतो वर्त्म भानोस्त्यजाशु।
प्रालेयास्त्रं कमलवदनात्सोऽपि हर्तुं नलिन्याः
प्रत्यावृत्तस्त्वयि कररुधि स्यादनल्पाभ्यसूयः ॥

40

गम्भीरा के चित्तरूपी निर्मल जल में तुम्हारे सहज सुन्दर शरीर का प्रतिबिम्ब पड़ेगा ही। फिर कहीं ऐसा न हो कि तुम उसके कमल-से श्वेत और उछलती शफरी से चंचल चितवनों की ओर अपने धीरज के कारण ध्यान न देते हुए उन्हें विफल कर दो।

गम्भीरायाः पयसि सरितश्चेतसीव प्रसन्ने
छायात्मापि प्रकृतिसुभगो लप्स्यते ते प्रवेशम्।
तस्यादस्याः कुमुदविशदान्यर्हसि त्वं न धैर्या-
न्मोघीकर्तुं चटुलशफरोद्वर्तनप्रेक्षितानि ॥

41

हे मेघ, गम्भीरा के तट से हटा हुआ नीला जल, जिसे बेंत अपनी झुकी हुई डालों से छूते हैं, ऐसा जान पड़ेगा मानो नितम्ब से सरका हुआ वस्त्र उसने अपने हाथों से पकड़ रक्खा है।

हे मित्र, उसे सरकाकर उसके ऊपर लम्बे-लम्बे झुके हुए तुम्हारा वहाँ से हटना कठिन ही होगा, क्योंकि स्वाद जाननेवाला कौन ऐसा है जो उघड़े हुए जघन भाग का त्याग कर सके।

तस्याः किंचित्करधृतमिव प्राप्तवानीरशाखं
नीत्वा नीलं सलिलवसनं मुक्तरोघोनितम्बम्।
प्रस्थानं ते कथमपि सखे! लम्बमानस्य भावि
शातास्वादो विवृतजघनां को विहातुं समूर्थः॥

42

हे मेघ, तुम्हारी झड़ी पड़ने से भपारा छोड़ती हुई भूमि की उत्कट गन्ध के स्पर्श से जो सुरभित है, अपनी सूँड़ों के नथुनों में सुहावनी ध्वनि करते हुए हाथी जिसका पान करते हैं, और जंगली गूलर जिसके कारण गदरा गए हैं, ऐसा शीतल वायु देवगिरि जाने के इच्छुक तुमको मन्द-मन्द थपकियाँ देकर प्रेरित करेगा।

त्वन्निष्यन्दोच्छ्वसितवसुधागन्धसंपर्करम्यः
स्रोतोरन्ध्रध्वनितसुभगं दन्तिभिः पीयमानः।
नीचैर्वास्यत्युपजिगमिषोर्देवपूर्वं गिरिं ते
शीतो वायुः परिणमयिता काननोदुम्बराणाम्॥

43

हे मेघ, अपने शरीर को पुष्प-वर्षी बनाकर आकाशगंगा के जल में भीगे हुए फूलों की बौछारों से वहाँ देवगिरि पर सदा बसनेवाले स्कन्द को तुम स्नान कराना। नवीन चन्द्रमा मस्तक पर धारण करनेवाले भगवान् शिव ने देवसेनाओं की रक्षा के लिए सूर्य से भी अधिक जिस तेज को अग्नि के मुख में क्रमशः संचित किया था, वही स्कन्द है।

तत्र स्कन्दं नियतवसतिं पुष्पमेधीकृतात्मा
पुष्पासारैःस्नपयतु भवान्व्योमगङ्गाजलार्द्रैः।
रक्षाहेतोर्नवशशिभृता वासवीनां चमूना-
मत्यादित्यं हुतवहमुखे संभृतं तद्धि तेजः॥

44

पश्चात्, उस पर्वत की कन्दराओं में गूँजकर फैलनेवाले अपने गर्जित शब्दों से कार्तिकेय के उस मोर को नचाना जिसकी आँखों के कोये शिव के चन्द्रमा की चाँदनी-से धवलित हैं। उसके छोड़े हुए पैंच को, जिस पर चमकती रेखाओं के चन्दक वने हैं, पार्वती जी पुत्र-स्नेह के वशीभूत हो कमल पत्र की जगह अपने कान में पहनती हैं।

ज्योतिर्लेखावलयि गलितं यस्य बर्हं, भवानी
पुत्रप्रेम्णा कुवलयदलप्रापि कर्णे करोति।
धौतापाङ्गं हरशशिरुचा पावकेस्तं मयूरं
पश्चादद्रिग्रहणगुरुभिर्गर्जितैर्नर्तयेथाः॥

45

सरकंडों के वन में जन्म लेनेवाले स्कन्द की आराधना से निवृत्त होने के बाद तुम, जब वीणा हाथ में लिये हुए सिद्ध दम्पती बूँदों के डर से मार्ग छोड़कर हट जावें, तब आगे बढ़ना, और चर्मण्वती नदी के प्रति सम्मान प्रकट करने के लिए नीचे उतरना। गोमेघ से उत्पन्न हुई राजा रन्तिदेव की कीर्ति ही उस जलधारा के रूप में पृथ्वी पर बह निकली है।

आराध्यैनं शरवणभवं देवमुल्लङ्घिताध्वा
सिद्धद्वन्द्वैर्जलकणभयाद्वीणिभिर्मु क्तमार्गः।
व्यालम्वेथाः सुरभितनयालम्भजां मानयिष्यन्
स्रोतोमूर्त्या भुवि परिणतां रन्तिदेवस्य कीर्तिम्॥

46

हे मेघ, विष्णु के समान श्यामवर्श तुम जब चर्मण्वती का जल पीने के लिए झुकोगे, तब उसके चौड़े प्रवाह को, जो दूर से पतला दिखाई पड़ता है, आकाशचारी सिद्ध-गन्धर्व एकटक दृष्टि से निश्चय देखने लगेंगे मानो पृथ्वी के वक्ष पर मोतियों का हार हो जिसके बीच में इन्द्र नील का मोटा मनका पिरोया गया है।

त्वय्यांदातुं जलमवनते शर्ङ्गिणो वर्णचौरे
तस्याः सिन्धोः पृथुमपि तनुं दूरभावात्प्रवाहम्।
प्रेक्षिष्यन्ते गगनगतयो नूनमावर्ज्य दृष्टी-
रेकं मुक्तागुणमिव भुवः स्थूलमध्येन्द्रनीलम्॥

47

उस नदी को पार करके अपने शरीर को दशपुर की स्त्रियों के नेत्रों की लालसा का पात्र बनाते हुए आगे जाना। भौंहें चलाने में अभ्यस्त उनके नेत्र जब बरौनी ऊपर उठती हैं तब श्वेत और श्याम प्रभा के बाहर छिटकने से ऐसे लगते हैं, मानो वायु से हिलते हुए कुन्द पुष्पों के पीछे जानेवाले भौंरों की शोभा उन्होंने चुरा ली हो।

तामुत्तीर्य ब्रज परिचितभ्रूलताविभ्रमाणां
पक्ष्मोत्क्षेपादुपरिविलसत्कृष्णशारप्रभाणाम्।
कुन्दक्षेपानुगमधुकरश्रीमुषामात्मबिम्बं
पात्रीकुर्वन्दशपुरवधूनेत्रकौतुहलानाम्॥

48

उसके बाद ब्रह्मावर्त जनपद के ऊपर अपनी परछाईं डालते हुए क्षत्रियों के विनाश की सूचक कुरुक्षेत्र की उस भूमि में जाना जहाँ गांडीवधारी अर्जुन ने अपने चोखे बाणों की वर्षा से राजाओं के मुखों पर ऐसी झड़ी लगा दी थी जैसी तुम मूसलाधार मेह बरसाकर कमलों के ऊपर करते हो।

ब्रह्मावर्तं जनपदमथच्छायया गाहमानः
क्षेत्रं क्षत्रप्रधनपिशुन कौरवं तद्भजेथाः।
राजन्यानां शितशरशतैर्यत्र गाण्डीवधन्वा
धारापातैस्त्वमिव कमलान्यभ्यवर्षन्मुखानि॥

49

कौरवों और पांडवों के प्रति समान स्नेह के कारण युद्ध से मुँह मोड़कर बलराम जी मन-चाहते स्वादवाली उस हाला को, जिसे रेवती अपने नेत्रों की परछाईं डालकर स्वयं पिलाती थीं, छोड़कर सरस्वती के जिन जलों का सेवन करने के लिए चले गए थे, तुम भी जब उनका पान करोगे, तो अन्तःकरण से शुद्ध बन जाओगे, केवल बाहरी रंग ही साँवला दिखाई देगा।

हित्वा हालामभिमतरसां रेवतीलोचनाङ्कां
बन्धुप्रीत्या समरविमुखो लाङ्गली याः सिषेवे।
कृत्वा तासामभिगममपां सौम्य! सारस्वतीना-
मन्तःशुद्धस्त्वमपि भविता वर्णमात्रेण कृष्णः॥

50

वहाँ से आगे कनखल में शैलराज हिमवन्त से नीचे उतरती हुई गंगाजी के समीप जाना, जो सगर के पुत्रों का उद्धार करने के लिए स्वर्ग तक लगी हुई सीढ़ी की भाँति हैं।

पार्वती के भौंहें ताने हुए मुँह की ओर अपने फेनों की मुसकान फेंककर वे गंगा जी अपने तरंगरूपी हाथों से चन्द्रमा क़े साथ अठखेलियाँ करती हुई शिव के केश पकड़े हुए हैं।

तस्माद्गच्छेरनुकनखलं शैलराजावतीर्णा
जह्नोः कन्यां सगरतनयस्वर्गसोपानपङ्क्तिम्।
गौरीवक्त्रभृकुटिरचनां या विहस्येव फेनैः
शंभोः केशग्रहणमकरोदिन्दुलग्नोर्मिहस्ता॥

51

आकाश में दिशाओं के हाथी की भाँति पिछले भाग से लटकते हुए जब तुम आगे की ओर झुककर गंगा जी के स्वच्छ बिल्लौर जैसे निर्मल जल को पीना चाहोगे, तो प्रवाह में पड़ती हुई तुम्हारी छाया से वह धारा ऐसी सुहावनी लगेगी जैसे प्रयाग से अन्यत्र यमुना उसमें आ मिली हो!

तस्याः पातुं सुरगज इव व्योम्नि पश्चार्थलम्बी
त्वं चेदच्छस्फटिकविशदं तर्कयेस्तिर्यगम्भः।
संसर्पन्त्या सपदि भवतः स्रोतसि च्छाययासौ
स्यादस्थानोपगतयमुनासंगमेवाभिरामा॥

52

वहाँ आकर बैठनेवाले कस्तूरी मृगों के नाफे की गन्ध से जिसकी शिलाएँ महकती हैं, उस हिम-धवलित पर्वत पर पहुँचकर जब तुम उसकी चोटी पर मार्ग की थकावट मिटाने के लिए बैठोगे, तब तुम्हारी शोभा ऐसी जान पड़ेगी मानो शिव के गोरे नन्दी ने गीली मिट्टी खोदकर सींगों पर उछाल ली हो।

आसीनानां सुरभितशिलं नाभिगन्धैर्मृगाणां
तस्या एवं प्रभवमचलं प्राप्य गौरं तुषारैः।
वक्ष्यस्यध्वश्रमविनयने तस्य शृंगे निषण्णः
शोभां शुभ्रत्रिनयनवृषोत्खातपङ्कोपमेयाम् ॥

53

जंगली हवा चलने पर देवदारु के तनों की रगड़ से उत्पन्न दावाग्नि, जिसकी चिनगारियों से चौंरी गायों की पूँछ के बाल झुलस जाते हैं, यदि उस पर्वत को जला रही हो, तो तुम अपनी असंख्य जल-धाराओं से उसे शान्त करना। श्रेष्ठ पुरुषों की सम्पत्ति का यही फल है कि दुःखी प्राणियों के दुःख उससे दूर हों।

तं चेद्वायौ सरति सरलस्कन्धसंघट्टजन्मा
बाधेतोल्काक्षपितचमरीबालभारो दवाग्निः।
अर्हस्येनं शतयितुमलं वारिधारासहस्रै-
रापन्नार्तिप्रशमनफलाः संपदो ह्युत्तमानाम् ॥

54

यदि वहाँ हिमालय में कुपित होकर वेग से उछलते हुए शरभ मृग, उनके मार्ग से अलग विचरनेवाले तुम्हारी ओर, सपाटे से कूदकर अपना अंग-भंग करने पर उतारू हों, तो तुम भी तड़ातड़ ओले बरसाकर उन्हें दल देना। व्यर्थ के कामों में हाथ डालनेवाला कौन ऐसा है जो नीचा नहीं देखता?

ये संरम्भोत्पतनरभसाः स्वाङ्गभङ्गाय तस्मि-
न्मुक्ताध्वानं सपदि शरभा लङ्घयेयुर्भवन्तम्।
तान्कुर्वीथास्तुमुलकरकावृष्टिपातावकीर्णान्
के वा न स्युः परिभवपदं निष्फलारम्भयत्ना॥

55

वहाँ चट्टान पर शिवजी के पैरों की छाप बनी है। सिद्ध लोग सदा उस पर पूजा की सामग्री चढ़ाते हैं। तुम भी भक्ति से झुककर उसकी प्रदक्षिणा करना। उसके दर्शन से पाप के कट जाने पर श्रद्धावान् लोग शरीर त्यागने के बाद सदा के लिए गणों का पद प्राप्त करने में समर्थ होते हैं।

तत्र व्यक्तं दृषदि चरणन्यासमर्धेन्दुमौलेः
शश्वत्सिद्धैरुपचितबलिं भक्तिनम्रः परीयाः।
यस्मिन्दृष्टे करणविगमादूर्ध्वमुद्धूतपापाः
संकल्पन्ते स्थिरगणपदप्राप्तये श्रद्दधानाः॥

56

वहाँ पर हवाओं के भरने से सूखे बाँस बजते हैं और किन्नरियाँ उनके साथ कंठ मिलाकर शिव की त्रिपुर-विजय के गान गाती हैं। यदि कन्दराओं में गूँजता हुआ तुम्हारा गर्जन मृदंग के निकलती हुई ध्वनि की तरह उसमें मिल गया, तो शिव की पूजा के संगीत का पूरा ठाट जम जाएगा।

शब्दायन्ते मधुरमनिलैः कीचकाः पूर्यमाणाः
संसक्ताभिस्त्रिपुरविजयो गीयते किन्नरीभिः।
निर्हादस्ते मुरज इव चेत्कन्दरेषु ध्वनिः स्या-
त्संगीतार्थो ननु पशुपतेस्तत्र भावी समग्रः॥

57

हिमालय के बाहरी अंचल में उन-उन दृश्यों को देखते हुए तुम आगे बढ़ना। वहाँ क्रौंच पर्वत में हंसों के आवागमन का द्वार वह रन्ध्र है जिसे परशुराम ने पहाड़ फोड़कर बनाया था। वह उनके यश का स्मृति-चिह्न है। उसके भीतर कुछ झुककर लम्बे प्रवेश करते हुए तुम ऐसे लगोगे जैसे बलि-बन्धन के समय उठा हुआ त्रिविक्रम विष्णु का साँवला चरण सुशोभित हुआ था।

प्रालेयाद्रेरुपतटमतिक्रम्य तांस्तान्विशेषान्
हंसद्वारं भृगुपतियशोवर्त्म यत्क्रौञ्चरन्ध्रम्।
तेनोदीचीं दिशमनुसरेस्तिर्यगायामशोभी
श्यामः पादो बलिनियमनाभ्युद्यतस्येव विष्णोः॥

58

वहाँ से आगे बढ़कर कैलास पर्वत के अतिथि होना जो अपनी शुभ्रता के कारण देवांगणनाओं के लिए दर्पण के समान है। उसकी धारों के जोड़ रावण की भुजाओं से झड़झड़ाए जाने के कारण ढीले पड़ गए हैं। वह कुमुद के पुष्प जैसी श्वेत बर्फीली चोटियों की ऊँचाई से आकाश को छाए हुए ऐसे खड़ा है मानो शिव के प्रतिदिन के अट्टहास का ढेर लग गया है।

गत्वा चोर्ध्वं दशमुखभुजोच्छ्वासितप्रस्थसंधेः
कैलासस्य त्रिदशवनितादर्पणस्यातिथिः स्याः।
शृङ्गोच्छ्रायैः कुमुदविशदैर्यो वितत्य स्थितः खं
राशीभूतः प्रतिदिनमिव त्र्यम्बकस्याट्टहासः॥

59

हे मेघ, चिकने घुटे हुए अंजन की शोभा से युक्त तुम जब उस कैलास पर्वत के ढाल पर घिर आओगे, जो हाथी दाँत के तुरन्त कटे हुए टुकड़े की तरह धवल है, तो तुम्हारी शोभा आँखों से ऐसी एकटक देखने योग्य होगी मानो कन्धे पर नीला वस्त्र डाले हुए गोरे बलराम हों।

उत्पश्यामि त्वयि तटगते स्निग्धभिन्नाञ्जनाभे
सद्यःकृत्तद्विरददशनच्छेदगौरस्य तस्य।
शोभामद्रेः स्तिमितनयनप्रेक्षणीयां भवित्री-
मंसन्यस्ते सति हलभृतो मेचके वाससीव॥

60

जिस पर लिपटा हुआ सर्परूपी कंगन उतारकर रख दिया गया है, शिव के ऐसे हाथ में अपना हाथ दिए यदि पार्वती जी उस क्रीड़ा पर्वत पर पैदल घूमती हों, तो तुम उनके आगे जाकर अपने जलों को भीतर ही बर्फ रूप में रोके हुए अपने शरीर से नीचे-ऊँचे खंड सजाकर सोपान बना देना जिससे वे तुम्हारे ऊपर पैर रखकर मणितट पर आरोहण कर सकें।

हित्वा तस्मिन्भुजगवलयं शंभुना दत्तहस्ता
क्रीडाशैले यदि च विचरेत्पादचारेण गौरी।
भङ्गीभक्त्या विरचितवपुः स्तम्भितान्तर्जलौघः
सोपानत्वं कुरु मणितटारोहणायाग्रयायी॥

61

वहाँ कैलास पर सुर-युवतियाँ जड़ाऊ कंगन में लगे हुए हीरों की चोट से बर्फ के बाहरी आवरण को छेदकर जल की फुहारें उत्पन्न करके तुम्हारा फुहारा बना लेंगी। हे सखे, धूप में तुम्हारे साथ जल-क्रीड़ा में निरत उनसे यदि शीघ्र न छूट सको तो अपने कर्णभेदी गर्जन से उन्हें डरपा देना।

तत्रावश्यं वलयकुलिशोद्धट्टनोद्गीर्णतोयं
नेष्यन्ति त्वां सुरयुवतयो यन्त्रधारागृहत्वम्।
ताभ्यो भोक्षस्तव यदि सखे! धर्मलब्धस्य न स्यात्
क्रीडालोलाः श्रवणपरुषैर्गर्जितैर्भाययेस्ताः॥

62

हे मेघ, अपने मित्र कैलास पर नाना भाँति की ललित क्रीड़ाओं से मन बहलाना। कभी सुनहरे कमलों से भरा हुआ मानसरोवर का जल पीना; कभी इन्द्र के अनुचर अपने सखा ऐरावत के मुँह पर क्षण-भर के लिए कपड़ा-सा झाँपकर उसे प्रसन्न करना; और कभी कल्पवृक्ष के पत्तों को अपनी हवाओं से ऐसे झकझोरना जैसे हाथों में रेशमी महीन दुपट्टा लेकर नृत्य के समय करते हैं।

हेमाम्भोजप्रसवि सलिलं मानसस्याददानः
कुर्वन्कामं क्षणमुखपटप्रीतिमैरावतस्य।
धुन्वन्कल्पद्रुमकिसलयान्यंशुकानीव वातै-
नानाचेष्टैर्जलद! ललितैर्निर्विशे तं नगेन्द्रम्॥

63

हे कामचारी मेघ, जिसकी गंगारूपी साड़ी सरक गई है ऐसी उस अलका को प्रेमी कैलास की गोद में बैठी देखकर तुम न पहचान सको, ऐसा नहीं हो सकता। बरसात के दिनों में उसके ऊँचे महलों पर जब तुम छा जाओगे तब तुम्हारे जल की झड़ी से वह ऐसी सुहावनी लगेगी जैसे मोतियों के जालों से गुँथे हुए घुँघराले केशोंवाली कोई कामिनी हो।

तस्योत्सङ्गे प्रणयिन इव स्रोतगङ्गादुकूलां
न त्वं दृष्ट्वा न पुनरलकां ज्ञास्यसे कामचारीन्!
या वः काले वहति सलिलोद्गारमुच्चैर्विमाना
मुक्ताजालग्रथितमलकं कामिनीवाभ्रवृन्दम्॥

उत्तरमेघ

1

अलका के महल अपने इन-इन गुणों से तुम्हारी होड़ करेंगे। तुम्हारे पास बिजली है तो उनमें छबीली स्त्रियाँ हैं। तुम्हारे पास रँगीला इन्द्रधनुष है तो उनमें चित्र लिखे हैं। तुम्हारे पास मधुर गम्भीर गर्जन है तो उनमें संगीत के लिए मृदंग ठनकते हैं। तुम्हारे भीतर जल भरा है, तो उनमें मणियों से बने चमकीले फर्श हैं। तुम आकाश में ऊँचे उठे हो तो वे गगनचुम्बी हैं।

विद्युत्वन्तं ललितवनिताः सेन्द्रचापं सचित्राः
संगीताय प्रहतमुरजाः स्निग्धगम्भीरघोषम्।
अन्तस्तोयं मणिमयभुवस्तुङ्गमभ्रंलिहाग्राः
प्रासादास्त्वां तुलयितुमलं यत्र तैस्तैर्विशेषैः॥

2

वहाँ अलका की वधुएँ षड्ऋतुओं के फूलों से अपना शृंगार करती हैं। शरद में कमल उनके हाथों के लीलारविन्द हैं। हेमन्त में टटके बालकुन्द उनके घुँघराले बालों में गूँथे जाते हैं। शिशिर में लोध्र पुष्पों का पीला पराग वे मुख की शोभा के लिए लगाती हैं। वसन्त में कुरबक के नए फूलों से अपना जूड़ा सजाती हैं। गरमी में सिरस के सुन्दर फूलों को कान में पिरोती हैं और तुम्हारे पहुँचने पर वर्षा में जो कदम्ब पुष्प खिलते हैं, उन्हें माँग में सजाती हैं।

हस्ते लीलाकमलमलके बालकुन्दानुविद्धं
नीता लोध्रप्रसवरजसा पाण्डुतामानने श्रीः।
चूडापाशे नवकुरवकं चारु कर्णे शिरीषः
सीमन्ते च त्वदुपगमजं यत्र नीपं वधूनाम्॥

3

वहाँ पत्थर के बने हुए महलों के उन अट्टों पर जिनमें तारों की परछाईं फूलों-सी झिलमिल होती है, यक्ष ललितांगनाओं के साथ विराजते हैं। तुम्हारे जैसी गम्भीर ध्वनिवाले पुष्कर वाद्य जब मन्द-मन्द बजते हैं, तब वे दम्पती कल्प वृक्ष से इच्छानुसार प्राप्त रतिफल नामक मधु का पान करते हैं।

यस्यां यक्षाः सितमणिमयान्येत्य हर्म्यस्थलानि
ज्योतिश्छायाकुसुमरचितान्युत्तमस्त्रीसहायाः।
आसेवन्ते मधु रतिफलं कल्पवृक्षप्रसूतं
त्वद्गम्भीरध्वनिषु शनकैः पुष्करेष्वाहतेषु॥

4

देवता जिन्हें चाहते हैं, ऐसी रूपवती कन्याएँ अलका में मन्दाकिनी के जल से शीतल बनी पवनों का सेवन करती हुई, और नदी किनारे के मन्दारों की छाया में अपने-आपको धूप से बचाती हुई, सुनहरी बालू की मूठें मारकर मणियों को पहले छिपा देती हैं और फिर उन्हें ढूँढ़ निकालने का खेल खेलती हैं।

मन्दाकिन्याः सलिलशिशिरैः सेव्यमाना मरुद्भि-
मर्न्दाराणामनुतटरुहां छायया वारितोष्णाः।
अन्वेष्टव्यैः कनकसिकतामुष्टिनिक्षेपगूढैः
संक्रीडन्ते मणिभिरमरप्रार्थिता यत्र कन्याः॥

5

वहाँ अलका में कामी प्रियतम अपने चंचल हाथों से लाल अधरोंवाली स्त्रियों के नीवी बन्धनों के तड़क जाने से ढीले पड़े हुए दुकूलों को जब खींचने लगते हैं, तो लज्जा में बूड़ी हुई वे विचारी किरणें छिटकाते हुए रत्नदीपों को सामने रखे होने पर भी कुंकुम की मूठी से बुझाने में सफल नहीं होतीं।

नीवीबन्धोच्छ्वसितशिथिलं यत्र बिम्बाधराणां
क्षौमं रागादनिभृतकरेष्वाक्षिपत्सु प्रियेषु।
अर्चिस्तुङ्गानभिमुखमपि प्राप्तरत्नप्रदीपान्
ह्रीमूढानां भवति विफलप्रेरणा चूर्णमुष्टिः॥

6

उस अलका के सतखंडे महलों की ऊँची अटारियों में बेरोकटोक जानेवाले वायु की प्रेरणा में प्रवेश पाकर तुम्हारे जैसे मेहवाले बादल अपने नए जल-कणों से भित्तिचित्रों को बिगाड़कर अपराधी की भाँति डरे हुए, झरोखों से धुएँ की तरह निकल भागने में चालाक, जर्जर होकर बाहर आते हैं।

नेत्रा नीताः सततगतिना यद्विमानाग्रभूमी-
रालेख्यानां नवजलकणैर्दोषमुत्पाद्यसद्यः।
शङ्कास्पृष्टा इव जलमुचस्त्वादृशा जालमार्गै-
र्धूमोद्गारानुकृतिनिपुणा जर्जरा निष्पतन्ति॥

7

वहाँ अलका में आधी रात के समय जब तुम बीच में नहीं होते तब चन्द्रमा की निर्मल किरणें झालरों में लटकी हुई चन्द्रकान्त मणियों पर पड़ती हैं, जिससे वे भी जल-बिन्दुओं की फुहार चुआने लगती हैं और प्रियतमों के गाढ़ भुजालिंगन से शिथिल हुई कामिनियों के अंगों की रतिजनित थकान को मिटाती हैं।

यत्र स्त्रीणां प्रियतमभुजालिङ्गनोच्छ्वासिताना-
मङ्गग्लानिं सुरतजनितां तन्तुजालावलम्बाः।
त्वत्संरोधापगमविशदैश्चन्द्रपादैर्निशीथे
व्यालुम्पन्ति स्फुटजललवस्यन्दिनश्चन्द्रकान्ताः॥

8

वहाँ अलका में कामी जन अपने महलों के भीतर अखूट धनराशि रखे हुए सुरसुन्दरी वारांगनाओं से प्रेमालाप में मग्न होकर प्रतिदिन, सुरीले कंठ से कुबेर का यश गानेवाले किन्नरों के साथ, चित्ररथ नामक बाहरी उद्यान में विहार करते हैं।

अक्षय्यान्तर्भवननिधयः प्रत्यहं रक्तकण्ठै-
रुद्गायद्भिर्धनपतियशः किंनरैर्यत्र सार्धम्।
वैभ्राजाख्यं विबुधवनितावारमुख्यासहाया
बद्धालापा बहिरुपवनं कामिनो निर्विशन्ति॥

9

वहाँ अलका में प्रातः सूर्योदय के समय कामिनियों के रात में अभिसार करने का मार्ग चाल की दलक के कारण घुँघराले केशों से सरके हुए मन्दार फूलों से, कानों से गिरे हुए सुनहरे कमलों के पत्तेदार झुमकों से, बालों में गुँथे मोतियों के बिखरे हुए जालों से, और उरोजों पर लटकनेवाले हारों के टूटकर गिर जाने से पहचाना जाता है।

गत्युत्कम्पादलकपतितैर्यत्र मन्दारपुष्पैः
पत्रच्छेदैः कनककमलैः कर्णविभ्रंशिभिश्च।
मुक्ताजालैः स्तनपरिसरच्छिन्नसूत्रैश्च हारै-
र्नैशोमार्गः सवितुरुदये सूच्यते कामिनीनाम्॥

10

वहाँ अलका में कुबेर के मित्र शिवजी को साक्षात् बसता हुआ जानकर कामदेव भौंरों की प्रत्यंचावाले अपने धनुष पर बाण चढ़ाने से प्रायः डरता है।

कामीजनों को जीतने का उसका मनोरथ तो नागरी स्त्रियों की लीलाओं से ही पूरा हो जाता है, जब वे भौंहें तिरछी करके अपने कटाक्ष छोड़ती हैं जो कामीजनों में अचूक निशाने पर बैठते हैं।

मत्वा देवं धनपतिसखं यत्र साक्षाद्वसन्तं
प्रायश्चापं न वहति भयान्मन्मथः षट्पदज्यम्।
सभ्रूभङ्गप्रहितनयनैः कामिलक्ष्येष्वमोघै-
स्तस्यारम्भश्चतुरवनिताविभ्रमैरेव सिद्धः॥

11

वहाँ अलका में पहनने के लिए रंगीन वस्त्र, नयनों में चंचलता लाने के लिए चटक मधु, शरीर सजाने के लिए पुष्प-किसलय और भाँति-भाँति के गहने, चरणकमल रँगने के लिए महावर—यह सब स्त्रियों की श्रृंगार-सामग्री अकेला कल्पवृक्ष ही उत्पन्न कर देता है।

वासश्चित्रं मधु नयनयोर्विभ्रमादेशदक्षं
पुष्पोद्भेदं सह किसलयैर्भूषणानां विकल्पान्।
लाक्षारागं चरणकमलन्यासयोग्यं च यस्या-
मेकः सूते सकलमबलामण्डनं कल्पवृक्षः ॥

12

उस अलका में कुबेर के भवन से उत्तर की ओर मेरा घर है, जो सुन्दर इन्द्रधनुष के समान तोरण से दूर से पहचाना जाता है। उस घर के एक ओर मन्दार का बाल वृक्ष है जिसे मेरी पत्नी ने पुत्र की तरह पोसा है और जो हाथ बढ़ाकर चुन लेने योग्य फूलों के गुच्छों से झुका हुआ है।

तत्रागारं धनपतिगृहानुत्तरेणास्मदीयं
दूराल्लक्ष्यं सुरपतिधनुश्चारुणा तोरणेन।
यस्योपान्ते कृतकतनयः कान्तया वर्धितो मे
हस्तप्राप्यस्तबकनमितो बालमन्दारवृक्षः॥

13

मेरे उस घर में एक बावड़ी है, जिसमें उतरने की सीढ़ियों पर पन्ने की सिलें जड़ी हैं और जिसमें बिल्लौर की चिकनी नालोंवाले खिले हुए सोने के कमल भरे हैं। सब दुःख भुलाकर उसके जल में बसे हुए हंस तुम्हारे आ जाने पर भी पास में सुगम मानसरोवर में जाने की उत्कंठा नहीं दिखाते।

वापी चास्मिन्मरकतशिलाबद्धसोपानमार्गा
हैमैश्छन्ना विकचकमलैः स्निग्धवैदूर्यनालैः।
यस्यास्तोये कृतवसतयो मानसं संनिकृष्टं
नाध्यास्यन्ति व्यपगतशुचस्त्वामपि प्रेक्ष्य हंसा ॥

14

उस बावड़ी के किनारे एक क्रीड़ा-पर्वत है। उसकी चोटी सुन्दर इन्द्र नील मणियों के जड़ाव से बनी है; उसके चारों ओर सुनहले कदली वृक्षों का कटहरा देखने योग्य है।

हे मित्र, चारों ओर घिरकर बिजली चमकाते हुए तुम्हें देखकर डरा हुआ मेरा मन अपनी गृहिणी के प्यारे उस पर्वत को ही याद करने लगता है।

तस्यास्तीरे रचितशिखरः पेशलैरिन्द्रनीलैः
क्रीडाशैलः कनककदलीवेष्टनप्रेक्षणीयः।
मद्गेहिन्याः प्रिय इति सखे! चेतसा कातरेण
प्रेक्ष्योपान्तस्फुरिततडितं त्वां तमेव स्मरामि॥

15

उस क्रीड़ा-शैल में कुबरक की बाढ़ से घिरा हुआ मोतिये का मंडप है, जिसके पास एक ओर चंचल पल्लवोंवाला लाल फूलों का अशोक है और दूसरी ओर सुन्दर मौलसिरी है। उनमें से पहला मेरी तरह ही दोहद के बहाने तुम्हारी सखी के बाएँ पैर का आघात चाहता है, और दूसरा (बकुल) उसके मुख से मदिरा की फुहार का इच्छुक है।

रक्ताशोकश्चलकिसलयः केसरश्चात्र कान्तः
प्रत्यासन्नौ कुरबकवृतेर्माधवीमण्डपस्य।
एकः सख्यास्तव सह मया वामपादाभिलाषी
काङ्क्षत्वन्यो वदनमदिरां दोहदच्छद्मनास्याः॥

16

उन दो वृक्षों के बीच में सोने की बनी हुई बसेरा लेने की छतरी है जिसके सिरे पर बिल्लौर का फलक लगा है, और मूल में नए बाँस के समान हरे चोआ रंग की मरकत मणियाँ जड़ी हैं।

मेरी प्रियतमा हाथों में बजते कंगन पहने हुए सुन्दर ताल दे-देकर जिसे नचाती है, वह तुम्हारा प्रियसखा नीले कंठवाला मोर सन्ध्या के समय उस छतरी पर बैठता है।

तन्मध्ये च स्फटिकफलका काञ्चनी वासयष्टि-
मूले बद्धा मणिभिरनतिप्रौढवंशप्रकाशैः।
तालैः शिन्जावलयसुभगैर्नर्तितः कान्तया मे
यामध्यास्ते दिवसविगमे नीलकण्ठः सुहृद्धः॥

17

हे चतुर, ऊपर बताए हुए इन लक्षणों को हृदय में रखकर, तथा द्वार के शाखा-स्तम्भों पर बनी हुई शंख और कमल की आकृति देखकर तुम मेरे घर को पहचान लोगे, यद्यपि इस समय मेरे वियोग में वह अवश्य छविहीन पड़ा होगा।

सूर्य के अभाव में कमल कभी अपनी पूरी शोभा नहीं दिखा पाता।

एभिः साधो! हृदयनिहितैर्लक्षणैर्लक्षयेथा
द्वारोपान्ते लिखितवपुषौ शङ्खपद्मौ च दृष्ट्वा।
क्षामच्छायं भवनमधुना मद्वियोगेन नूनं
सूर्यापाये न खलु कमलं पुष्यति स्वामभिख्याम्॥

18

हे मेघ, सपाटे के साथ नीचे उतरने के लिए तुम शीघ्र ही मकुने हाथी के समान रूप बनाकर ऊपर कहे हुए क्रीड़ा-पर्वत के सुन्दर शिखर पर बैठना। फिर जुगनुओं की भाँति लौकती हुई, और टिमटिमाते प्रकाशवाली अपनी बिजलीरूपी दृष्टि महल के भीतर डालना।

गत्वा सद्यः कलभतनुतां शीघ्रसंपातहेतोः
क्रीडाशैले प्रथमकथिते रम्यसानौ निषण्णाः।
अर्हस्यन्तर्भवनपतितां कर्तुमल्पाल्पभासं
खद्योतालीविलसितनिभां विद्युदुन्मेषदृष्टिम्॥

19

देह की छरहरी, उठते हुए यौवनवाली, नुकीले दाँतोंवाली, पके कुंदरू-से लाल अधरवाली, कटि की क्षीण, चकित हिरनी की चितवनवाली, गहरी नाभिवाली श्रोणि-भार से चलने में अलसाती हुई, स्तनों के भार से कुछ झुकी हुई–ऐसी मेरी पत्नी वहाँ अलका की युवतियों में मानो ब्रह्मा की पहली कृति है।

तन्वी श्यामा शिखरिदशना पक्वबिम्बाधरोष्ठी
मध्ये क्षामा चकितहरिणीप्रेक्षणा निम्ननाभिः।
श्रोणीभारादलसगमना स्तोकनम्रा स्तनाभ्यां
या तत्र स्याद्युवतिविषये सृष्टिराद्येव धातुः॥

20

मेरे दूर चले आने के कारण अपने साथी से बिछड़ी हुई उस प्रियतमा को तुम मेरा दूसरा प्राण ही समझो। मुझे लगता है कि विरह की गाढ़ी वेदना से सताई हुई वह बाला वियोग के कारण बोझल बने इन दिनों में कुछ ऐसी हो गई होगी जैसे पाले की मारी कमलिनी और तरह की हो जाती है।

तां जानीथाः परिमितकथां जीवितं मे द्वितीयं
दूरीभूते मयि सहचरे चक्रवाकीमवैकाम्।
गाढोत्कण्ठां गुरुषु दिवसेष्वेषु गच्छन्सु बालां
जातां मन्ये शिशिरमथितां पद्मिनीं वान्यरूपाम्॥

21

लगातार रोने से जिसके नेत्र सूज गए हैं, गर्म साँसों से जिसके निचले होंठ का रंग फीका पड़ गया है, ऐसी उस प्रियतमा का हथेली पर रखा हुआ मुख, जो शृंगार के अभाव में केशों के लटक आने से पूरा न दीखता होगा, ऐसा मलिन ज्ञात होगा जैसे तुम्हारे द्वारा ढक जाने पर चन्द्रमा कान्तिहीन हो जाता है।

नूनं तस्याः प्रबलरुदितोच्छूननेत्रं प्रियाया
निःश्वासानामशिशिरतया भिन्नवर्णाधरोष्ठम्।
हस्तन्यस्तं मुखमसकलव्यक्ति लम्बालकत्वा-
दिन्दोर्दैन्यं त्वदनुसरणक्लिष्टकान्तेर्बिभर्ति॥

22

हे मेघ, वह मेरी पत्नी या तो देवताओं की पूजा में लगी हुई दिखाई पड़ेगी, या विरह में क्षीण मेरी आकृति का अपने मनोभावों के अनुसार चित्र लिखती होगी, या पिंजड़े की मैना से मीठे स्वर में पूछती होगी–'ओ रसिया, तुझे भी क्या वे स्वामी याद आते हैं? तू तो उनकी दुलारी थी।'

आलोके ते निपतति पुरा सा वलिव्याकुला वा
मत्सादृश्य विरहतनु वा भावगम्यं लिखन्ती।
पृच्छन्ती वा मधुरवचनां सारिकां पञ्जरस्थां
कच्चिद्भर्तुः स्मरसि रसिके! त्वं हि तस्य प्रियेति॥

23

हे सौम्य, फिर मलिन वस्त्र पहने हुए गोद में वीणा रखकर नेत्रों के जल से भीगे हुए तन्तुओं को किसी तरह ठीक-ठाक करके मेरे नामांकित पद को गाने की इच्छा से संगीत में प्रवृत्त वह अपनी बनाई हुई स्वर-विधि को भी भूलती हुई दिखाई पड़ेगी।

उत्सङ्गे वा मलिनवसने सौम्य! निक्षिप्य वीणां
मद्गोत्राङ्कं विरचितपदं गेयमुद्गातुकामा।
तन्त्रीमार्द्रां नयनसलिलैः सारयित्वा कथंचि-
द्भूयोभूयः स्वयमपि कृतां मूर्च्छनां विस्मरन्ती ॥

24

विवियोगिनी की काम दशा, संकल्प–

अथवा, एक वर्ष के लिए निश्चित मेरे वियोग की अवधि के कितने मास अब शेष बचे हैं, इसकी गिनती के लिए देहली पर चढ़ाए पूजा के फूलों को उठा-उठाकर भूमि पर रख रही होगी। या फिर भाँति-भाँति के रति सुखों को मन में सोचती हुई मेरे मिलने का रस चखती होगी।

प्रायः स्वामी के विरह में वियोगिनी स्त्रियाँ इसी प्रकार अपना मन-बहलाव किया करती हैं।

शेषान्मासान्विरहदिवसस्थापितस्यावधेर्वा
विन्यस्यन्ती भुवि गणनया देहलीदत्तपुष्पैः।
मत्सङ्गं वा हृदयनिहितारम्भमास्वादयन्ती
प्रायेणैते रमणविरहेष्वङ्गनानां विनोदाः॥

25

चित्र-लेखन या वीणा बजाने आदि में व्यस्त उसे दिन में तो मेरा वियोग वैसा न सताएगा, पर मैं सोचता हूँ कि रात में मन-बहलाव के साधन न रहने से वह तेरी सखी भारी शोक में डूब जाएगी।

अतएव आधी रात के समय जब वह भूमि पर सोने का व्रत लिये हुए उचटी नींद से लेटी हो, तब मेरे सन्देश में उस पतिव्रता को भरपूर सुख देने के लिए तुम महल की गोख में बैठकर उसके दर्शन करना।

सव्यापारामहनि न तथा पीडयेन्मद्वियोगः
शङ्केरात्रौ गुरुतरशुचं निर्विनोदां सखीं ते।
मत्संदेशैः सुखयितुमलं पश्य साध्वीं निशीथे
तामुन्निद्रामवनिशयनां सौधवातायनस्थः॥

26

मानसिक सन्ताप के कारण तन-क्षीण बनी हुई वह उस विरह-शय्या पर एक करवट से लेटी होगी, मानो प्राची दिशा के क्षितिज पर चन्द्रमा की केवल एक कोर बची हो।

जो रात्रि किसी समय मेरे साथ मनचाहा विलास करते हुए एक क्षण-सी बीत जाती थी, वही विरह में पहाड़ बनी हुई गर्म-गर्म आँसुओं के साथ किसी-किसी तरह बीतती होगी।

आधिक्षामां विरहशयने संनिषण्णैकपार्श्वां
प्राचीमूले तनुमिव कलामात्रशेषां हिमांशोः।
नीता रात्रिः क्षण इव मया सार्धमिच्छारतैर्या
तामेवोष्णैर्विरहमहतीमश्रुभिर्यापयन्तीम् ॥

27

जाली में से भीतर आती हुई चन्द्रमा की किरणों को परिचित स्नेह से देखने के लिए उसके नेत्र बढ़ते हैं, पर तत्काल लौट आते हैं। तब वह उन्हें आँसुओं से भरी हुई दूभर पलकों से ऐसे ढक लेती है, जैसे धूप में खिलनेवाली भू-कमलिनी मेह-बूँदी के दिन न पूरी तरह खिल सकती है, न कुम्हलाती ही है।

पादानिन्दोरमृतशिशिराञ्जालमार्गप्रविष्टान्
पूर्वप्रीत्या गतमभिमुखं संनिवृत्तं तथैव।
चक्षुः खेदात्सलिलगुरुभिः पक्ष्मभिश्छादयन्तीं
साभ्रेऽह्नीव स्थलकमलिनीं न प्रबुद्धां न सुप्ताम्॥

28

रूखे स्नान के कारण खुरखुरी एक घुँघराली लट अवश्य उसके गाल तक लटक आई होगी। अधर पल्लव को झुलसानेवाली गर्म-गर्म साँस का झोंका उसे हटा रहा होगा। किसी प्रकार स्वप्न में ही मेरे साथ रमण का सुख मिल जाए, इसलिए वह नींद की चाह करती होगी। पर हा! आँखों में आँसुओं के उमड़ने से नेत्रों में नींद की जगह भी वहाँ रुँध गई होगी।

निःश्वासेनाधरकिसलयक्लेशिना विक्षिपन्तीं
शुद्धस्नानात्परुषमलकं नूनमागण्डलम्बम्।
मत्संभोगः कथमुपनयेत्स्वप्नजोऽपीति निद्रा-
माकाङ्क्षन्तीं नयनसलिलोत्पीडरुद्धात्वकाशाम्॥

29

विरह के पहले दिन जो वेणी चुटीलने के बिना मैं बाँध आया था और शाप के अन्त में शोक रहित होने पर मैं ही जिसे जाकर खोलूँगा, उस खुरखुरी, बेडौल और एक में लिपटी हुई चोटी को, जो छूने मात्र से पीड़ा पहुँचाती होगी, वह अपने कोमल गंडस्थल के पास लम्बे नखोंवाला हाथ ले जाकर बार-बार हटाती हुई दिखाई पड़ेगी।

आद्ये बद्धा विरहदिवसे या शिखा दाम हित्वा
शापस्यान्ते विगलितशुचा तां मयोद्वेष्टनीयाम्।
स्पर्शक्लिष्टामयमितनखेनासकृत्सारयन्तीं
गण्डाभोगात्कठिनविषमामेकवेणीं करेण॥

30

वह अबला आभूषण त्यागे हुए अपने सुकुमार शरीर को भाँति-भाँति के दुखों से विरह-शय्या पर तड़पते हुए किसी प्रकार रख रही होगी। उसे देखकर तुम्हारे नेत्रों से भी अवश्य नई-नई बूँदों के आँसू बरसेंगे। मृदु हृदयवाले व्यक्तियों की चित्त-वृत्ति प्रायः करुणा से भरी होती है।

सा संन्यस्ताभरणमबला पेशलं धारयन्ती
शय्योत्सङ्गे निहितमसकृद् दुःखदुःखेन गात्रम्।
त्वामप्यस्रं नवजलमयं मोचयिष्यत्यवश्यं
प्रायः सर्वो भवति करुणावृत्तिरार्द्रान्तरात्मा॥

31

मैं जानता हूँ कि तुम्हारी उस सखी के मन में मेरे लिए कितना स्नेह है। इसी कारण अपने पहले बिछोह में उसकी ऐसी दुखित अवस्था की कल्पना मुझे हो रही है।

पत्नी के सुहाग से कुछ अपने को बड़भागी मानकर मैं ये बातें नहीं बघार रहा। हे भाई, मैंने जो कहा है, उसे तुम स्वयं ही शीघ्र देख लोगे।

जाने सख्यास्तव मयि मनः संभृतस्नेहमत्मा-
    दित्थंभूतां प्रथमविरहे तामहं तर्कयामि।
वाचालं मां न खलु सुभगंमन्यभावः करोति
    प्रत्यक्षं ते निखिलमचिराद् भ्रातरुक्तं मया यत् ॥

32

मुँह पर लटक आनेवाले बाल जिसकी तिरछी चितवन रोकते हैं, काजल की चिकनाई के बिना जो सूना है, और वियोग में मधुपान त्याग देने से जिसकी भौंहें अपनी चंचलता भूल चुकी हैं, ऐसा उस मृगनयनी का बायाँ नेत्र कुशल सन्देश लेकर तुम्हारे पहुँचने पर ऊपर की ओर फड़कता हुआ ऐसा प्रतीत होगा जैसे सरोवर में मछली के फड़फड़ाने से हिलता हुआ नील कमल शोभा पाता है।

रुद्धापाङ्गप्रसरमलकैरञ्जनस्नेहशून्यं
प्रत्यादेशादपि च मधुनो विस्मृतभ्रूविलासम्।
त्वय्यासन्ने नयनमुपरिस्पन्दि शङ्के मृगाक्ष्या
मीनक्षोभाच्चलकुवलयश्रीतुलामेष्यतीति॥

33

और भी, रस-भरे केले के खम्भे के रंग-सा गोरा उसका बायाँ उरु-भाग तुम्हारे आने से चंचल हो उठेगा। किसी समय सम्भोग के अन्त में मैं अपने हाथों से उसका संवाहन किया करता था। पर आज तो न उसमें मेरे द्वारा किए हुए नख-क्षतों के चिह्न हैं, और न विधाता ने उसके चिर-परिचित मोतियों से गूँथे हुए जालों के अलंकार ही रहने दिए हैं।

वामश्चास्याः कररुहपदैर्मुच्यमानो मदीयै-
मुक्ताजालं चिरपरिचितं त्याजितो दैवगत्या।
संभोगान्ते मम समुचितो हस्तसंवाहनानां
यास्यत्यूरुः सरसकदलीस्तम्भगौरश्चलत्वम्॥

34

हे मेघ, यदि उस समय वह नींद का सुख ले रही हो, तो उसके पास ठहरकर गर्जन से मुँह मोड़े हुए एक पहर तक बाट अवश्य देखना। ऐसा न हो कि कठिनाई से स्वप्न में मिले हुए अपने प्रियतम के साथ गाढ़ आलिंगन के लिए कंठ में डाला हुआ उसका बाहु-पाश अचानक खुल जाए।

तस्मिन्काले जलद! यदि सा लब्धनिद्रासुखा स्या-
दन्वास्यैनां स्तनितविमुखो याममात्रं सहस्व।
मा भूदस्याः प्रणयिनि मयि स्वप्नलब्धे कथंचित्
सद्यःकण्ठच्युत्भुजलताग्रन्थि गाढोपगूढम् ॥

35

हे मेघ, फुहार उड़ाती हुई ठंडी वायु से उसे जगाओगे तो मालती की नई कलियों की तरह वह खिल उठेगी। तब गवाक्ष में बैठे हुए तुम्हारी ओर विस्मय-भरे नेत्रों से एकटक देखती हुई उस मानिनी से, बिजली को अपने भीतर ही छिपाकर धीर भाव से घोरते हुए कुछ कहना आरम्भ करना।

तामुत्थाप्य स्वजलकणिकाशीतलेनानिलेन
प्रत्याश्वास्तां सममभिनवैर्जालकैर्मालतीनाम्।
विद्युद्गर्भः स्तिमितनयनां त्वत्सनाथे गवाक्षे
वक्तुं धीरः स्तनितवचनैर्मानिनीं प्रक्रमेथाः॥

36

हे सुहागिनी, मैं तुम्हारे स्वामी का सखा मेघ हूँ। उसके हृदय में भरे हुए सन्देशों को लेकर तुम्हारे पास आया हूँ। मैं अपने धीर-गम्भीर स्वरों से मार्ग में टिके हुए प्रवासी पतियों को शीघ्र घर लौटने के लिए प्रेरित करता हूँ, जिससे वे अपनी विरहिणी स्त्रियों की बँधी हुई वेणी खोलने की उमंग पूरी कर सकें।

भर्तुर्मित्रं प्रियमविधवे! विद्धि मामम्बुवाहं
तत्संदेशैर्हृदयनिहितैरागतं त्वत्समीपम्।
यो वृन्दानि त्वरयति पथि श्राम्यतां प्रोषितानां
मन्द्रस्निग्धैर्ध्वनिभिरबलावेणिमोक्षोत्सुकानि ॥

37

जब तुम इतना कह चुकोगे, तब वह हनुमान् को सामने पाने से सीता की भाँति उत्सुक होकर खिले हुए चित्त से तुम्हारी ओर मुँह उठाकर देखेगी और स्वागत करेगी।

फिर वह सन्देश सुनने के लिए सर्वथा एकाग्र हो जाएगी। हे सौम्य, विरहिणी बालाओं के पास प्रियतम का जो सन्देश स्वामी के मित्र द्वारा पहुँचता है, वह पति के साक्षात् मिलन से कुछ ही कम सुखकारी होता होगा।

इत्याख्याते पवनतनयं मैथिलीवोन्मुखी सा
त्वामुत्कण्ठोच्छ्वसितहृदया वीक्ष्य संभाव्य चैवम्।
श्रोष्यत्यस्मात्परमवहिता सौम्य! सीमन्तिनीनां
कान्तोदन्तः सुहृदुपनतः संगमात्किंचिदूनः॥

38

चिरजीवी मित्र, मेरे कहने से और अपनी परोपकार-भावना से तुम इस प्रकार उससे कहना–

हे सुकुमारी, रामगिरि के आश्रमों में गया हुआ तुम्हारा वह साथी अभी जीवित है। तुम्हारे वियोग की व्यथा में वह पूछ रहा है कि तुम कुशल से तो हो। जहाँ प्रतिपल विपत्ति प्राणियों के निकट है वहाँ सबसे पहले पूछने की बात भी यही है।

तामायुष्मन्! मम च वचनादात्मनश्चोपकर्तुं
ब्रूयादेवं तव सहचरो रामगिर्याश्रमस्थः।
अव्यापन्नः कुशलमबले! पृच्छति त्वां वियुक्तः
पूर्वाभाष्यं सुलभविपदां प्राणिनामेतदेव॥

39

दूर गया हुआ तुम्हारा वह सहचर अपने शरीर को तुम्हारे शरीर से मिलाकर एक करना चाहता है, किन्तु बैरी विधाता ने उसके लौटने का मार्ग रूँध रखा है, अतएव वह उन-उन संकल्पों द्वारा ही तुम्हारे भीतर प्रवेश कर रहा है।

वह क्षीण है, तुम भी क्षीण हो गई हो। वह गाढ़ी विरह-ज्वाला में तप्त है, तुम भी विरह में जल रही हो। वह आँसुओं से भरा है, तुम भी आँसुओं से गल रही हो। वह वेदना से युक्त है, तुम भी निरन्तर वेदना सह रही हो। वह लम्बी उसाँसें ले रहा है, तुम भी तीव्र उच्छ्वास छोड़ रही हो।

अङ्गेनाङ्गं प्रतनु तनुना गाढतप्तेन तप्तं
सास्रेणाश्रुद्रुतमविरतोत्कण्ठमुत्कण्ठितेन।
उष्णोच्छ्वासं समधिकतरोच्छ्वासिना दूरवर्ती
संकल्पैस्तैर्विशति विधिना वैरिणा रुद्धमार्गः॥

40

सखियों के सामने भी जो बात मुख से सुनाकर कहने योग्य थी, उसे तुम्हारे मुख-स्पर्श का लोभी वह कान के पास अपना मुँह लगाकर कहने के लिए चंचल रहता था। ऐसा वह रसिक प्रियतम, जो इस समय आँख और कान की पहुँच से बाहर है, उत्कंठावश सन्देश के कुछ अक्षर जोड़कर मेरे द्वारा तुमसे कह रहा है।

शब्दाख्येयं यदपि किल ते यः सखीनां पुरस्ता-
त्कर्णे लोलः कथयितुमभूदाननस्पर्श लोभात्।
सोऽतिक्रान्तः श्रवणविषयं लोचनाभ्यामदृष्ट-
स्त्वामुत्कण्ठाविरचितपदं मन्मुखेनेदमाह॥

41

हे प्रिये, प्रियंगु लता में तुम्हारे शरीर, चकित हिरनियों के नेत्रों में कटाक्ष, चन्द्रमा में मुख की कान्ति, मोर-पंखों में केश, और नदी की इठलाती हल्की लहरों में चंचल भौंहों की समता मैं देखता हूँ। पर हा! एक स्थान में कहीं भी, हे रिसकारिणी, तुम्हारी जैसी छवि नहीं पाता।

श्यामास्वङ्गं चकितहरिणीप्रेक्षणे दृष्टिपातं
वक्त्रच्छायांशशिनि शिखिनां बर्हभारेषु केशान्।
उत्पश्यामि प्रतनुषु नदीवीचिषु भ्रूविलासान्
हन्तैकस्मिन्क्वचिदपि न ते चण्डि! सादृश्यमस्ति॥

42

हे प्रिये, प्रेम में रूठी हुई तुमको गेरू के रंग से चट्टान पर लिखकर जब मैं अपने-आपको तुम्हारे चरणों में चित्रित करना चाहता हूँ, तभी आँसू पुनः-पुनः उमड़कर मेरी आँखों को छेक लेते हैं। निष्ठुर दैव को चित्र में भी तो हम दोनों का मिलना नहीं सुहाता।

त्वामालिख्य प्रणयकुपितां धातुरागैः शिलाया-
मात्मानं ते चरणपतितं यावदिच्छामि कर्तुम्।
अस्रैस्तावत्मुहुरुपचितैर्दृष्टिरालुप्यते मे
क्रूरस्तस्मिन्नपि न सहते संगमं नौ कृतान्तः॥

43

हे प्रिये, स्वप्न-दर्शन के बीच में जब तुम मुझे किसी तरह मिल जाती हो तो तुम्हें निठुरता से भुजपाश में भर लेने के लिए मैं शून्य आकाश में बाँहें फैलाता हूँ। मेरी उस करुण दशा को देखनेवाली वन-देवियों के मोटे-मोटे आँसू मोतियों की तरह तरु-पल्लवों पर बिखर जाते हैं।

मामाकाशप्रणिहितभुजं निर्दयाश्लेषहेतो-
लर्ब्धायास्ते कथमपि मया स्वप्नसंदर्शनेषु।
पश्यन्तीनां न खलु बहुशो न स्थलीदेवतानां
मुक्तास्थूलास्तरुकिसलयेष्वश्रुलेशाः पतन्ति॥

44

हे गुणवती प्रिये, देवदारु वृक्षों के मुँदे पल्लवों को खोलती हुई, और उनके फुटाव से बहते हुए क्षीर-निर्यास की सुगन्धि लेकर चलती हुई, हिमाचल की जो हवाएँ दक्खिन की ओर से आती हैं, मैं यह समझकर उनका आलिंगन करता रहता हूँ, कि कदाचित् वे पहले तुम्हारे अंगों का स्पर्श करके आई हों।

भित्त्वा सद्यः किसलयपुटान्देवदारुद्रुमाणां
ये तत्क्षीरस्रुतिसुरभयो दक्षिणेन प्रवृत्ताः।
आलिङ्ग्यन्ते गुणवति! मया ते तुषाराद्रिवाताः
पूर्वं स्पृष्टं यदि किल भवेदङ्गमेभिस्तवेति॥

45

हे चंचल कटाक्षोंवाली प्रिये, लम्बे-लम्बे तीन पहरोंवाली विरह की रात चटपट कैसे बीत जाए, दिन में भी हर समय उठनेवाली विरह की हूलें कैसे कम हो जाएँ, ऐसी-ऐसी दुर्लभ साधों से आकुल मेरे मन को तुम्हारे विरह की व्यथाओं ने गहरा सन्ताप देकर बिना अवलम्ब के छोड़ दिया है।

संक्षिप्येत क्षण इव कथं दीर्घयामा त्रियामा
सर्वावस्थास्वहरपि कथं मन्दमन्दातपं स्यात्।
इत्थं चेतश्चटुलनयने! दुर्लभपार्थनं मे
गाढोष्माभिः कृतमशरणं त्वद्वियोगव्यथाभिः॥

46

प्रिये! और भी सुनो। बहुत भाँति की कल्पनाओं में मन रमाकर मैं स्वयं को धैर्य देकर जीवन रख रहा हूँ। हे सुहागभरी, तुम भी अपने मन का धैर्य सर्वथा खो मत देना।

कौन ऐसा है जिसे सदा सुख ही मिला हो और कौन ऐसा है जिसके भाग्य में सदा दुःख ही आया हो? हम सबका भाग्य पहिए की नेमि की तरह बारी-बारी से ऊपर-नीचे फिरता रहता है।

नन्वात्मार्नं बहु विगणयन्नात्मनैवावलम्बे
तत्कल्याणि! त्वमपि नितरां मा गमः कातरत्वम्।
कस्यात्यन्तं सुखमुपनतं दुःखमेकान्ततो वा
नीचैर्गच्छत्युपरि च दशा चक्रनेमिक्रमेण॥

47

जब विष्णु शेष की शय्या त्यागकर उठेंगे तब मेरे शाप का अन्त हो जाएगा। इसलिए बचे हुए चार मास आँख मींचकर बिता देना। पीछे तो हम दोनों विरह में सोची हुई अपनी उन-उन अभिलाषाओं को कार्तिक मास की उजाली रातों में पूरा करेंगे।

शापान्तो मे भुजगशयनादुत्थिते शार्ङ्गपाणौ
शेषान्मासान् गमय चतुरो लोचने मीलयित्या।
पश्चादावां विरहगुणितं तं तमात्माभिलाषं
निर्वेक्ष्यावः परिणतशरच्चन्द्रिकासु क्षपासु॥

48

तुम्हारे पति ने इतना और कहा है–एक बार तुम पलंग पर मेरा आलिंगन करके सोई हुई थीं कि अकस्मात् रोती हुई जाग पड़ीं। जब बार-बार मैंने तुमसे कारण पूछा तो तुमने मन्द हँसी के साथ कहा–"हे छलिया, आज स्वप्न में मैंने तुम्हें दूसरी के साथ रमण करते देखा।"

भूयश्चाह त्वमपि शयने कण्ठलग्ना पुरा मे
　　निद्रां गत्वा किमपि रुदती सस्वनं विप्रबुद्धा।
सान्तर्हासं कथितमसकृत्पृच्छतश्च त्वया मे
　　दृष्टः स्वप्ने कितव! रमयन्कामपि त्वं मयेति॥

49

इस पहचान से मुझे सकुशल समझ लेना। हे चपलनयनी, लोकचबाव सुनकर कहीं मेरे विषय में अपना विश्वास मत खो देना। कहते हैं कि विरह में स्नेह कम हो जाता है। पर सच तो यह है कि भोग के अभाव में प्रियतम का स्नेह-रस के संचय से प्रेम का भंडार ही बन जाता है।

एतस्मान्मां कुशलिनमभिज्ञानदानाद्विदित्वा
मा कौलीनाच्चकितनयने! मध्यविश्वासिनी भूः।
स्नेहानाहुः किमपि विरहे ध्वंसिनस्ते त्वभोगा-
दिष्टे वस्तुन्युपचितरसाः प्रेमराशीभवन्ति॥

50

पहली बार विरह के तीव्र शोक की दुःखिनी उस अपनी प्रिय सखी को धीरज देना। फिर उस कैलास पर्वत से, जिसकी चोटी पर शिव का नन्दी ढूसा मारकर खेल करता है, तुम शीघ्र लौट आना। और गूढ़ पहचान के साथ उसके द्वारा भेजे गए कुशल सन्देश से मेरे सुकुमार जीवन को भी, जो प्रातःकाल के कुन्द पुष्प की तरह शिथिल हो गया है, ढाढ़स देना।

आश्वास्यैवं प्रथमविरहोदग्रशोकां सखीं ते
शैलादाशु त्रिनयनवृषोत्खातकूटान्निवृत्तः।
साभिज्ञानप्रहितकुशलैस्तद्वचोभिर्ममापि
प्रातः कुन्दप्रसवशिथिलं जीवितं धारयेथाः॥

51

हे प्रिय मित्र, क्या तुमने निज बन्धु का यह कार्य करना स्वीकार कर लिया? मैं यह नहीं मानता कि तुम उत्तर में कुछ कहो तभी तुम्हारी स्वीकृति समझी जाए। तुम्हारा यह स्वभाव है कि तुम गर्जन के बिना भी उन चातकों को जल देते हो, जो तुमसे माँगते हैं। सज्जनों का याचकों के लिए इतना ही प्रतिवचन होता है कि वे उनका काम पूरा कर देते हैं।

कच्चित्सौम्य! व्यबसितमिदं बन्धुकृत्यं त्वया मे
प्रत्यादेशान्न खलु भवतो धीरतां कल्पयामि।
निःशब्दोऽपि प्रदिशसि जलं याचितश्चातकेभ्यः
प्रत्युक्तं हि प्रणयिषु सतामीप्सितार्थक्रियैव॥

52

हे मेघ, मित्रता के कारण, अथवा मैं विरही हूँ इससे मेरे ऊपर दया करके यह अनुचित अनुरोध भी मानते हुए मेरा कार्य पूरा कर देना। फिर वर्षा ऋतु की शोभा लिये हुए मनचाहे स्थानों में विचरना। हे जलधर, तुम्हें अपनी प्रियतमा विद्युत् से क्षण-भर के लिए भी मेरे जैसा वियोग न सहना पड़े।

एतत्कृत्वा प्रियमनुचितप्रार्थनावर्तिनो मे
सौहार्दाद्वा विधुर इति वा मय्यनुक्रोशबुद्ध्या।
इष्टान्देशाञ्जलद! विचर प्रावृषा संभृत श्री-
र्मा भूदेवं क्षणमपि च ते विद्युता विप्रयोगः॥

टिप्पणी

पूर्वमेघ

श्लोक 1 । 1

यक्ष–एक प्राचीन जाति। देवता या देवयोनि के रूप में यक्षों का उल्लेख भारतीय साहित्य में है। बौद्ध, जैन और ब्राह्मण तीनों साहित्यों में यक्षों की पूजा और यक्ष जाति के उल्लेख पाए जाते हैं। महाभारत में अनेक प्रकार से यक्षों का वर्णन है। शुङ्गकाल (ई. पू. दूसरी शती) से लेकर गुप्तकाल तक भारतीय कला और साहित्य में प्रायः यक्षों का अभिप्राय पाया जाता है। उसी पृष्ठभूमि में कालिदास ने अपने इस काव्य में यक्ष को रसिक प्रेमी के रूप में कल्पित किया है।

रामगिरि–मल्लिनाथ ने चित्रकूट को रामगिरि माना है, किन्तु अब प्रायः बहुमत से नागपुर के समीप स्थित रामटेकरी के साथ रामगिरि की पहचान की जाती है, जो समीचीन है। मेघ रामगिरि से चलकर क्रमशः उत्तर दिशा में माल क्षेत्र, आम्रकूट, नर्मदा, दशार्ण, वेत्रवती, विदिशा और वहाँ से पश्चिम में उज्जैन होता हुआ चर्मण्वती के प्रदेश से आगे बढ़कर गंगा द्वार और कनखल के पास हिमालय पर आरोहण करता है और वहाँ से कैलास और अलका की ओर जाता है।

शाप–कुबेर ने यक्ष को शाप दिया था कि एक वर्ष तक अपनी पत्नी से अलग रहे। भरत, सतातन, रामनाथ, हरगोविन्द और कल्याणमल्ल की टीकाओं में यक्ष के शाप का कारण बताते हुए कहा है कि कुबेर ने उसे अपना उद्यानपाल नियुक्त किया था, किन्तु पत्नी के साथ विलास करने के कारण उसने अपने कार्य में असावधानी की। किसी दिन इन्द्र का ऐरावत हाथी कुबेर के उद्यान में आकर उसे विध्वंस करने लगा, जिससे कुबेर कुपित हुए और अपराधी यक्ष को शाप दिया। सारोद्धारणी टीका में शाप का कारण इस प्रकार लिखा है–

कुबेर की आज्ञा थी कि प्रतिदिन प्रातःकाल यक्ष शिव की पूजा के लिए मानसरोवर से कमल लाकर दिया करे, पर प्रातःकाल अपनी प्रियतमा का साथ न छोड़ने से वह रात के रखे हुए कमल ही देने लगा। एक दिन ऐसा हुआ कि

कमल-कोश में बैठे हुए भौंरे ने कुबेर की अंगुली में डस लिया। भेद खुलने पर कुबेर ने यक्ष को शाप दिया।

श्लोक 1 । 2

कनक-वलय–गुप्तकाल के छैले नागरिक एक हाथ में सोने का ढीला कड़ा पहनते थे, ऐसा शिल्प में उत्कीर्ण मूर्तियों से ज्ञात होता है। इसी की ओर कालिदास ने संकेत किया है। शकुन्तला में भी राजा दुष्यन्त को शकुन्तला के वियोग में बाएँ हाथ में सोने का कड़ा पहने हुए लिखा है–

प्रत्याख्यात विशेष मण्डनविधिर्वाम प्रकोष्ठार्पितम् ।
विधृतकांचन्मेकमेघवलयं श्वासापरक्ताधरः ।

आषाढस्य प्रथम दिवसे–यक्ष ने मेघ को आषाढ़ के प्रथम दिन आकाश में देखा। मल्लिनाथ ने यही पाठ माना है।

वल्लभदेव आदि प्राचीन टीकाकारों ने 'प्रथम दिवसे' पाठ माना है। 'प्रथम दिवसे' पाठ ही ठीक जान पड़ता है। यक्ष को कुछ ऐसी हड़बड़ी न थी कि आषाढ़ के अन्तिम दिन मेघ का दर्शन करके उसके अगले दिन सावन में मेघ को दूत बनाकर भेजने की बात चलाता। मेघ क्रम-क्रम से आकाश में संचित होते हैं। उन्हें देखकर यक्ष के मन में उत्कण्ठा जाग्रत् हुई। वह मेघ के सामने बहुत देर तक सोच-विचार करता रहा (चिरं दध्यौ)। उसके बाद सावन के निकट आने पर यक्ष के मन में मेघ को दूत बनाकर भेजने का विचार उत्पन्न हुआ। इतने वर्णन की संगति तभी बैठती है जब आषाढ़ के आरम्भ में ही मेघ का पहला खंड यक्ष को आकाश में दिखाई पड़ा हो। आषाढ़ के अन्तिम दिन ही यदि मेघ का दर्शन माना जाए तो 'प्रत्यासन्ने नभसि' (1 । 4) इसकी संगति नहीं बैठती। सावन के आरम्भ में यक्ष ने मेघ के प्रति सन्देश कहना आरम्भ किया। अतएव सावन, भादों, क्वार, कार्त्तिक इन चार अवशिष्ट महीनों को ध्यान में रखकर 'शेषान्मासान् गमयचतुरो लोचने मीलयित्वा', उसका यह कहना भी संगत होता है।

श्लोक 1 । 3

राजराजस्यानुचरः–यक्ष का एक पर्याय राजा था। यक्षों के राजा होने के कारण कुबेर को राजराज या महाराज इन दोनों नामों से संस्कृत साहित्य में अभिहित किया गया है। यक्ष के लिए राजा शब्द का अत्यन्त प्राचीन प्रयोग शान्तिपर्व के निम्नलिखित श्लोक में आया है–

आत्मनः सप्तमं कामं जित्वा शत्रुमिवोत्तमम् ।
प्राप्यावध्यं ब्रह्मपुरं राजेव स्यामहं सुखी ॥

(शान्ति., पूना संस्करण, 171 । 52)

श्लोक 1 । 4

कुटज—हिन्दी कुरैया का फूल, जो वर्षा के आरम्भ में खिलता है। कुटज का वृक्ष सफेद रंग के पँखड़ीदार फूलों से लदा हुआ बरसात में बहुत ही सुन्दर जान पड़ता है।

श्लोक 1 । 5

धूम ज्योतिः सलिल मरुतां सन्निपातः—मेघ के इस स्वरूप की वैज्ञानिक व्याख्या परिशिष्ट में दिए हुए लेख से विशेष जानी जा सकती है।

श्लोक 1 । 9

गर्भाधानक्षण—क्षण का अर्थ उत्सव है। मेघदूत 1 । 63 में 'क्षण मुखपट प्रीतिम्' पद में भी क्षण का अर्थ उत्सव ही है। दम्पती बगुलियाँ गर्भाधान के समय एक-दूसरे को रिझाने के लिए आकाश में ऊँची उड़ान भरकर काले मेघ की ऊँचाई तक पहुँचेंगी, यही कवि का अभिप्राय है।

श्लोक 1 । 11

शिलीन्ध्रं—खुम्भी, साँप की टोपी, कुकुरमुत्ता, छत्रक आदि नामों से प्रसिद्ध। पृथिवी में से खुम्भियों का फुटाव लेना इस बात का सूचक माना जाता है कि पृथिवी में गर्भ-धारण की शक्ति है और वह सस्य सम्पत्ति को जन्म देगी। मल्लिनाथ ने निमित्तनिदान ग्रन्थ का प्रमाण देते हुए लिखा है–

कालाभ्रयोगादुदिताः शिलीन्ध्राः संपन्नसस्यां कथयन्ति धात्रीम् ।

अवन्ध्या मही—पृथिवी के गर्भ धारण करने अर्थात् नायक मेघ के आगमन से हरी होने या फलने की ओर संकेत है।

श्लोक 1 । 14

दिङ्नाग–इस शब्द का एक अर्थ तो दिग्गज है। किन्तु दूसरे अर्थ में दिङ्नाग नाम के प्रबल बौद्ध तार्किक की ओर संकेत भी है। मल्लिनाथ ने जो यह अर्थ किया है उसके पीछे कोई पक्की परम्परा उनको ज्ञात थी। बाण ने भी इसी प्रकार के एक द्वय्र्थक वाक्य में दिङ्नाग के भुजा फटकारकर शास्त्रार्थ में प्रतिपक्षियों को आह्वान देने की ओर संकेत किया है (दर्पात् परामृशन् नखकिरणसलिलनिर्झरैः समरभारसंभावनाभिषेकमिव चकार दिङ्नागकुम्भकूटविकटस्य बाहुशिखरकोशस्य वामः पाणिपल्लवः–हर्षचरित, निर्णयसागर, पाँचवाँ संस्करण, पृ. 183)। बौद्ध दार्शनिक वसुबन्धु ने अभिधर्म कोश नामक एक दर्शन-ग्रन्थ लिखा था। वसुबन्धु के अनुयायी दिङ्नाग चौथी शती में हुए। तारानाथ के अनुसार दिङ्नाग वसुबन्धु के शिष्यों में सबसे बड़े विद्वान् और स्वतन्त्र विचारक हुए। वे बौद्ध तर्कशास्त्र के जन्मदाता एवं भारतीय दर्शन के क्षेत्र में चोटी के विद्वान् माने जाते हैं। दिङ्नाग ने अपने दिग्गज पांडित्य के बल पर वसुबन्धु के 'अभिधर्म कोश' को सब शास्त्रों में शिरोमणि प्रमाणित किया था। दिङ्नाग का लिखा हुआ एक ग्रन्थ 'हस्तवलप्रकरण' या 'मुष्टिप्रकरण' प्राप्त है। सम्भवतः इसी ग्रन्थ के कारण दिङ्नाग के विषय में विपक्षियों के साथ हाथ फेंककर शास्त्रार्थ करने की किंवदन्ती प्रचलित हुई। कालिदास ने मेघदूत में दिङ्नाग के स्थूल हस्तावलेपों का जो उल्लेख किया है, वह अवश्य ही सत्य पर आश्रित जान पड़ता है। उसी का उल्लेख और वास्तविक स्वरूप बाण के श्लेषात्मक वाक्य से प्रकट होता है। बाण के इस वाक्य के तीन अर्थ हैं जिनमें से दिङ्नाग सम्बन्धी भावार्थ इस प्रकार है–'सीधे हाथ में अभिधर्म ग्रन्थ कोश उठाकर, बाएँ हाथ से उसकी ओर इशारा करते हुए आचार्य दिङ्नाग शास्त्रार्थों में अपनी प्रतिभा से उत्पन्न नई-नई कूट-कल्पनाओं द्वारा उसका मंडन (भावनाभिषेक) करते थे (देखिए, लेखक का लिखा 'हर्षचरित : एक सांस्कृतिक अध्ययन', पृ. 122)। बाण ने अपने युग में प्रसिद्ध जिस साहित्यिक अनुश्रुति का काव्यात्मक कौशल से उल्लेख किया वही कालिदास को भी विदित थी। वस्तुतः कालिदास का यह उल्लेख अपने समकालीन आचार्य दिङ्नाग की ओर ही जान पड़ता है। दिङ्नाग ने 'कुन्दमाला' नामक नाटक लिखा है।

श्लोक 1 । 15

वल्मीकाग्र–इस शब्द के अर्थ के विषय में टीकाकार के कई मत हैं। मल्लिनाथ ने साँप की बाँबी अर्थ किया है। भरत का भी यही मत है, किन्तु उन्होंने व्याख्या करते हुए इतना और लिखा है कि पाताल से वासुकि नाग के फणों में लगी हुई मणियों

की कान्ति बाँबी से उठकर आकाश में छिटकती है, वही इन्द्रधनुष है। 'मेघदूत' के टीकाकार सनातन ने वल्मीक शब्द का अर्थ पर्वत और अग्र का अर्थ शिखर किया है, अतएव उनके अनुसार वल्मीकाग्र–पर्वत शिखर। उन्होंने 'शब्दार्णव कोश' का यह प्रमाण दिया है 'बामलूरे गिरेः शृंगे वल्मीक पदमिष्यते। एक दूसरे टीकाकार रामनाथ ने 'मुक्तावली' नामक टीका में यह प्रमाण दिया है–

'वल्मीकः सातपो मेघः वल्मीकः सूर्य इत्यपि' अर्थात् वल्मीक वह मेघ है, जिस पर धूप पड़ रही हो। तभी सूर्य की किरणें इन्द्रधनुष के आकार में दिखाई देती हैं। इस सम्बन्ध में वराहमिहिर ने भी ज्योतिष शास्त्र का प्रमाण दिया है–

सूर्यस्य विविधा वर्णा पवनेन विघट्टितकराः साभ्रे।
वियति धनुः संस्थानाः ये दृश्यन्ते तदिन्द्र धनुः।

वस्तुतः वर्षाकाल में मेघों के जलकणों पर सूर्य की धूप पड़ने से आकाश में इन्द्रधनुष दिखाई देता है। इन्द्रधनुष का वैज्ञानिक कारण तो यही है।[1] किन्तु इसमें सन्देह है कि कालिदास इस तथ्य की ओर उल्लेख कर रहे हैं अथवा किसी लोक-विश्वास पर आश्रित कवि-कल्पना की ओर। हमने मल्लिनाथ का अर्थ ही रखा है।

श्लोक 1 । 19

भक्तिच्छेदैः । भक्ति=हि. भांत; गुजराती भांत; आकृतिक, रचना या अभिप्राय (अं. डिजाइन)। छेद=पत्ते या कागज में बनाई हुई कटावदार आकृति (अं. स्टेन्सिल) जिस पर रंग फेरने से चित्र बन जाता है। भक्ति और छेद ये दोनों चित्रकला के पारिभाषिक शब्द हैं।

श्लोक 1 । 21

सारङ्गाः–मल्लिनाथ के अनुसार सारंग शब्द के तीनों अर्थ भौरे, हिरण और हाथी, इस श्लोक में लिये गए हैं।

श्लोक 1 । 22

ककुभ–कुटज। कंदली=भूमिकदली, भुई केली।

---

1. वल्मीकाग्र के इन विभिन्न अर्थ की सामग्री के लिए मैं श्री सेठ कन्हैयालालजी पोद्दार द्वारा विरचित 'हिन्दी मेघदूत विमर्श' का अनुगृहीत हूँ।

श्लोक 1 । 23

चैत्य–स्तूप और वृक्ष इन दो अर्थों में चैत्य शब्द प्रयुक्त होता था। यहाँ वृक्ष अर्थ अभिप्रेत है। चिताभूमि में मृतात्मा के उद्‌देश्य से रोपे हुए वृक्ष को चैत्य कहते थे। पीछे गाँवों के पूजार्थ अश्वत्थ आदि महावृक्षों के लिए चैत्य शब्द प्रयुक्त होने लगा।

केतकीसूचि–केवड़े की लम्बी बाल। वृति=बाड़ या रौस। गृहबलि–घरों में भोजन से पहले निकाला जानेवाला ग्रास जिसे गाँवों में रामग्रास या रामगस्सा भी कहते हैं।

श्लोक 1 । 35

वर्षाग्रबिन्दून्–अग्रबिन्दु शब्द का अर्थ मल्लिनाथ ने प्रथम बिन्दु किया है। हमने उसका अर्थ 'बड़ी-बड़ी बूँदें' ऐसा समझा है, जिन्हें मेरठ की बोली में बुन्दाकड़े या सावन के सरवरे कहते हैं। कालिदास ने मेघ की आकृति, रूप, ध्वनि, गति, विद्युत् और वृष्टि इन छः बातों का यथासम्भव अनेक रूपों में उल्लेख किया है। मेघ की बूँदें भरन, फुहार, झड़ी, बुन्दाकड़े आदि जितने रूपों में बरसती हैं उन सबका ही उल्लेख मेघदूत काव्य में कहीं-न-कहीं आ गया है। बुन्दाकड़े एकदम से बरसने लगते हैं और कुछ क्षणों के बाद ही बन्द हो जाते हैं। उसी की ओर कवि का संकेत है।

चामर-वलि=चँवर की खरीदी हुई मूठ या डंडी।

श्लोक 1 । 38

भवनवलभौ–मल्लिनाथ के अनुसार वलभी=गृहाच्छादन, घर की छत। जानकी-हरण श्लोक 1 । 9 में सौधौं के ऊपर 'वलभीविटंक' का उल्लेख है। चतुर्भाणों के अन्तर्गत 'पादताड़ितकम्' (पृ. 12) में हर्म्य, शिखर कपोत पालि, सिंहकर्ण, गोपानसि, वलभी, पुर, अट्टालक और अवलोकन इन पारिभाषिक शब्दों का भवन वर्णन के प्रसंग में उल्लेख आया है। वस्तुतः वलभी का अर्थ छत के ऊपर की गोल मुँड़ेर जान पड़ता है, जिसके सामने की ओर कपोतपालि नामक छोटे कँगूरों की पंक्ति बनी रहती थी। कबूतर इन्हीं में छिपकर रहते थे।

श्लोक 1 । 40

छायात्मा–प्रतिबिम्ब शरीर। तथ्य यह है कि आकाशस्थित मेघ की परछाईं गम्भीरा नदी के निर्मल जल में दिखाई देगी, इसी से यह कल्पना की गई है कि नायक मेघ

का प्रतिबिम्ब-शरीर नायिका के मन में प्रवेश पाएगा। उससे वह अपना धैर्य खोकर कटाक्षों से तुम्हारी ओर विभ्रम का परिचय देगी।

श्लोक 1 । 43

पुष्पमेघी कृतात्मा–मल्लिनाथ के अनुसार फूल बरसानेवाला मेघ के रूप में परिवर्तित होकर, यह अर्थ उपयुक्त है। पुष्पमेघ पद में पुष्प शब्द का दूसरा संकेत वही ऊपर श्लोक 1। 35 में कहे हुए अग्र बिन्दु या बड़ी-बड़ी बूँदें हैं, जो ठीक इसी प्रकार बरसती हैं मानो फूल बरस रहे हों और पुष्प-वृष्टि के समान ही शीघ्र समाप्त हो जाती है। उन पुष्पाकृति बूँदों में पृथिवीतल से ले जाए हुए अपने जल के साथ आकाशगंगा के जल को भी मिलाकर बरसाना। यही 'व्योमगंगा जलार्दैः पुष्पासारैः' की सुन्दर ध्वनि है। अध्यात्म पक्ष में, जिसका इस ग्रन्थ में विवेचन है, उसका आशय यों है–

पृथिवी या मूलाधार चक्र से ऊपर उठे हुए सुषुम्णा के रस मस्तिष्क के सोम या अमृत से मिलकर पुनः दिव्य पवित्र बनकर पृथिवी की ओर आते हैं। शिव के मूर्त्यन्तर तेज–स्कन्द–को उनसे अभिषिक्त कराना ही उनकी चरितार्थता है।

श्लोक 1 । 46

स्थूल मध्येन्द्रनीलं मुक्तागुणम्। मुक्तागुण–मोतियों की माला जिसे गुप्तकाल में एकावली कहते थे। रघुवंश (13 । 48) में इसे ही मुक्तावली कहा है। एकावली माला के बीच में नीलम का बड़ा लम्बोतरा मनका पिरोया जाता था। इसकी ओर ही कालिदास का संकेत है। गुप्तकालीन अजन्ता के गुफाचित्रों में इन्द्रनील और मोतियों की एकावली के अनेक उदाहरण मिलते हैं। कालिदास ने अन्यत्र भी मुक्ताफल और इन्द्रनील के साहचर्य से बनी हुई माला का उल्लेख किया है–

"प्रागेव मुक्ता नयनाभिरामा प्राप्येन्द्रनीलं किमुतो मयूखं।

(रघु. 16 । 69)

और भी,

"क्वचित्प्रभालेपिभिरिन्द्रनीलैर्मुक्तामयी यष्टिरिवानुविद्धा।"

श्लोक 1 । 54

तुमुलकरकावृष्टिपात–हिमालय पर पहुँचकर मेघ का जल अधिक शीत पाकर ओलों में बदल जाता है। अतएव वहाँ कवि ने ओलों की वृष्टि का उल्लेख किया है।

श्लोक 1 । 56

कीचक–विशेष प्रकार के बाँसों को कीचक कहते थे। डॉ. बागची ने सिद्ध किया है कि संस्कृत का कीचक शब्द चीनी भाषा से स्वल्प ध्वनि-परिवर्तन के साथ लिया गया है। लगभग गुप्तकाल या उससे कुछ पूर्व यह शब्द संस्कृत में आया होगा। कालिदास ने रघुवंश 2 । 12, 4 । 73 और कुमारसंभव 1 । 8 में इसका प्रयोग किया है। अमरकोश में भी यह शब्द आया है। ये गुप्तकाल की ही रचनाएँ हैं। सभापर्व 48 । 2 के अनुसार मध्य एशिया की शैलोदा नदी के, जिसका नाम मणिजला भी था, जो आजकल की Jade River है, दोनों किनारों पर कीचक-वेणुओं के, घने जंगल थे। यह स्थान मेरु पर्वत के पास था जो आजकल पामीर है। रामायण किष्किन्धाकाण्ड 43 । 37 में भी शैलोदा के तीर पर कीचकों का उल्लेख है। महाभारत और रामायण के दिग् वर्णन सम्बन्धी ये दोनों प्रकरण गुप्तकालीन रचना ज्ञात होते हैं।

श्री के. वी. रामचन्द्रन् ने एक सुन्दर लेख में कीचक शब्द पर विचार करते हुए उसकी पहचान इओलिअन फ्लूट (Aeolian Flute) से की है। यह एक प्रकार की वंशी थी जिसे मनुष्य बनाकर कहीं जंगल में रख देते थे और इसके छिद्रों में से निकलती हुई हवा मधुर संगीत-स्वर उत्पन्न करती थी। जावा में कीचक-वंशी अभी तक विदित है और उसे सुन्दरी कहते हैं।

श्लोक 1 । 57

हंस-द्वार–हिमालय से कैलास की ओर जानेवाला यह मार्ग किसी पहाड़ी दर्रे का नाम होना चाहिए। सम्भवतः लिपूलेख दर्रे का यह प्राचीन नाम था, जो इस समय भी कैलास तक आने-जाने का प्रधान मार्ग है। भारत से प्रतिवर्ष तिब्बत की ओर उड़कर जानेवाले हंसों का मार्ग होने के कारण इसे हंस-द्वार कहा गया है। ठीक इसी प्रकार भारत से मध्य एशिया की ओर उड़ान भरनेवाले हंस जाति के पक्षियों का दूसरा मार्ग प्राचीन भारतीय भूगोल में हंस-मार्ग कहा गया। (भीष्म पर्व 10 । 68) जो कश्मीर के दरद प्रान्त का उत्तरी भाग वर्तमान 'हुंजआ' है।

श्लोक 1 । 59

सद्यः कृतद्विरददशनच्छेद्गौरस्य–हाथी के दाँत प्रतिवर्ष फुट-डेढ़ फुट बढ़ते हैं। उन्हें वर्ष में एक बार आरी से कटवा देते हैं। जिस जगह से दाँत काटा जाता है वह

छेद (हिन्दी छेवा) कहलाता है। दाँत के ऊपरी रंग की अपेक्षा उस कटे हुए छेवे का रंग एकदम गोरा-चिट्टा होता है। उसी के रंग से कैलास के रंग की तुलना की गई है।

श्लोक 1 । 60

भंगी भक्ति=सीढ़ी के आकार की टेढ़ी-मेढ़ी या टूटुआँ आकृति।

श्लोक 1 । 61

वलयकुलिशोद्धट्टनोगदीर्ण तोयं यंत्रधारागृहत्वम्–इन शब्दों के मूल में वस्तुस्थिति इस प्रकार है। कैलास के क्षेत्र में पहुँचने पर अत्यधिक शीत से मेघ का बाह्य आवरण बर्फ रूप में जम जाता है, किन्तु उसके भीतर जल भरा रहता है (स्तम्भितान्तर्जलौघः)। अतिशीत प्रदेशों में बर्फ जमने का यही प्राकृतिक नियम है। नदी या समुद्र की ऊपरी सतह पर बरफ जम जाती है। और उसके नीचे जल भरा रहता है। बाहर से ठोस और भीतर जल से पूर्ण मेघ में सुरबालाएँ अपने कंगनों में जड़े हुए हीरों की ठक-ठक चोट से जब छेद कर देती हैं तो भीतर का जल फूट निकलता है और मेघ का स्वरूप बने-बनाए फव्वारे का हो जाता है।

श्लोक 1 । 62

ऐरावतस्य क्षणमुख पट प्रीतिम्–यहाँ मल्लिनाथ ने क्षण का अर्थ जलादान काल अर्थात् हाथी के पानी पीने का समय किया है, यह ठीक नहीं जान पड़ता। पानी पिलाते समय हाथी के मुँह के ऊपर कपड़ा डाल दिया जाए ऐसी यदि प्रथा हो तो मल्लिनाथ का अर्थ ठीक हो सकता है। किन्तु ऐसी प्रथा का उल्लेख या प्रमाण नहीं मिला। वस्तुतः बात यह है कि क्षण अर्थात् उत्सव के समय जुलूस में निकालने के लिए हाथी को वस्त्र और आभूषणों से सजाते हैं और उसके शरीर पर खड़िया से चित्र-रचना भी करते हैं। उसकी पीठ पर दोनों ओर लटकती हुई झूल डाली जाती है। सिर पर चँदोवा और कानों पर कनचँदोवा पहनाया जाता है।[1] उसे ही

1. इस सूचना के लिए मैं अपने मित्र श्री जयकिशोर नारायणसिंह का कृतज्ञ हूँ। इससे पहले मैंने भी 'मुखपट' का अर्थ 'हाथी को पानी पिलाते समय मुख पर डाला जानेवाला पर्दा' ऐसा ही भ्रान्त समझा था ('हर्षचरित : एक सांस्कृतिक अध्ययन', पटना, 1953, पृ. 41)

कालिदास ने क्षणमुखपट (उत्सव के समय की सजावट का मुखवस्त्र) कहा है। बाण ने भी हर्षचरित में हर्ष के राजकुंजर दर्पशात के लिए झीने दुकूल के मुखपट्ट का उल्लेख किया है। (कल्पद्रुम दुकूलमुखपट्टमिव चात्मनः कलयन्तम्, हर्षचरित, उ. 2, पृ. 66)।

श्लोक 1 । 63

मुक्ताजाल–मोतियों को पिरोए हुए जाले जिनसे गुप्तकाल के स्त्री-पुरुष अपने केशों, मुकुटों और उरुप्रदेश को अलंकृत करते थे। इस प्रकार के सन्तानक झुग्गों को अंग्रेजी में फेस्टून (festoon) कहते हैं। मुक्ताजाल के लिए और भी देखिए 2 । 9; 2 । 33।

उत्तरमेघ

श्लोक 2 । 2

हस्ते लीला कमलम्–हाथ में सनाल कमल लिये हुए स्त्रियों का अंकन कुषाण और गुप्तकाल में मिलता है जिससे विदित होता है कि यह उस युग की प्रिय प्रथा थी। अलक, चूड़ापाश, सीमंत इन तीनों का उल्लेख एक ही श्लोक में हुआ है। ये केश-विन्यास के पारिभाषिक शब्द थे। कालिदास ने स्वयं अलक का विशेषण वलीभृत् (रघुवंश 8 । 53) कहा है जिससे निश्चित होता है कि घुँघराले बाल या छल्लेदार केशों के लिए यह पारिभाषिक शब्द था। अलका केश-रचना का विशेष प्रचार गुप्तकाल में हुआ जबकि भारतवर्ष से लेकर रोम देश तक सम्भ्रान्त स्त्रियों का यह प्रिय केश-विन्यास बन गया था एवं स्त्रियों के समान पुरुष भी अपने-आपको अलकावलि से सजाते थे। चूड़ापाश=सिर के पीछे बँधा हुआ जूड़ा जो कुरबक के टटके फूलों से सजाया जाता था।

सीमंत=मस्तक केशवीथी या माँग। उसमें आगे की ओर कदम्ब का फूल सजाया गया था।

श्लोक 2 । 11

एकः सूते सकलमबलामडनं कल्पवृक्षः–क़ल्पवृक्षों से वस्त्र-आभूषण, अन्न, पान और सुन्दरी कन्याओं के उत्पन्न होने का अभिप्राय भारतीय साहित्य में बहुत पुराना था। जातक, रामायण, महाभारत, जैन साहित्य एवं पुराणों के भुवनकोष आदि में इसके उल्लेख एवं साँची-भरहुत की कला में इसका अंकन पाया जाता है।

श्लोक 2 । 17

द्वारोपान्ते लिखिवपुमौ शङ्गपद्मौ च दृष्टवा–द्वार के उपान्त भाग अर्थात् पार्श्वस्तम्भों पर शंख और पद्म का अलंकरण अंकित करने की प्रथा गुप्तकाल की कला में ही

मिलती है, उससे पूर्व नहीं। यहाँ कालिदास अपनी समकालीन कला की इस विशेषता का उल्लेख कर रहे हैं।

श्लोक 2 । 21

मुखमसकलव्यक्तिलम्बालकत्वात्–केशों का अलक रूप में यदि उचित संस्कार किया गया हो तो अलकावलि या अलकपंक्ति मुख के दोनों ओर जमाई हुई सुन्दर लगती है। किन्तु विरह में यक्षिणी के केश-संस्कार न करने से अलकों का घुँघरालापन नष्ट हो गया था। वे मुख पर लटक आई थीं जिससे मुख पूरा दिखाई न पड़ता था। श्लोक 2 । 28 में विरह में तैलादि रहित स्नान के कारण अलकों को गालों तक लटकती हुई और खुरखुरी कहा गया है।

श्लोक 2 । 41

शिखिनां बर्हभारेषु केशान्–बर्हभार केश-रचना गुप्तकाल में सम्भ्रान्त केश-विन्यास की दूसरी विशेषता थी। इसमें केशों को माँग के दोनों ओर मोर के लहराते हुए पंखों के समान दिखाया जाता था, केवल सिरे पर वे कुछ मुड़े रहते थे। गुप्तकालीन मिट्टी के खिलौनों में इस केश-रचना के सुन्दर नमूने पाए गए हैं। दंडी ने भी 'दशकुमारचरित' में नाचते हुए मोर के पंखों की भंगिमावाले बालों का उल्लेख किया है। (लीला मयूर बर्ह भङ्ग्या केशापाशं च विधाय।)

श्लोक 2 । 49

अभिज्ञान दानात्–कालिदास ने शकुन्तला और विक्रमोर्वशीय में विशेष रूप से अभिज्ञान या पहचान चिह्न का उल्लेख किया है। यहाँ भी यक्ष अपनी प्रियतमा के पास मेघ द्वारा अभिज्ञान भेजता है। इन गूढ़ संकेतों के आर-पार विद्वानों ने कालिदास के दार्शनिक विचारों का सम्बन्ध कश्मीर के प्रत्यभिज्ञा दर्शन से निर्धारित किया है।

परिशिष्ट-1

मेघशास्त्र

अर्वाचीन ऋतुविज्ञान के अनुसार मेघों का जो शास्त्रीय विवेचन किया जाता है, उसका कुछ स्वरूप परिशिष्ट-2 में प्रकाशित लेख से ज्ञात होगा। कालिदास के मेघदूत काव्य की जो दृष्टि है उसके लिए मेघ के इस प्रकार सांगोपांग वैज्ञानिक अध्ययन की आवश्यकता नहीं। फिर भी कालिदास महाकवि थे। उनकी दृष्टि में मेघ के वे सब स्वरूप समा गए थे जो भारतीय आकाश में वर्ष-वर्ष पर संचित होनेवाले मेघ वर्षण, गर्जन, तर्जन, संप्लवन, ऊर्ध्व गमन, तिर्यग्गमन आदि के द्वारा विद्युत्-वनिता के साथ नवमंगल करते हुए रचते हैं। सहस्रों वारिधाराओं से संयुक्त उनके सलिलोद्गारों में नवजल की कणिकाओं के पृथ्वी की ओर आने में, अथवा मन्द्र, स्निग्ध, स्तनित घोष में जो वर्षाकाल की श्री सम्भृत होती है, उसका कोई पक्ष ऐसा नहीं जो महाकवि की दृष्टि में न आ गया हो। मेघ की आकृति, ध्वनि, गति, वर्ण और वृष्टि के सम्बन्ध में पुष्कल काव्यात्मक वर्णन मेघदूत में विद्यमान है।

वैज्ञानिक विवेचन के अनुसार मेघ चार प्रकार के कहे गए हैं और संस्कृत साहित्य में भी उनके चार ही भेद हैं। अंग्रेजी नामों के ठीक पर्याय के रूप में तो नहीं, किन्तु कुछ विशेषताओं के अनुसार संस्कृत नामों को उन नामों के समकक्ष इस प्रकार माना जा सकता है–

(1) सिरस	(Cirrus)–संस्कृत	पुष्कर
(2) स्ट्रेटस	(Stratus)–संस्कृत	आवर्त्तक
(3) क्यूमुलस	(Cumulus)–संस्कृत	संवर्त्तक
(4) निम्बस	(Nimbus)–संस्कृत	द्रोण

पुष्कर मेघों में चित्रित वृष्टि अर्थात् ओले, बर्फ आदि सूक्ष्म कणों का ढेर कहा गया है, जो सिरस मेघों की विशेषता है। ये सबसे अधिक ऊँचाई पर रहते हैं। द्रोण मेघों को अत्यन्त जल बरसानेवाला कहा गया है अतएव इन वर्षा-मेघों की तुलना अंग्रेज़ी के निम्बस नामक मेघों से करनी उचित ही है। क्युमुलस नामक मेघों में तूफान, मेघ-गर्जन और घोर वृष्टि होती है। जिस समय वे आकाश में उठते हैं, प्रलय-सी मच

जाती है। इन्हीं को पुराणों में संवर्त्तक मेघ कहा है, जो प्रलयान्त में आकर वृष्टि के बँधे हुए संस्थान को तोड़-फोड़ डालते हैं। चौथे स्ट्रेटस मेघों में बहुत-सी परतें या तहें पाई जाती हैं, अतएव उन्हें आवर्त्तक नाम से अभिहित किया जा सकता है।

अग्रेज़ी मेघशास्त्र के अनुसार इन्हीं चार के दस अवान्तर भेद हो जाते हैं, जिनका उल्लेख कुछ लक्षणों के साथ परिशिष्ट-2 के विद्वान् लेखकों ने किया है। मेघों के ये रूप अपनी-अपनी विशेषता लिये हुए आकात्र में आते रहते हैं और ऋतुविज्ञान के अनुसार अनेक प्रकार से इनके चित्र भी लिये जाते हैं।[1] मेघदूत में मेघों के अवान्तर रूपों का चित्रण इस प्रकार हुआ है–

(1) कालिदास ने रामगिरि के मेघ को पुष्कर और आवर्त्तक नामक मेघों के उच्च वंश में उत्पन्न कहा है। ऊपर लिखे हुए सिरस (पुष्कर) और सिर्रो-स्ट्रेटस (आवर्त्तक) मेघ वायुमंडल में सर्वोच्च, बीस सहस्र फीट या इससे भी अधिक ऊँचाई पर पाए जाते हैं। जहाँ यह होता है वहाँ का ताप हिमांक से भी नीचे रहता है। अतएव यह मेघ जलीय नहीं, हिम के सूक्ष्म कणों से बना होता है। कवि ने इस मेघ का उल्लेख हिमालय में किया है। पहले तो उसे 'मुक्ताध्वा' कहा गया है अर्थात् वायुमंडल में मेघों के संचरण का जो पथ है, यह उससे ऊपर रहता है। दूसरे इसे ओले-पत्थर बरसानेवाला कहा गया है (तुमुलकरकावृष्टिपात, 1।54)। ये दोनों लक्षण इसी मेघ के हैं।

(2) दूसरा भेद कुन्तल परतीले (सिर्रो-स्ट्रेटस) मेघों का है। श्वेत रंग की हल्की परतों से बना हुआ यह मेघ मकड़ी के जाले-सा छा जाता है और आकाश को सब ओर से घेरकर दूधिया रंग का बना देता है। ठीक इसी मेघ के लिए कालिदास ने लिखा है कि वह कैलास के समीप ऐसा जान पड़ता है मानो ऐरावत के मुख पर श्वेत पट तान दिया गया हो (कुर्वन् कामं क्षण मुखपटप्रीतिमैरावतस्य, 1।62)। ऊँचाई पर रहनेवाले इन मेघों की एक विशेषता यह है कि वहाँ मेघ 150 मील घंटें की गति से चलते हुए पाए गए हैं। मेघ जितने ही ऊपर होते हैं उनकी गति उतनी ही तीव्र होती है। तीव्र वायु के इन चपेटों का कवि ने रूप ही खींच दिया है। कल्प-वृक्ष के पत्तों को हवा के झोंकों से धुनता हुआ मेघ ऐसा प्रतीत होगा मानो रेशम के अंशुक वस्त्रों को कोई वायु में फड़फड़ा रहा हो–

धन्वनूकल्पद्रुमकिसलयान्यंशुकानीव वातै-
र्नानाचेष्टैर्जलद ललितैर्निर्विशेस्तं नगेन्द्रम्। 1। 62

(3) तीसरे का मेघ श्वेत रंग के छोटे-छोटे गोलाकार मेघों के पुंज जैसा होता है। हिमालय पर ऊपर से नीचे आते हुए मेघ कैलास पर जहाँ शिव-पार्वती विचरण करते हैं सोपान पंक्ति के आकार में अपने शरीर की भंगिमा से शिव-पार्वती के

1. नई दिल्ली की औद्योगिक प्रदर्शनी के ऋतुविज्ञान-विभाग में इस प्रकार के फोटो देखने का सुअवसर हमें प्राप्त हुआ था। भारत सरकार की ओर से 'क्लाउड एटलस' (1945) नामक पुस्तक भी इस सम्बन्ध में प्रकाशित हुई है।

सामने प्रकट होते हैं। (भङ्गी भक्त्या विरचितवपुः स्तम्भितान्तर्जलौघः। सोपानत्वं कुरु...। 1। 60)। कवि ने यहाँ मेघ के उस रूप की कल्पना की है जिसमें भीतर जल भरा हो किन्तु बाहर का आवरण श्वेत हिमकणों से बना हुआ हो। (देखिए श्लोक पर टिप्पणी)। हिम के कारण बाहर से उनका श्वेत रंग प्रतीत होना स्वाभाविक है।

(4) इस रूप में मेघ बड़े-बड़े गोलाकार पिंड के रूप में श्वेत या धूसर वर्ण लिये हुए होता है। थोड़ी-थोड़ी छाया करते हुए यह झुंड या पंक्ति में रहता है। अवश्य ही यह मेघ का वह स्वरूप है जिससे वह ऊपर से नीचे उतरकर वायुमंडल के मध्य स्तर में आ जाता है। कवि ने कल्पना की है कि हमारा मेघ भी हिमालय पर अपने सर्वोच्च स्थान से नीचे उतरकर पहाड़ की चोटी पर आकर बैठता है और शीघ्रता से ऐसा करते हुए वह हाथी के ठुमकते हुए छोटे बच्चे का रूप धारण कर लेता है। (गत्वा सद्यः कलभतनुतां शीघ्रसंपातहेतोः 2। 18)। जो मेघ पहले कैलास की ऊँची श्वेत चोटियों का अतिथि था (कैलासस्य त्रिदशवनितादर्पणस्यातिथिः 1। 58) वह अलका में यक्ष के घर के प्रांगण के क्रीड़ा-शैल पर बैठने के लिए नीचे उतरता है और इसके लिए हाथी के छोटे बच्चे के समान बन जाता है। कैलास के कुमुद समान श्वेत शृंगों की ऊँचाई बीस सहस्र फीट के लगभग है। वायुमंडल में ये मध्य-मेघ सवा चार मील से 1। 3/4 मील की ऊँचाई तक रहते हैं।

(5) ये मेघ भी ऊपर के ही मेघ के अवान्तर भेद हैं। केवल इनका वर्ण नीला या धूसर दिखाई पड़ता है।

(6) यह मेघ शरद ऋतु में बहुधा आकाश को ढक लेता है और वर्षा-मेघ से भिन्न होता है। इसका वर्णन कवि ने उत्तर मेघ के सातवें और इक्कीसवें श्लोक में किया है। शरत्कालीन नीले आकाश में रात्रि के समय चन्द्रमा के साथ आँख-मिचौनी करते हुए इस मेघ का स्वरूप अत्यन्त मनोहारी होता है। कभी वह चन्द्रमा को ढक लेता है और कभी उसका संरोध हट जाने से चन्द्रमा की निर्मल किरणें पृथ्वी की ओर आती हुई ओस-कणों की वर्षा करती हैं मानो चन्द्रकान्त मणियों से चुआ हुआ जल स्फुट दिखाई पड़ रहा हो। इसी मेघ का पीछा करने से जब चन्द्रमा की कान्ति ढक जाती है तो उसका दीन रूप ऐसा ज्ञात होता है मानो किसी विरहिणी के चन्द्रमुख पर अलकावलि लटक आई हो। (**मुखमसकल व्यक्तिलम्बालकत्वादिन्दोदैन्यं त्वदनुसरणक्लिष्टकान्तेर्बिभर्ति ॥ 2। 81**)।

(7) वर्षा-मेघ, इसे अंग्रेजी में निम्बस कहते हैं। लैटिन भाषा में निम्बस शब्द का अर्थ ही मेघ है। वस्तुतः व्युत्पत्ति की दृष्टि से मेघ नाम की सार्थकता इसी में है। जो जल का मेहन या वर्षण करे, वही मेघ है। (मेघः कस्मात् मेहतीति। निरुक्त)। कालिदास का विद्युत्त्वन्त दूत यही मेघ है जिसके लिए कवि ने प्रावृषा संभृतश्रीः (2। 52) अर्थात् वर्षा में पूर्ण शोभा से सम्पन्न हो जानेवाला, ऐसा लिखा है। यह मेघ

अत्यन्त काला और घना होता है, जमकर जलवृष्टि करते हुए इस मेघ को कवि ने अभ्रवृन्द कहा है–

या वःकाले वहति सलिलकोद्गारमुच्चैर्विमाना।
मुक्ताजालग्रथितमलक कामिनी वाभ्रवृन्दम्॥ (मेघ. 1।63)

निरन्तर सलिलोद्गार करनेवाले या झड़ी लगाकर बरसनेवाले ये काले मेघ जब ऊँचे महलों की अटारियों पर छा जाते हैं तभी वर्षा का सच्चा रूप सामने आता है। कवि ने इसे अन्तस्तोय या जलभरित कहा है (2।1)। इन मेघों में न गर्जन होता है और न चमक। ये विद्युत् को अपने गर्भ में छिपाए रहते हैं। (विद्युत् गर्भः, 2।35)। कभी वे स्तनित विमुख (2।34) अर्थात् गर्जन से रहित होते हैं और कभी बीच-बीच में धीर गर्जन भी करते हैं (धीरः स्तनित वचनैः, 2।35)। बीच-बीच में इन मेघों से नन्ही-नन्ही बूँदों की फुहारें-सी आती हैं। (त्वामप्यस्त्र नवजलमयं मोचयिष्यत्यवश्यं। 2।30); और कभी सहस्रों वारिधाराओं से मूसलाधार अटूट वृष्टि होती है। इसी कारण इन्हें द्रोण मेघ कहा जाता है। वन में लगी हुई दावानल को बुझानेवाले ये ही मेघ होते हैं (अर्हस्येनं शमयितुमलं वारिधारासहस्त्रैः।1।53)। पृथ्वी का सच्चा कल्याण करनेवाले यही मेघ हैं। (आपन्नार्ति प्रशमनफलाः संपदोह्युत्तमानाम्, 1।53)। कृषि का सम्पूर्ण फल इन्हीं की कृपा पर निर्भर है। (1।16)।

(8) ये मेघ गोभी के फूल की भाँति गुम्बज़ के आकार में क्षितिज के ऊपर छा जाते हैं। आम्रकूट के नीचे शिखर पर वितान-सा बनाकर फैला हुआ वेणी के सदृश काले रंग का मेघ यही है। (त्वय्यारूढे शिखर-मचलः स्निग्धवेणीसवर्णे 1।18)। तरुवन पर मंडल बनाकर छाया हुआ रूप (उच्चैर्भुजतरुवनः मंडलैनाभिलीनः।1।36) इसी मेघ की कल्पना है।

(9) कुंज वर्षा मेघ नामक मेघों के इस अवान्तर भेद में तूफान, गर्जन और घोर वृष्टि होती है। ये खूब दहाड़कर गरजते और बरसते हैं। कवि के तोयोत्सर्गस्तनित मुखरः, (1।37) विशेषण में इन्हीं मेघों की ओर संकेत जान पड़ता है, जब घुप्प अँधेरी रात में वे गरजते-बरसते हुए स्त्री-पुरुषों को डरपाते हैं। इनके गर्जन की प्रतिध्वनि ऐसी कठोर होती है मानो पर्वत की कन्दरा में कोई शेर दहाड़ रहा हो (अद्रि ग्रहण गुरुभिः गर्जितैः 1।44)। इसे ही कवि ने वर्णकठोर गर्जन कहा है (श्रवण परुषैः गर्जितैः 1।61)।

(10) परतीले मेघ– यह मेघ कुहासे के समान होता है किन्तु वह पृथ्वी के निकट रहकर आकाश की ओर उठता है। कवि ने इसे धुएँ के आकारवाला कहा है (धूमोद्गारानुकृति निपुणाः 2।6) जो पृथिवी से ऊपर की ओर उठता हुआ अटारियों के जाल-मार्गों से मानो धुएँ की तरह जर्जर रूप में निकल भागता है।

परिशिष्ट-2

मेघों का वैज्ञानिक विवेचन[1]

[लेखक श्री पुरुषोत्तम प्रसाद ज्ञानी और श्री कैलाशबिहारी प्रसाद, प्रो. साइंस कॉलेज, पटना]

साधारणतः लोग जानते हैं कि हवा समुद्र से जल लेकर मेघ बनाती है और ये ही मेघ जब पहाड़ों से टकराते हैं तो वर्षा होती है। हमें यह स्पष्ट करना है कि हवा किस प्रकार समुद्र से जल प्राप्त करती है, मेघ का निर्माण कैसे होता है तथा मेघ-वर्षण किस प्रकार होता है। साथ ही इन्द्रधनुष की उत्पत्ति कैसे होती है, नभ गर्जन क्या है एवं नभ में विद्युत् का प्रवाह कैसे होता है।

पृथिवीतल पर तीन भाग जल और एक भाग स्थल विस्तृत है। जल की सतह से वाष्प सर्वदा उड़ता रहता है। सूर्य का प्रचंड ताप जब समुद्र की सतह पर पड़ता है तो वाष्पीकरण की गति और बढ़ जाती है। अतएव ग्रीष्म ऋतु में बहुत अधिक वाष्प बनता है। वाष्प साधारण वायु से 0.64 गुणा हल्का होता है। अतएव समुद्र की सतह से यह क्रमशः ऊपर उठता है और वायु प्रवाह में पड़कर स्थल की ओर जाता है। वाष्प-मिश्रित वायु के मार्ग में जब कोई ऊँची भूमि या पहाड़ आ पड़ते हैं तो हवा की आगे बढ़ने की गति रुक जाती है। अतः यह पुनः ऊपर की ओर उठने लगता है। वायुमंडल का ऊपरी भाग उसके निम्न भाग से ठंडा होता है। इसलिए ज्यों-ज्यों वाष्प-मिश्रित वायु ऊपर उठता जाता है त्यों-त्यों वह ठंडा होता जाता है। ठंडा वायु गरम वायु से कम वाष्प धारण कर सकता है। इसलिए वायु के ठंडा होनें के कारण वाष्प का कुछ अंश जल के सूक्ष्म कणों के रूप में परिणत हो जाता है। अपनी सूक्ष्मता के कारण ये कण वायु में ही अवलम्बित रहते हैं। ऐसे असंख्य कण वायु के ऊपरी भाग में एक साथ अवलम्बित होकर मेघों का निर्माण करते हैं। शरद् ऋतु में हम प्रायः कुहासा देखते हैं। यह भी मेघ ही है जो पृथिवीतल के निकट वायु

---

1. हिन्दी साहित्य-संघ, पटना द्वारा प्रकाशित हस्तलिखित 'रश्मि' के मेघांक से श्री गया राय की कृपा से उद्धृत।

में अवलम्बित रहता है। ऐसा भी कह सकते हैं कि मेघ वायुमंडल के ऊपरी भाग में लगा हुआ कुहासा है। उक्त मेघ वायु के साथ कुछ और ऊपर उठता है जिसके फलस्वरूप जल के कण कुछ और बड़े-बड़े हो जाते हैं। अब वे वायु में अवलम्बित नहीं रह सकते और वर्षा के रूप में पृथिवीतल पर बरस पड़ते हैं। वर्षा का अधिकांश जल नदी द्वारा समुद्र में चला जाता है। अतः हम देखते हैं कि समुद्र का जल वायुमंडल एवं पृथिवीतल का भ्रमण करने के उपरान्त पुनः समुद्र में ही चला जाता है। यह क्रिया जल का आवर्त्तन कहलाती है। ग्रीष्म ऋतु के ताप से हम नगरवासी भले ही घबराएँ, परन्तु किसान इससे नहीं घबराते, बल्कि इसका हृदय से स्वागत करते हैं क्योंकि वे जानते हैं कि आरम्भ में कुछ विशेष ताप पड़ने के बाद में विशेष वर्षा होगी जिससे कृषि-कार्य में सहायता मिलेगी। यह उनका साधारण अनुभव है पर उपरोक्त बातों से इस अनुभव का वैज्ञानिक स्पष्टीकरण होता है, अर्थात् जल पर अधिक ताप, उससे वाष्प, फलस्वरूप अधिक मेघ, और अधिक वर्षा जिससे कृषक हर्षित होते हैं।

कभी-कभी ऐसा भी देखा जाता है कि आकाश के मेघाच्छन्न होते हुए भी वर्षा नहीं होती। कारण यह है कि मेघ से जल बूँदें पृथिवीतल की ओर चलती तो हैं परन्तु मार्ग में अधिक गर्म वायु लगने के कारण पुनः वाष्प बनकर वायु में मिल जाती हैं और वर्षा नहीं होने पाती।

यह भी देखा जाता है कि विभिन्न समय में बादल का रूप, रंग, आकार एवं गति भिन्न-भिन्न होती है। इन बातों के आधार पर प्राचीन काल से ही मेघों के वर्गीकरण की चेष्टा की जा रही है। यों तो वर्गीकरण कई प्रकार से किया गया है परन्तु सर्वमान्य आधुनिक वैज्ञानिक वर्गीकरण के अनुसार मेघों को निम्नांकित दस वर्गों में विभक्त किया गया है–

(अ) सर्वोच्च मेघ (Upper clouds)

ये मेघ वायुमंडल में बहुत ऊँचाई पर पाए जाते हैं। इनकी औसत ऊँचाई 5 मील के लगभग होती है। ये दो प्रकार के होते हैं–

1. कुन्तल मेघ (Cirrus clouds)–यह कोमल श्वेत रोंयेदार पिंड के रूप में दिखाई पड़ता है। जिस ऊँचाई पर यह पाया जाता है वहाँ का तापक्रम 32° फारेनहाइट अर्थात् जल के हिमांक से कम रहता है। अतएव यह जल के बदले बर्फ के सूक्ष्म कणों का ढेर है।

2. कुन्तल परतीले मेघ या मछरीले मेघ (Cirro-stratus clouds)–यह हल्के श्वेत मेघ की पतली परत होती है। कभी-कभी यह मेघ आकाश को पूर्ण रूप से घेरकर उसे दुग्धवत् बना देता है। कभी इसका संगठन रेशेदार मालूम पड़ता है। देखने से ऐसा प्रतीत होता है कि यह लिपटाया हुआ मकड़ी का जाला है।

(आ) मध्य मेघ (Intermediate clouds)

ये मेघ वायुमंडल में 4। 3/4 से 1। 3/4 मील की ऊँचाई में रहते हैं। ये तीन प्रकार के होते हैं–

1. कुन्तल-कुंज मेघ या उनीले मेघ (Cirro-cumulus clouds)–यह श्वेत चोइयाँदार छोटे-छोटे गोलाकार मेघों का पुंज होता है। अतएव आकाश-मछलियों का-सा मालूम होता है। इससे छाया नहीं के बराबर होती है। ये छोटे-छोटे झुंड प्रायः पंक्तियों में रहते हैं।

2. उच्च कुंज मेघ (Alto-cumulus clouds)–यह कुछ बड़े-बड़े गोलाकार पिंड के रूप से रहता है और श्वेत या धूसर वर्ण का होता है। इससे थोड़ी छाया भी होती है। यह झुंड या पंक्ति में रहता है।

3. उच्च परतीले मेघ (Alto-stratus clouds)–यह धूसर या नीले वर्ण के घने परतों के रूप में रहता है। कभी-कभी यह मटियाले वर्ण का रेशेदार संकुचित पिंड-सा भी होता है।

(इ) निम्नतर मेघ (Lower clouds)

ये मेघ वायुमंडल में 1। 1/4 मील की ऊँचाई के लगभग रहते हैं। ये दो प्रकार के होते हैं–

1. परतीले कुंज मेघ (Strato-cumulus clouds)–यह मटियाले वर्ण के बड़े-बड़े पिंडों के रूप में रहता है। यह बेलन के आकार का भी होता है। शरद ऋतु में तो यह बहुधा समस्त आकाश को ढक लेता है। इससे वर्षा नहीं होती, अतः यह वर्षा-मेघ से भिन्न है।

2. वर्षा-मेघ (Nimbus clouds)–यह काला, आकारहीन एवं घना मेघ होता है। इसके किनारे कटे-फटे रहते हैं। इससे अनवरत वर्षा होती है या बर्फ गिरता है।

(ई) दैनिक आरोहक प्रवाह के मेघ (Clouds of diurnal ascending currents)

ये दो प्रकार के होते हैं–

1. कुंज-मेघ (Cumulus clouds)–इस मेघ का आधार 1500 गज और शीर्ष 2000 गज की ऊँचाई पर रहता है। यह ऊन के ढेर या फूलगोभी के आकार का होता है और इसका ऊपरी भाग गुम्बज के सदृश होता है। इसका आधार प्रायः क्षैतिज होता है।

2. कुंज-वर्षा मेघ (Cumulo-nimbus clouds)–इसका आधार 1500 गज और शीर्षक 1। 3/4 से 5 मील तक की ऊँचाई पर रहता है। यह मेघों का विशाल पुंज

होता है। इसका आधार काला होता है तथा इसका ऊपरी भाग पहाड़-सा उठा होता है। इससे तूफान, मेघगर्जन और घोर वृष्टि होती है।

(उ) घना कुहास (High fogs)

यह मेघ 1100 गज की ऊँचाई से नीचे रहता है। यह कुहासा के समान होता है।

1. परतीले मेघ (Stratus clouds)–इसमें मेघों की बराबर तहें रहती हैं। यह कुहासा के समान होता है, परन्तु भूमि के निकट नहीं रहता।

प्रायः सभी मेघ 1000 गज की ऊँचाई के ऊपर ही रहते हैं। शरद ऋतु से ग्रीष्म ऋतु में इनकी ऊँचाई अधिक होती है। आकाश में इन्हें हवा उड़ाए फिरती है। वायुमंडल के ऊपरी भागों में नीचे की अपेक्षा वायु की गति अधिक होती है। इसलिए मेघ जितना ही ऊपर होता है उसकी गति उतनी ही तीव्र होती है। 5 ॥ मील की ऊँचाई पर मेघ 150 मील प्रति घंटे तक की गति से चलते पाए गए हैं। अन्वेषकों के कठिन परिश्रम से यह निश्चित रूप से जाना जा सकता है कि पृथिवीतल से 10 मील की ऊँचाई के अन्दर ही बादल रहते हैं। इस ऊँचाई के ऊपर बादल बिलकुल नहीं रहते। हाँ, आँधी-तूफान रह सकते हैं। वायुमंडल का यह प्रदेश जो दस मील की ऊँचाई से ऊपर है स्तरमंडल (Strato-sphere) कहलाता है। उसकी विशेषता यह है कि इसमें तापक्रम लगभग स्थिर और बहुत कम रहता है। पृथिवीतल स्तरमंडल के बीच का वायुमंडलीय प्रदेश मेघमंडल (tropo-sphere) कहलाता है।[1]

मेघ वर्षा के रूप में जल देकर भूमंडल में रहनेवाले जीवधारियों का रहना सम्भव करते हैं। मेघ ताप का शोषक है। इसलिए सूर्य की प्रचंड किरणों से यह छाते के समान हमारी रक्षा करता है। शरद ऋतु में प्रायः ऐसा देखा जाता है कि जिस रात्रि में मेघ रहते हैं वह रात्रि कुछ गर्म मालूम होती है। कारण यह है कि मेघों की अनुपस्थिति में पृथिवी रात्रि में बहुत-सा ताप छोड़कर ठंडी हो जाती है। पर मेघ रहने पर तापभाग नहीं निकल सकता। इसलिए गर्मी बनी रहती है। अतएव मेघ हमारे लिए कम्बल का भी काम करता है। मेघ से दूसरे लाभ भी हैं। नभ में बिजलियाँ भी इसी के कारण चमकती हैं। बिजलियों के चमकने से 100,000,000 टन नाइट्रोजन-निर्मित खाद बनता है जो वनस्पति के निर्माण में मुख्य भाग लेता है। प्राणी वनस्पति खाकर अपने शरीर के लिए नाइट्रोजन प्राप्त करते हैं।

मेघों में विद्युत्-शक्ति भरी रहती है। जब दो मेघों के बीच या मेघ और पृथ्वी के बीच बड़ी-बड़ी विद्युत्-चिनगारियाँ उत्पन्न होती हैं तो उन्हें ही हम बिजली चमकना कहते हैं। एक सेकंड के दस लाखवें हिस्से में विद्युत्-विसर्ग (Lightning discharge)

---

1. प्राचीन पारिभाषिक शब्दावली में स्ट्रैटोस्फीयर सुरपथ या देवपथ, टोपोस्फीयर घनपथ और उससे नीचे खगपथ कहा जाएगा। (रघु. 13। 19)।–वासुदेवशरण

होता है। इसकी शक्ति 500,000,000 'अश्वबल' (horse power) होती है और यह प्रकाश की गति से अर्थात् 1,86,000 मील प्रति सेकंड चलती है। बिजली बहुत ही उच्च तापक्रम उत्पन्न करती है जिसके कारण निकट का वायु बहुत गर्म हो जाता है। अकस्मात् गरम होकर वायु बहुत फूल जाता है, इसलिए वह चारों ओर भीषण गति से भागता है। फलस्वरूप नभ में गर्जना होती है। इसे ही हम मेघ-गर्जन कहते हैं।

कृत्रिम मेघ बनाकर भी वर्षा प्राप्त करने की चेष्टा की गई है। हॉलैंड में वायुयानों की सहायता से मेघों पर बर्फ के चूर्ण गिराकर पानी बरसाया गया था। बर्फ के स्थान में द्रव वायु को भी काम में लाया गया है। परन्तु अभी तक ये प्रयोग पूर्ण रूप से सफल नहीं हो सके हैं। यदि हम इस क्षेत्र में सफलता प्राप्त कर लें तो दुनिया की कितनी ही बंजर भूमि लहलहाते खेतों में परिणत हो जाए।

वर्षा ऋतु में हम प्रायः आकाश में इन्द्रधनुष भी देखते हैं। इसका भी सम्बन्ध मेघों से है। इन्द्रधनुष का निर्माण कैसे होता है इस बात को समझने के लिए पहले हमें त्रिपार्श्वीय काँच के टुकड़े द्वारा देखना चाहिए। यहाँ भी हम इन्द्रधनुष के रंगों को अपनी इच्छानुसार देख सकेंगे। वास्तव में बात यह है कि ये रंग न काँच के टुकड़े में हैं न नभ में, बल्कि सूर्य के प्रकाश में हैं। सूर्य का श्वेत प्रकाश जो हम देखते हैं वह तात्त्विक नहीं है बल्कि इसमें सात विभिन्न वर्ण के प्रकाश संयुक्त हैं। इन सातों का सम्मिश्र ही श्वेत प्रकाश है। साधारण श्वेत प्रकाश को खंडित करने से क्रम से नील लोहित (Violet), नील (indigo), गाढ़ा नीला (blue), हरा (green), पीला (yellow), नारंगी (orange) और लाल वर्णों के प्रकाश उत्पन्न होते हैं। काँच के त्रिपार्श्वीय टुकड़े में ऐसा गुण है कि यह सूर्य का श्वेत प्रकाश खंडित करके उक्त सातों वर्णों में उस प्रकाश को छितरा देता है। ऐसी कोई बात नहीं कि काँच के त्रिपार्श्वीय टुकड़े में ही यह गुण हो, बल्कि उचित परिस्थिति में जल की बूँदें भी ऐसा कर सकती हैं जिसके कारण इन्द्रधनुष बनता है।

इन्द्रधनुष वर्षा ऋतु में ही दीख पड़ता है, परन्तु नित्य नहीं। ऐसा क्यों ? बात यह है कि जल की बूँदें और सूर्य के प्रकाश के रहने ही से इन्द्रधनुष बन जाए, यह सम्भव नहीं। या बनता होगा हम देख नहीं पाते। इसके बनने के लिए, और प्रधानतः जिससे हम इसे देख सकें उसके लिए कुछ शर्तें अवश्य पूरी होनी चाहिए। सूर्य को देखनेवाले के ऊपर या पीछे रहना चाहिए और नभ में जल की बूँदें उसके सामने हों। ऐसा होने से सूर्य के श्वेत प्रकाश का किरण-जाल जल की बूँदों पर पड़कर खंडित हो जाता है और लौटकर देखनेवाले के पास आता है और इन्द्रधनुष के रूप में दिखाई पड़ता है।

●●●